山西文华·著述编　卫聚贤史学论著六种

中国考古小史　中国考古学史

卫聚贤◎著

《山西文华》编纂委员会　编

山西出版传媒集团
三晋出版社

图书在版编目(CIP)数据

中国考古小史·中国考古学史 / 卫聚贤著. —太原：三晋出版社，2017.11

ISBN 978-7-5457-1270-4

Ⅰ. ①中… Ⅱ. ①卫… Ⅲ. ①考古学史—中国 Ⅳ. ①K87-09

中国版本图书馆 CIP 数据核字(2017)第 280288 号

中国考古小史 中国考古学史

著　　者：卫聚贤
责任编辑：张继红
封扉设计：山西天目·王明自

出 版 者：山西出版传媒集团·三晋出版社（原山西古籍出版社）
地　　址：太原市建設南路 21 號
邮　　编：030012
电　　话：0351-4922268（发行中心）
0351-4956036（总编室）
0351-4922203（印制部）
网　　址：http://www.sjcbs.cn

经 销 者：新华书店
承 印 者：山西人民印刷有限责任公司

开　　本：700mm × 1000mm　1/16
印　　张：19.5
字　　数：260 千字
版　　次：2017 年 11 月　第 1 版
印　　次：2017 年 11 月　第 1 次印刷
书　　号：ISBN　978-7-5457-1270-4
定　　价：90.00 元

出版说明

山西东屏太行，西濒黄河，北通塞外，南控中原，是中华民族的主要发祥地之一。中华文明辉煌灿烂，三晋文化源远流长。历史文献丰富、文化遗产厚重，形成了兼容并包、积淀深厚、韵味独特的晋文化。山西省政府决定编纂大型历史文献丛书《山西文华》，以汇集三晋文献、传承三晋文化、弘扬三晋文明。

《山西文华》力求把握正确方向，尊重历史原貌，突出山西特色，荟萃文化精华，按照抢救、保护、整理、传承的原则整理出版图书。丛书规模大，编纂时间长，参与人员多，特将有关编纂则例简要说明如下。

一、《山西文华》是有关山西现今地域的大型历史文献丛书，分“著述编”“史料编”“图录编”。每编之下项目平列；重大系列性项目，按其项目规模特征，制定合理的编纂方式。

二、“著述编”以1949年10月1日前山西籍作者（含长期在晋之作者）的著述为主，兼收今人有关山西历史文化的研究性著述。

三、“史料编”收录1949年10月1日前有关山西的方志、金石、日记、年谱、族谱、档案、报刊等史料，以影印为主要整理方式。

四、“图录编”主要收录1949年10月1日前有关山西的文化遗产精华，包括古代建筑、壁画、彩塑、书画、民间艺术等，兼收古地图等大型图文资料。

五、今人著述采用简体汉字横排，古代著述采用繁体汉字横排。

《山西文华》编纂委员会

卫聚贤先生(1899 — 1989)

《中国考古小史》书影

中華民國二十二年十二月初版
中華民國三十六年二月三版

中國考古小史一册

定價國幣貳元3.00
印刷地點外另加運費
(95647)

編纂者　衞聚賢
發行人　朱經農
上海河南中路
印刷所　商務印書館
印刷廠
發行所　商務印書館
各地

（本書校對者殷彥常）

《中国考古小史》版权页

《中国考古学史》书影

出版前言

在中国现代考古发端不久,即有《中国考古小史》与《中国考古学史》之问世,其作者为民国时期雅号“卫大法师”的卫聚贤先生。

卫聚贤(1899 — 1989),字怀彬,山西万泉(今属万荣县)北吴村人。民国时期著名学者,长于历史研究,尤专于考古,有《历史研究》《山西票号史》《历史统计学》等数十种著述。1951 年赴香港居住,遂湮没不彰。《中国考古小史》作于 1931 年,1933 年由商务印书馆正式出版,是《新中学文库》的一种。书前有中国考古界先驱李济先生之序,其中说,“严格的考古学在我国”“是很近的一种发展”,“我们只是起首作这种工夫”。卫聚贤先生“成《中国考古小史》一本,使读者一阅而知中国考古学的重要事实,是很值得我们感谢的”。李序肯定了此书在现代考古学上的贡献,在于“节略”地记述了考古学的重要事实,而未肯定其已然成为考古之史学,这表明他对更严谨而完善的中国考古史学的期待。

卫聚贤先生在其自序中将中国的考古分为“四大期”,即“宝贵期”“祥瑞期”“研究期”“发掘期”。这大略是中国考古的历史,属于纵的解读;随即说明考古学的基本范围,则属于横的认识。一纵一横,是为其作为“小史”的基本的学术架构。在李济先生看来,其内容在于“节略”“重要事实”;而在卫先生自己而言,也只是“小史”,是有关中国考古学的初创性著述。本书的内容，观其目录，即可清楚，其重点在“近代的发掘”。虽然只是“节略”介绍“事实”，却有标准的技术格式，依序为“遗址发现的原因”“遗址的时代”“地址”“发掘的时间”“发掘的机关”“工作重要人员”“遗迹”“遗物”“遗物现存处”“报告书”“参考材料”，记述简要，眉目清楚，从中大致可看出现代考古的脉络、贡献以及作出贡献的重要人物。卫聚贤先生是民国时期多项重要考古发掘的主持者，尤其他在山西万荣等地考古发掘的成果，证实了山西作为文物大省，在现代考古史上享有的特殊地位。

《中国考古小史》是卫聚贤先生在考古学研究上的初步尝试。1936年，先生又撰成《中国考古学史》。从其目录可以看出，此书较“小史”的“节略”“事实”，作了明显的史的梳理，是他基于现代考古学实践精密思考的成果。其序言自述有关目的：“实欲明了前途应走之大道”，表明了作者的责任感和自信。观其内容，知本书较“小史”丰富了许多，这在后人有关考古史之研究，实为基础性的、开拓性的工作。作者以其一贯擅长的“历史统计”的方式，翻阅大量古籍，将历代考古事实与书籍列表、分类，其中的艰辛可想而知，故后人读而用之，当是怀着许久的敬意的。

民国学人虽然迎西风东渐而作新学问，然其方法仍不免延续先人抄书举例的方法，故此书的特点，在于史料的丰盛。尤其庞大的“附录”与正文文字量相当，大半为引述“各地发现文物”，真是饶有兴味。卫先生则特别讲明附录的原由：由报纸所载，可以知道某处在无意中遇到某时代某种古物；某地有意盗掘出某时代某种古物。物与时关，以某时已有某物，某时且多某物，知某时某物为最盛，某物可以代表某时之文化；物与地关，以某地已有某物，某地且多某物，知某物分布之广狭，可以明了其民族迁徙与文化传播之情形。有的考古机关，虽报告一时不能出来，借报纸之记载，可以知某考古机关工作之大概，此其考古史名地发现古物消息不得不为附录。借此，也可以看出，在当时各自为政的社会状态下对考古事业的种种影响。

附录的第二部分，是“古物保管法令”。其中《古物保存法》及其“实施细则”是与“小史”所附相同的，此次整理为保存二书之完整起见，故不作删却。其他相关法令、条例等，均是1931年“小史”出版后陆续公布的，由此可见现代中国考古事业在这一段时间，得到政府大力推动，而有关考古学家在背后的工作更是令人起敬。在今天的读者尤其是考古研究者，以至行政管理者和研究者看来，仍有借鉴价值。

卫聚贤作为著名学者，尤其作为中国现代考古学的开拓者，其《中国考古小史》《中国考古学史》在中国考古学史研究领域占有重要学术地位，故收入《山西文华》之“著述编”。此次整理，一依民国旧作，其中标点及明显错字作了适当改正。我们相信，凭着卫先生搜罗剔抉史料的眼光，此二著即是长久鲜活的。这种鲜活正好印证着卫聚贤先生在考古学界，乃至整个中国历史研究史上不知疲倦的探索和特殊的学术贡献，这是我们应该永远铭记的。同时，要提及万荣籍的学者董大中先生，他作了《卫聚贤传》，由本社出版，而且为《卫聚贤史著六种》的出版提供图书原始版本，联系卫聚贤后人，做了许多重要的幕后工作，真是古道热肠，在此谨向董大中先生表示诚挚的谢意！

三晋出版社

中国考古小史

卫聚贤　著

李 序

严格的考古学在我国虽是很近的一种发展,旧学中却有它很厚的根基。要没有宋人收集古器物的那种殷勤,清代小学的研究,就不会有那种朴实的贡献。甲骨文的发现,适在清代古文字学隆兴之后,两相衔接,中国一切旧学,因此就辟出来一个新的途径。由此而注意发掘及文字以外的考古资料,只是向前进一步的事,可谓一种应有的趋势。再加以自然科学的影响,现代化的考古学就应运而生了。

现在我们只是起首作这种工夫,好些研究的组织,尚不十分完备,那是不可讳言的。但近十年来,所得的材料,已不少了。卫聚贤先生现在把关于这类的事实,聚集起来,作了一个节略;并将相关的出版品,作个总介绍,冠以阮芸台、梁任公、王静安三篇考古的著述,成《中国考古小史》一本,使读者一阅而知中国考古学的重要事实,是很值得我们感谢的。因为之序。

李济　二十年十一月二十日

附 白

本书系去年脱稿，商务印书馆已定约付印，嗣因增加材料，乃将原稿取回。这时我要到上海国立暨南大学授课，拟到后将稿交去，未即付邮。但不久沪上发生战事，我遂回太原。前日来沪，往询商务印书馆印书的情形。昨接到宙字第五一四号函云：

……尊著《古史研究》第一、二集，《国语》《明故宫发掘的报告》《历代建都于南京的货币》各书，据查，《古史研究》第一、二集，已于战前数日出版，唯存书均已被烧无存。其余战前正在排印，已同遭国难矣，至为痛惜。《中国考古小史》一书，战前既有成议，自当照常收印，俟尊处修改完毕，即请寄下……

我在商务印书馆所印的五种书，均殉国难。本书未即付邮，幸得存在！在未接到商务印书馆的信以前，我已在持志学院授考古学，乃以此书作为考古学讲义。现商务印书馆来函索稿，当将此讲义修正，以作国难的余存！

二十一年十月十日补记于真茹暨

自 序

欲研究人类进化的程序，是要把过去的历史整理清楚。整理历史的方法，可分为三个步骤：

一、书籍的整理；

二、考古的工作；

三、蛮族情形的探索。

现在单就考古方面言，在中国目下是很需要的，因为书籍多将神话与事实混合，致使上古无信史可言；由书籍的整理，学术上曾开了一次战争，但彼此都跳不出书本上的圈子，故考古的工作一时很为摩登；考古的过去是些甚么现象？我想一定有不少的同志，要回头一望。我就赶快写出这个《中国考古小史》，以应时需。

中国的考古可分为四大期，春秋战国为宝贵期，汉至唐为祥瑞期（除梁），宋至近代为研究期（除元、明），现在为发掘期。兹分言于左（原书为繁体字竖排版，故有此称——编者）：

（1）宝贵期

中国在春秋战国时，有不少的为着古器物而发生战争，是已视此古器物为“重器”，在阮元的《商周铜器论》（见后）已说明了。

(2) 祥瑞期

新垣平伪造古器物埋藏汾阴，诈谓汉文帝说："周鼎亡在泗水中。今河溢通泗，臣望东北汾阴，直有金宝气，意周鼎其出乎？兆见不迎则不至。"汉文帝听其说，"于是使使治庙汾阴，南临河，欲祠出周鼎"(《史记·封禅书》)。至汉武帝元鼎元年，"得鼎汾水上"(《汉书·武帝纪》)，乃为改元"元鼎"。至元鼎四年六月在后土祠旁得鼎，乃"见于祖祢，藏于帝庭"(《汉书·郊祀志》)。后世因以得古器物为祥瑞，故多载于《符瑞志》(《宋书》)《祥瑞志》(《齐书》)中。

(3) 研究期

古器物而为学者研究，不自宋始，不过宋代甚发达，特为人所注意。东汉许慎作《说文》以"郡国往往于山川得鼎彝，其铭即前代之古文"(《说文·序》)，已知利用古器物上文字。晋时汲冢偶出大批古书，曾"付秘书，校缀次第，寻考指归，而以今文写之"(《晋书·束皙传》)，作过整理的工作。至南朝梁时，始有学者从事研究，陶弘景著有《刀剑录》，自夏启至梁武帝共七十九器；虞荔著有《鼎录》，除第一条为"皇帝"外，自汉景帝至王羲之共七十二器。此二书均近详远略，当非伪造。《四库全书提要·集古录·金楼子·著书篇》有《碑集》十帙百卷，以为是"金石文字之祖"。《隋书·经籍志》于《石经》下注《梁石经》若干卷。按南京一带梁代陵墓前华表有反刻倒读文字，是为发明拓石技术的所始(《熹平石经》立"摹写者……填塞街陌"——《后汉书·蔡邕传》。尚不知拓)。宋至近代，梁任公先生的《中国考古学之过去及将来》，王静安先生的《近二三十年中中国新发见之学问》已说明了。

过去的考古，千端万绪，难以撮要叙述，故取前人成说。如阮元的《商周铜器论》，自商周至唐，将历代出现的古物，说了个大概。接着梁任公先生在《中国考古学之过去及将来》将自宋至近代的考古撮要叙述。又接着王静安先生在《近二三十年中中国新发见之学问》，将近二三十年的考古说的很详。梁先生的文补阮氏的不足，王先生的文补梁先生的不足，三文并列，中国过去的考古可知大概。

（4）发掘期

前人研究古物，可说是一种“金石学”，或“古器物学”。现代的考古，即西人所谓“锄头考古学”（Archaologie Des Spatens），注重在发掘。研究动物学的人，若是在《尔雅·释兽》上找材料，不如到博物院动物标本室去看；在动物标本室看死的动物，不如到深山旷野看活的动物，知道它生活的状况。考古学也是这样！看拓片照片，和在《释兽》上找材料一样；到古物保存所去看，和到动物标本室一样；若能到田野作发掘的工作，就和到了深山旷野中看动物，知道古物共存的现象。遗址的情形，由地层而观其时代，是发掘非常重要，故本书对此部分特为注意。

发掘是一件很难的事，我年来作考古工作，从经验上知道：（一）考古时非有大批人员不可。除地质、测量、摄影、绘图各专家外，应有一美术家用石膏将遗址作为模型。因照片绘图，只能知其大概，而此遗址发掘过即毁，非参加工作人不能知其究竟。并有人类学家、古生物学家，遇见人骨、鸟兽骨时从遗址中由专家取出，勿使其次序失乱，不要此处取一头，彼处取一腿，取其不同的以为就可代表一切。（二）发表报告，至少须分两期，第一期报告发掘情形，第二期再根据第一期报告的事实作对于本遗址遗物的推论，不宜将报告与推论放在一处，将与自己推论合的报告详一点，与自己不合的，略为不记，未参与工作的人不知其情形，免埋没及伪造证据的嫌疑。（三）与外人合作，条件应慎重，职权详为分明。费用若全由外人负担，要有预算；在预算以内，不得中途停付，团长须由中国人担任。起初条件订的不详细周到，到了工作时发生问题，牵扯就大了。

考古学以甚么为范围？我国《古物保存法》第一条"本法所称古物，指与考古学、历史学、古生物学，及其他文化有关之一切古物而言"，以古生物包括在内。法人达毛根（De Morgan）在他所著的《考古学研究的目的及方法》（Les Recherches Archeologique,Ieur But et Leurs Procedesp.3）说："考古学研究的分野，包括自人类出现以后，以至现在，人文过程的全部"，以人类学包括在内。日人滨田耕作在他著作《考古学通论》页一四说："以有人类物质的遗物，自文献不全备时代起……所谓古代史的部分，及有史以前的部分，为考古学最可尽力的领域。"我以为考古学的范围，自人类会使用器物时始，至其器物为现在社会普通看不见止。故本书对于自周口店始石器时代至明故宫的发掘，介绍的特为详细。古生物已出于考古学范围，但我国《古生物保存法》已有明文规定，故将古生物在中国近十年来的总成绩，采葛利普博士的《中国之古生物学》一篇，列于考古发掘之首，以符法令，而使知其大概。至于美人安竹思（Hapman Andrews）在蒙古发现恐龙卵等，不另列章，而附于《外人在中国考古的成绩及纠纷》中。若因考古发掘而连带得到的人骨、鸟兽骨等，则列在各遗址的"遗物"一项中。

此书之作，关于发掘所得的古物，除已陈列者外，尚在整理中的，承特别允其参观，并承将未发表过的照片借印。西阴村、殷墟、城子崖的李济之、梁思永、董彦堂，西北科学考察团的黄文弼，周口店的裴文中，燕都的马叔平、庄尚严，晋冢的胡肇椿，与安特生同行的白万玉，这几位先生，均曾将他们考古工作情形见告，并承陆懋德、刘子植、王静如、高远公、姚达人、丁迪豪、袁允中、黄毓甲、王韬、温应楷诸先生指正讨论帮忙，这是我一并感谢的。

一九三一年十二月二十九日记于北平后百户庙住宅

目 录

一　前人对于考古史的论文

商周铜器论

阮　元

三代时鼎钟为最重之器，故有立国以鼎彝为分器者，武王有分器之篇（《书序》武王封诸侯班宗彝作分器），鲁公有彝器之分（《左传》定四年，分鲁公官司彝器，分康叔大吕，分唐叔姑洗，皆钟也）是也。

有诸侯大夫朝享而赐以重器者，周王予虢公以爵（庄二十一年：郑伯之享王也，王以后之鞶鉴予之；虢公请器，王予之爵。郑伯由是恶王……）晋侯赐子产以鼎（《左》昭七年，晋侯赐子产莒之二方鼎）是也。

有以小事大而赂以重器者，齐侯赂晋以地而先以纪献（《左》成二年），鲁公贿晋卿以寿梦之鼎（《左》襄十九年，公享晋六卿，贿荀偃束锦加璧乘马，先吴寿梦之鼎），郑赂晋以襄钟（《左》成十年，郑子罕赂晋以襄钟，杜《注》郑襄公之庙钟），齐人赂晋以宗器（《左》襄二十五年，杜《注》宗器，祭祀之器），陈侯赂郑以宗器（《左》襄二十五年），燕人赂齐以斝耳（《左》昭七年），徐人赂齐以甲父鼎（《左》昭十六年），郑伯纳晋以钟镈（《左》襄十一年，亦见《晋语》）是也。

有以大伐小而取为重器者，鲁取郓钟以为公盘（《左》襄十二年），齐攻鲁以求岑鼎（《吕氏春秋》，齐攻鲁求岑鼎，鲁君载他鼎以往，齐侯弗信。又见《说苑》《新序》）是也。

有为述德儆身之铭以为重器者，《祭统》述孔悝之铭，叔向述谗鼎之铭（《左》昭三年），孟僖子述正考父鼎铭（《左》昭七年），史苏述商衰之铭（《晋语》）是也。

有为自矜之铭以为重器者，礼至铭杀国子（《左》僖二十五年），季武子铭得齐兵（《左》襄十九年）是也。

有铸政令于鼎彝以为重器者，司约书约剂于宗彝（《周礼·秋官》，晋郑铸刑书于刑鼎（《左》昭六年，又二十九年）是也。

且有王纲废坠之时，以天子之社稷，而与鼎器共存亡轻重者，武王迁鼎于洛，楚子问鼎于周（《左》宣三年），秦兴师临周求九鼎（《战国策》）是也。

此周以前之说也。

自汉至唐罕见古器，偶得古鼎或至改元称神瑞，书之史册，儒臣有能辨之者世惊为奇，故《说文·序》曰："郡国往往于山川得鼎彝，其铭即前代之古文"是也。

今略数之：

则有汉元鼎汾阴得宝鼎（《汉书》元鼎元年夏五月，得鼎汾水上），四年六月得宝鼎后土祠旁（《汉书·武帝纪》又《郊祀志》），宣帝时美阳得鼎献之，张敞辨之（《郊祀志》敞释文曰："王命尸臣，官此栒邑，赐尔旗鸾黼黻琱戈，尸臣拜手稽首，曰：敢对扬天子丕显休命。"鼎小有款识，不宜荐于宗庙。元按，此铭乃《汉书》约记张敞之言，非铭全文也）。永平六年王雒山出宝鼎（《汉书·明帝纪》永平二年六月，王雒山出宝鼎，庐江太守献之。诏陈鼎于庙），永元元年窦宪上仲山甫鼎（《窦宪传》和帝永元元年九月，窦宪伐单于，遗宪古鼎，容五斗，其旁铭曰："仲山甫鼎，其万年，子子孙孙永宝用。"元按，汉人习隶，罕识籀文，此铭亦约辞，非全铭之体）。

吴赤乌十二年宝鼎出临平湖，又出鄮县。

宋元嘉十三年武昌县章山出神鼎。二十二年新阳获古鼎，有篆书四十二字。泰始五年南昌获古鼎，容斛七斗。七年义阳郡鼎受一斛，皆献于朝（并见《符瑞志》）。

唐贞观二十二年遂州涪水中获古鼎，旁有铭刻。开元十年获鼎，改河中府之县名宝鼎县；十二年后土祠获鼎二，大者容四升，小者容一升，色皆青。十三年万年人获宝鼎五献之，四鼎皆有铭（铭曰："垂作尊鼎，万福无疆，子孙宝用。"元按，此铭文亦不全。）二十一年眉州献宝鼎，重七百斤，有篆书。天宝元年平凉获古谗鼎献之。元和二年诏以湖南所献古鼎付有司，重一百十二斤。咸平三年乾州献古铜鼎，状方，四足，上有古文二十一字。（直昭文馆句中正与杜镐详其文曰："维六月初吉，史信父作𩰫甗，斯万年，子子孙孙永宝用。"以上皆见正史及《会要》）。

此自汉至唐之说也。

北宋以后，高原古冢搜获甚多，始不以古器为神奇祥瑞，而或以玩赏加之，学者考古释文日益精核，故《考古图》列宋人收藏者，河南文潞公、庐江李伯时等三十余家，士大夫家有其器，人识其文，阅三四千年而道大显矣。

古之器余不得而见，余今所见之器不知后人能见否也？且又安知后千百年新出之器为今所未见者不更多也？

是宜以周以前，唐以前，北宋以后，三者分别论之。

（上文录自《阮氏积古斋钟鼎彝器款识序》）

中国考古学之过去及将来

梁启超

我不是考古学的专门学者，实在不配讲这个题目，但是因为万国考古学会会长瑞典皇太子殿下，光临敝国，同人为表敬意起见，嘱我把中国考古学之过去及将来稍为讲讲，表示欢迎之意。我勉强把我所知道的，略说几句，恐怕有许多错误的地方，还望各位原谅，并请各位指教！

考古学在中国成为一种专门学问，起自北宋时代，约当西历十、十一两世纪。那个时候，中国的印刷术，已经发明了，而且很进步。中国还有一种专门技术——拓本，把纸蒙在古器物上头，能够把上面的文字花纹及其他模型都摹印出来。这是宋朝以前早经发明的，一般学者对于古器物的研究便利了许多，而且这种知识可以普及；所以在那个时代，有几部很有名的著述，到现今还存在。

一、当时大政治家兼大文学家欧阳修的《集古录》(《四库总目》称嘉祐六年成书，即一〇六一年)，是书搜罗许多铜器刻文、石器刻文，有些是他自己所收藏的，有些是他自己所亲见的，通通摹写上去，还加了许多考证。

二、赵明诚及其夫人李清照(中国女子会填词的第一个女文学家)合著的《金石录》(《四库总目》称绍兴中，一一三一——一一六一表上于朝)。是书体例与欧书大致相同，不过搜罗更较完备得多。

三、薛尚功的《钟鼎彝器款识》(据曾宏文《石刻补叙》以绍兴十四年，即西历一一四四年镌置公库)，是书专限于钟鼎文，与欧、赵两书不一样。欧、赵两书石刻多钟鼎少，是书石刻少钟鼎多，而且钟鼎原器的款识，照原样摹写出来，是这书特色。

四、王象之的《舆地纪胜》（自序作于嘉定辛巳，即西历一〇四一年）。这是一部地理书。一地方之后，附录舆地碑目，对于石刻所在的地方，载得很详细，为后来分地研究古物的先导。

五、聂崇义的《三礼图》（《四库总目》称宋太祖时诏颁行世，九六〇—九七五），是书专画古代器物的图形，自祭祀的器物、常用的器物，以至衣服、宫室应有尽有。虽然不能说全都依照原物摹画，但每样都是用过一番很细密的工夫去考证，然后才描出来的。

六、李诫的《营造法式》（自序称宋元符三年作竣，即西历一一〇〇年），是当时一种建筑术，不过对于古代的宫室考据得很详。

七、吕大临的《考古图》（《四库总目》称成于元祐壬申，即西历一〇九二年）。是书系将古代钟鼎彝器，按其状况，令良工绘画，不失毫发；纵有文字脱落的器物，仍将式样绘出保存，收藏人的姓名，皆载在图说的头上，或标目的下方。铭识古字凡有异同的，都加以训释考证；有不识得的，都附在卷末以示存疑。

八、王黼的《宣和博古图》（《四库总目》称作于大观初，即西历一一〇七年），是书搜集历代自钟鼎至弩机等共七百十七件，鉴一百一十三件，共八百三十件，所收皆天府藏器，由皇帝及精通籀学之士，共同讨论训释。考证虽非尽善，形模一点不差；音释间或有错误的地方，字画完全仍旧。后代的人，可以根据他的图画，考知古代鼎彝的状况及文字。所以是书在考古学上，很有价值。是书从前极难得，现在才印出来，我打算送瑞典皇太子殿下一部。

从上面八种书看来，可知在北宋时代，这门学问，极其发达，假使能够继续发达下去，到现在不知道进步到什么程度了。可惜南宋中叶约当十二、十三两世纪（一一一七——一二七五），以后降至元、明两代，学风丕变，学者趋重玄谈方面，讲哲学的人很多，对于这种事业，不大注意，所以衰微下去。到清初又重新恢复起来，乾隆中叶，西历一七六五年前后，渐渐有人注意了，还不很盛，我们看《四库全书总目》，关于金石书籍，不过五十八种，金石目三十六种，存目二十二种。

由乾隆中叶以后，直至现在，一百五十年间，这种学问有很猛烈的进步，而且分科研究一天精密下去。著名的学者，已故的如阮元、翁方纲、王昶、孙星衍、钱大昕、瞿中客、李宗瀚、吴荣光、鲍康、陆耀遹、黄易、陈介祺、吴式芬、刘心源、吴大澂、王懿荣、端方、吴云、潘祖荫、武亿、严可均、张廷济、李遇孙、刘喜海、徐渭仁、杨守敬、毕沅，现在如罗振玉、王国维、马衡，这些都是很著名的考古学家，此外还很多，不必细举了。

这一百五十年来，关于考古的著作，数目增加，实在可惊。据我所看见过，认为很有价值，已经成书的，不下四百种；此外散在文集里的单篇，关于一部分的考据那种文章，更不计其数。这类著作，大都依着欧、赵、薛诸人的规模，不过编制较为精审，分科亦很细密。或将器物的文字，全数录出；或将器物的原形，照样摹写；或划分种类，专编目录。在目录中，记年代，记地方，记何时出土，何地发现，或已失去，或尚保存，诸如此类，记载得很为详细。

有许多著述，专记一个时代，如像《两汉金石记》之类；不止两汉，历代都有。有许多著述，专记一个地方，如《两浙金石录》之类；地方的分类，有分到极细，专记一县的。还有许多著述，专记一种金石，或专记所刻书籍，或专记钟鼎，或专记古钱，或专记古印章，分门别类，样样都有。所以近百五十年来，这种进步，实猛烈，回看北宋时代的著述，反觉得很幼稚了。

我把他们所研究的对象，用来作分类的标准，大概可分四大类：甲、石类。乙、金类。丙、陶类。丁、骨甲及其他。

以上所分四类物，略加说明：

甲、石类

在中国考古学中，以这类为最大部分，资料极其丰富。现今所存的石刻最古的要算周宣王(西元前八二七至七八八年)的石鼓了。鼓共十四,有一个毁去半边,现陈列在北京孔庙的大门内。其次要算秦始皇时候(西元前二四六至二一〇年)的六个纪功碑,分摆在直隶、山东、浙江等地方,可惜现在六个碑都已佚了,只有山东泰山那块碑还剩下十个大字,存放在泰山绝顶上一个古庙中。西汉前一世纪的石刻,留传得很少,现存的不满十种。东汉(后一二世纪)以后,渐渐多起来;降至六朝、隋唐(三、四、五、六世纪),那就多极了。近代的石刻,现今研究这派学问的人,以为价值甚小,没有多大注意;研究的集中点,还是在唐朝以前那个时代。这种石刻,主要的部分,可以分为下列数种:

一、*石经* 汉熹平,魏正始,唐开成,五代时的蜀国,宋嘉祐,南宋高宗,清乾隆,都有石经;汉魏蜀石经都已亡佚了,不过留下些断片。现存的石经,在陕西西安府学内有唐朝开成时代(西历八三六至八四〇年)所刻十二经。在北京国子监内有清乾隆(一七五〇年后)所刻十三经,这都是儒家经典。此外佛家石经在山东、河南等处磨石而刻的很不少。现存最大部的是离北京西北七十里,有个大房山,里边有七个洞,把五千卷的《佛经》,都用二千三百余块大石头刻起来,始于北齐,迄于辽,前后费了四百年的工作,然后刻成。

二、*纪功纪事碑* 或记载某时代,某种功德,或记载某种大建筑,或记载某人的事业;有的是起一个亭盖上他,有的是放在大建筑的院子里或其他地方。

三、*墓志铭* 这种东西,都是行葬礼的时候用的,埋在地下,墓志铭上面,记载墓中人一生的事业,一生的经营。

四、*造像* 此类作品,以六朝、隋、唐间(二、四、五、六世纪)最多。因为那时佛教很盛,所以刻佛像的风气很盛行,到现在留传下来不少。

五、*石画* 或者画在大建筑内,或者画在坟墓中,或者画在桥梁下。大概一种故事，有的刻旁的花纹，表一种象征的意思。

上述五种，不过略举梗概，其他刻石的东西尚不少，或在井上，或在桥上，常常有许多刻石留传下来。不过讲石刻的大宗，仍要算前面那五种，尤以墓志铭及造像为最多。因为墓志铭埋在地下，所以陆续出土。每年出土多少，现在虽无统计，但迟一年，就多一年。又因造像刻在悬崖上很高的地方，比较不容易损坏，藉此保全下来的很多。这些石刻我们都用特别的拓本技术，摹拓下来，一个学者，尽管坐在屋内，仍可搜罗完备。所以研究这门学问，很为方便。

他们研究的成绩，有下列几项：

一、因为这种石刻，历代都有，所以要研究历代文字的变化，可以看得很清楚。而且中国人，以写字当作一种美术看待，许多有名的字，都可保全下来。所以要研究一时代一时代的书风，亦可以看得很清楚。

二、许多古书，传下来的文字，有错误或异同的地方，在各时代的所刻石经，或石碑及墓志铭所引经典，都可以用来作为校勘的材料。

三、许多过去的历史事迹，有遗漏的加以补充，有错误的加以改正。关于历史上事迹的考证，这种工作，为这派学者最用力的地方，材料亦很丰富，成绩亦很优良。

四、很古代的画，没有法子找寻，但汉代以后的石画，还可以略窥端倪。因为有这种石画，可以看出汉朝以后的书风；而且在他们所画的东西上，可以看出当时的器物及衣服；又在他们所画的故事上，可以看出神话的心理。

五、还有一种造像，可以看出一时代一时代雕刻的变迁。他们所造的像，又因时代而不同。历代信仰的变迁，亦可以由此看出来。

六、还有许多特别的石刻，可以因之看出外来宗教之派别，就是已经衰微之宗教，亦可追寻出来。如《景教流行中国碑》具载基督教的一支流行中国的原委，下段附有叙利亚文，尤为世界所罕见。又如开封挑筋教所立寺，有明正德六年（西一五一一年）佚碑，可证犹太教入中国之久。

七、还有许多边界刻石，如东部的《九都纪功》刻石（魏正始间），《新罗真兴王定界碑》（陈光大二年），《平百济碑》（唐显庆三年）；西部的《裴岑纪功》石刻（汉永和二年），《姜行本纪功碑》（唐贞观十四年）；北部的《苾伽可汗碑》（唐开元二十三年）；南部的《爨宝子碑》（晋大亨四年）等等，可以看出外族与中国交涉之事迹，有助于考史最大。

八、前述的《景教流行中国碑》，载基督教传入中国的事迹。而《九姓回鹘纪功碑》（中、突厥、粟特三体），又载摩尼教所以由中国输入回纥的原故，可以说明东西文化的关系。其余《唐蕃会盟碑》（中、回两体），《阙特勒碑》（中、突两体），可以看出西域为东西媒介中国文化之重要。

九、许多已经死去的文字，靠这种石刻，我们可以再读。如居庸关城门洞内，刻了许多画，还带着六种文字，近人考订一为汉文，二为西夏文，三为蒙古国书拔合思巴体，四为畏兀儿文，五为梵文，六为藏文。他如《莫高窟造像记》，其字迹及年代，亦与居庸关刻石大致相同。西夏文字、蒙古国书等文字，因为与梵文、汉字并列，可以复活认明出来。

十、有许多很奇怪的刻石，记载契约条文，在内地各省，这种买卖田地的契约，现在发现者很多，可以看出古代民法实在情形。又此种碑刻，有当时官名人名的音译，可以看出唐时的古音。

上面所举十宗，不过简略的表明，做这种工作，对于历史上及文化上补益很大。同石刻相类的东西，还有一宗，现在已经成为专门的研究，就是玉。因为中国用玉用得很古，而且所刻花纹很多，可以用玉的式样及花纹，来定他的时代，亦于考古上有关系，这是要附带申明的。

乙、金类

金类的东西，包括铜、铁两项，而以铜为主体，因为铁器容易坏，所以存者不多；铜器比较坚牢，能够耐久，所以留传者极多。最古的铜器，有三代时候的东西，下至秦、汉、魏、晋、隋、唐，无代没有。以前的人，不肯十分注意，所以出土的东西，散佚者甚多。近来对于古物的兴趣增加，鉴别的能力，拓印的本事，亦远非前人所能及，散佚的就比较少了。这类器物，主要的部分，又可以分为下列数项：

一、钟鼎文　在夏殷的时候铸造钟鼎之风盛行，所以这类器物很多。最主要的，就是祭品，有作祭礼用的，亦有作陪嫁用的。古代很看重这种东西，所以说“君子虽贫，不卖祭品”。我们看春秋时代，许多战争同媾和，都以这种东西作条件，所谓“迁其重器”这类事实，异常之多。古代的钟鼎，陆续出土，陆续丧失去了。我们把宋代欧、赵、薛三书所载合算起来，有六百四十三件（根据罗振玉《雪堂丛刻》所列），其中存留者极少。但后代陆续出土的为数很多，清代著录所存，共有二千六百三十五件（根据《雪堂丛刻》所列），这些都在民间。宫廷中所藏，尚不在此数，想来还要多些。武英殿、文华殿及故宫博物院各有一部分，目录还未编好，此刻尚不能尽举其数。这种东西，十之八九在孔子以前。文字很难读，现因学者努力的结果，几乎全部可通了。关于研究古代文字的变迁，研究中国文字的源流，这是极重要的资料。其中文字，比较简单者多，约占十之八九；长篇者少，约占十之一二。我们因为能读这种文字，对于孔子以前的历史可以校正许多；对于历史上的大事，可以补充许多。还有一般社会上的经济状况，或民法方面契约，很可以在里边，看出一部分来。所以近六七十年，研究金文的功作，比研究石刻更努力，而且研究金文的效果，比研究石刻更多。

二、古钱　古钱的研究，在考古学中，由附带的研究，变为独立的专科了。现在搜罗古钱最丰富的人，不同样的钱，在七千种以外。据说最古的，有五千年以前的东西，这话我虽不相信，但减少一点说，三千年或者二千五百年的钱，当然是有的。我们看那种古货币，即中国古代交易媒介物，可以推测到那时的经济状况。中世近世以后，一时代有一时代的钱，每一皇帝即位，别铸新钱。所以看这种钱，质之美恶，量之大小，工作之精粗，各时代的经济状况，都可由此看出。还有他们收罗古钱的人，对于外国输入的货币，亦很注意，不特可以看出本国的经济状况，并且可以看出四围外族同我国贸易状况。

三、度量衡　现今所存的古度量衡，有秦权秦量，汉建初尺，新莽始建国尺，晋前尺，汉量，汉钟，汉钫，汉斛。中间除权是金石并用外，其余都是金属，我们可以看出历代度量衡的变迁。最重要是尺，因为汉尺晋尺，可以推算周尺是怎样，所以研究古器物，古模型，可以得精确的标准。譬如研究古乐器，一面得着晋前尺，一面又得晋的笛谱，我们可以根据尺，依着谱，做晋朝的笛子，与晋人做的一样。

四、古印　古印有官印、私印两种，现今收藏古印，亦成为专门学问了，收藏最多的人，种类在一万以上。对于这种可以看出古代官名，史书上不载者，印里边得着很多。地方名字有更改者，亦可由古印中考出。这些都是主要的用处。还有一种附带的用处，就是中国人把刻印看为美术的一种。刻图章的人，因为古印的发现，有所观摩，艺术因而有大大的进步了。

五、镜　中国古代无玻璃，都用铜镜，直至唐宋，铜镜还是很盛行，元、明以后，渐渐消灭了。现在搜罗铜镜的人，种类不同者很多，因为没有统计，一时举不出数目来。我们研究铜镜，看它的花纹，一时代与一时代不同，镜上所刻动植物，亦不一样，可以看出雕刻风的转移，亦可看出中国同外族往来的状况，因为受外族的影响，技术上有很大的变移。

这五样为铜器的大宗，此外零碎的东西很不少。如兵符，秦有虎符，唐宋有鱼符。从前调兵两地分符，一半放在地方上或将军身边，一半放在皇帝那里，要调兵时，把这一半拿去合那一半去。符的制度和形状，一时代与一时代不同，拿来研究，很有趣味。又如殷周的琱戈及矢镞，或有文字，或无文字，将各种兵器，作时代的比较，很可以看出一部分战争的情形。后代兵器用铁，铁难保存，所以毁坏了的很多，然铜的戈矛箭镞，尚有一部保存。再加汉魏晋间的弩机，其构造又与前代迥异，亦为考究古代战争情形的好资料。

丙、陶类

陶器可以分为两大时代，就是近代的磁器与古代的陶器。近代磁器，另外是一种专门学问，属于美术方面的研究，此处可以不讲；古代陶器，又可分为古陶、砖瓦、模范、明器数种，在考古学上，以前两种关系最大，后两种关系较轻。

一、古陶　磁器以前的古陶，近来陆续出土的很多。山东方面从前齐鲁的地方及直隶明州，新出土一种陶器，多属钟类（乐器）、镫类（祭器）及壶类（酒器）。大都破碎，全整者甚少。上面刻有文字，不与普通钟鼎文字相同。近人考订为战国时文字，有地名，如某某里；及工人名，如某某人。惟秦时的度量衡，亦有用陶器做成的，上面有文字者，尚可识别。

二、砖瓦　最古的瓦可能上溯到秦朝。战国时候的秦人所用的瓦，现今尚可觅得；西汉时代，瓦最多，其上间或印有年代，所以一望而知。至于砖，那更普通了，历代大建筑所用的砖，都有文字，并标明年代，现代搜罗这种古砖，已渐渐成为小小的专门学问了。

三、模范　古代铸器物所用的模范，现今尚有一部保存。最主要的，就是货币的范。汉代的范，间或可以寻得的；后代的范，则很普通。还有最初制造活字板的范，留传的亦很多，最古的，可以上溯至五代。范的搜集，与砖瓦一样，亦成为专门研究了。

四、明器　明器是死者殉葬所用，如俑之类，近来出土的很多。我们看俑的样子，及所穿衣服，里边很有研究的余地。近代出土的明器，以六朝及唐为最多，服妆有点与西洋人相仿佛，面貌亦深目高鼻，不似汉人模样，可以看出古代中西交通的痕迹，可以看服妆上所受的影响。其他的器物，奇怪者颇多，为研究古代社会风俗的绝好资料。

丁、骨甲及其他

自汉以来，一般学者，对于三代知识，率皆模糊，不甚了解，各种纬书又多怪诞不经的学说，难以凭信。自有骨甲出土，然后殷朝事迹渐有一部明瞭。又西域方面，向来认为无甚文化可言，自有竹简发现，然后西域对于中国的关系，逐渐认为重要，以下分为两段，略加解释。

一、骨甲　考古学界，最近有一种很大的兴奋，就是光绪二四、二五两年（西历一八九八，一八九九），在河南安阳县治西五里，即殷墟，出土一大批的骨甲，现在流到欧洲去的很多；中国方面，则罗振玉、刘铁云搜罗亦不少。这种东西，初出土的时候，大家不知道作什么用，文字亦难识别，后来经几个大学者努力研究的结果，总算认得大半。于是中国小学界——即文字学，起一大革命，从前臆断许多造字的原意，臆断错了的，都可以得相当的改正。还有许多历史上重大的事实，古书上记载太略，令我们看不懂的，或者认为很荒唐的，都可以得相当的补充及证明。这种东西，孔子所不曾见的，我们居然看见；孔子所不知，我们知之；孔子说错了，我们校正。此外，则古代的社会风俗、制度、心理，亦可推想许多出来。关于这种文字的研究，现尚在进行中，我们希望再加努力，果能全部认出，所得当不只此。

二、竹简　自从英人斯坦因（Stein）往西域考查古物于新疆及中亚细亚一带，发现许多竹简，就是所谓“流沙坠简”。这种竹简，大概都运往欧洲，欧洲人倒是很有研究。我们看竹简上的记载，与中国有关系的地方很多，最古起两汉，最近到六朝。综合研究，一面可以多了解西域情形，一面可以多了解当时的制度风俗。

石类，金类，陶类，骨甲及其他，这四大类，不过举其重要部分，据我感想所到，略说几端，其他还很多很多，我不是专门家，用不着多讲。总计近百五十年来，因为努力研究的结果，进步很快；虽然所用方法，不过是中国旧有的老法子，在学问上的贡献，已经不少了。中国考古学界，过去的情形，大致如此。

不过据我看来，考古学还是很幼稚，前途可以发展之处正多，应当努力之处亦不少。从今后，应当朝着两个方向，往前工作去。

第一个方向是发掘，从前这种古器物的出土，都是碰机会，偶然发现出来，宝贝已经很多了。往后要进一步，作有意识的发掘。这类工作，中国完全没有；近来欧美学者，到中国来作有意识的采掘，成绩很佳；于是中国学者，亦感觉有自动采掘的必要。假使中国真有采掘学者，真心要想采掘，下列几个地方很可以值得注意。

一、新疆　近来欧美学者，在新疆方面很用功，已经有很好的成绩了。不过据我看来，蕴藏尚富，可以采掘的地方还很多。因为那边是沙漠，变迁剧烈，一个古城，极容易被风沙湮没下去。《汉书·西域传》与《唐书·西域传》不同，《唐书·西域传》又与今日的西域不同，其中的原故，可想而知。假使有具体的计划，大规模的用功，将来所得古物，一定比今日还多几十百倍。

二、黄河上游　黄河上游一带，古代人多穴居，直到现在，此类穴居的人，还是不少。那边土质又疏松，容易崩裂。我们想象这带地方湮没下去的城市、庐舍、人畜，一定不少，所以可以发掘的地方，一定异常之多。

三、黄河下游　因为历代的黄河常有溃决的祸患，所以沿河两岸，湮没的地方不少。最大的证据，即如民国八年（西一九一九）在巨鹿地方，发现一所古城，位于今城下面数丈，里边有宋朝徽宗大观二年（西一一一一年）的石刻，可知是大观以后湮没的。我们得了这所古城，好像意大利得着潘沛依（Pompii）一样，古代的风俗制度的状况，以及其器物技艺的变迁，都可以看出来。黄河下游，被湮没的城，绝不止这一个，将来作有意识的发掘，一定还可以发现很多。

四、古代坟墓　极古的坟墓，还有许多的的确确知道在什么地方，不过中国以发坟为不道德，养成风气，难以骤改，将来慢慢改变过来，则有名的坟墓，都可以次第发掘了。民国五年（西一九一六年）在广东发现南越王赵胡的坟，其中有各种古物，可惜都四处散失了……

此外古代的大城名都，或经兵燹废为故墟，若用人力稍为采掘深一点，可以得出很多古物来。不过这种事业，很不容易举办。因为经过的地方很广，乡下农民，又多迷信，阻力一定异常之大，一面要等到教育普及，一面要等到政治修明，才能往下做去。现在只能培养人才，预备工具，以后碰着机会，立刻可以进行。

第二个方向是方法进步，以前考古学所用的方法，全是中国式，自从欧、赵以后，遗传下来，不过时时有所改良而已。此种方法，好处甚多，然亦不算完全。我们为希望将来，全国高等教育机关，要设考古专科，把欧人所用方法，尽量采纳。

一、旧方法的改良　例如从前利用器物上的花纹文字，以断定他的年代。这种方法，当然十分精确，不过遇着器物上没有花纹文字，那就没有办法了。今后应当在他的质料、形状、色泽上寻出标准，纵然没有文字花纹，亦可以推定他的年代。

二、新方法的引用　例如有地质学的知识，可以用崖层状况，以判定时代的早晚；有人类学的知识，可以考出头颅骨骼的派别。这类科学，于考古方面，直接间接，裨益甚大，我们一面要得前人所未得的资料，一面要用前人所未用的方法，从荒榛断梗中，辟出一块田园来。

以中国地方这样大，历史这样久，蕴藏的古物，这样丰富，努力往下作去,一定能于全世界考古学上,占很高的位置。现今青年学者,很有许多人,在这方面做工作,正好全世界考古学泰斗瑞典皇太子殿下,到中国来;我们希望皇太子殿下,与我们以很好的指导,给我们以充分的帮助!必定能够因为皇太子殿下之来,考古学界开一新纪元,这就是同人这一点欢迎的意思。

此文系民国十五年秋,瑞典皇太子来中国,梁任公师在欢迎席上,讲演此题,当时用英文发表。此篇由同学周传儒等所创办的《重华月刊》第一期(民国二十年五月出版)抄来。

最近二三十年中中国新发见之学问

王国维

古来新学问题，大都由于新发见。有孔子壁中书出（出山东曲阜县），而后有汉以来古文字之学；有赵宋古器出，而后有宋以来古器物古文字之学。惟晋时汲冢竹简出土后，即继以永嘉之乱，故其结果不甚著。然同时杜元凯注《左传》，稍后郭璞注《山海经》，已用其说；而《纪年》所记禹、益、伊尹事，至今成为历史上之问题。然则中国纸上之学问赖于地下之学问者，固不自今日始矣。自汉以来，中国学问上之最大发见有三：一为孔子壁中书，二为汲冢书，三则今之殷墟甲骨文字，敦煌塞上及西域各处之汉、晋木简，敦煌千佛洞之六朝及唐人写本书卷，内阁大库之元、明以来书籍档册，此四者之一，已足当孔壁、汲冢所出，而各地零星发见之金石书籍，于学术有大关系者，尚不与焉；故今日之时代，可谓之发见时代，自来未有能比者也。今将此二三十年发见之材料，并学者研究之结果，分五项说之。

（一）殷墟甲骨文字　此殷代卜时命龟之辞，刊于龟甲及兽骨上，光绪戊戌、己亥间（光绪二十四年二十五年，即西历纪元一八八八至一八八九年）始出于河南彰德府西北五里之小屯，其地在洹水之南，三面环之，《史记·项羽本纪》所谓洹水南殷墟上者也。初出土后（时土人认为龙骨以治疮，后乃入古董客之手），潍县估人得其数片，以售之福山王文敏（懿荣）（闻每字售银四两云）。文敏命秘其事，一时所出，先后皆归之。庚子（光绪二十六年），文敏殉难，其所藏皆归丹徒刘铁云（鹗）。铁云复命估人搜之河南，所藏至三四千片。光绪壬寅（二十八年），刘氏选千余片，影印传世，所谓《铁云藏龟》是也。丙午

(光绪三十二年),上虞罗叔言参事始官京师,复命估人大搜之,于是丙午以后所出,多归罗氏。自丙午至辛亥(宣统三年)所得约二三万片,而彰德长老会牧师明义士(T-M Menzies)(加拿大人)所得亦五六千片,其余散在各家者,尚近万片(统计已出土者约有四万至五万片),近十年中乃不复出(且有伪造者)。其著录此类文字之书,除《铁云藏龟》外,有罗氏之《殷墟书契前编》(民国元年十二月),《殷墟书契后编》(民国五年三月),《殷墟书契精华》(民国三年十月),《铁云藏龟之余》(民国四年正月),日本林泰辅博士之《龟甲兽骨文字》(民国三年十二月),明义士之《殷墟卜辞》(The Oracle Records of the Waste of Yin)(千九百十七年上海利发洋行出版),哈同氏之戬寿堂所藏《殷墟文字》(民国六年五月),凡八种。而研究其文字者,则瑞安孙仲容比部(诒让)始于光绪甲辰(三十年)撰《契文举例》(原稿曾寄刘铁云,越十三年丁巳,余得其手稿于上海,上虞罗氏刊入《吉石庵丛书》第三集)。罗氏于宣统庚戌(二年)撰《殷商贞卜文字考》,嗣撰《殷墟书契考释》(民国三年十二月),《殷墟书契待问编》(民国五年五月)等。商承祚氏之《殷墟文字类编》(民国十二年七月),复取材于罗氏改定之稿(以《说文》次序排列之,较可据,惟嫌摹画未真);而戬寿堂所藏《殷墟文字》,余亦有考释(民国六年五月)。此外孙氏之《名原》亦颇审释骨甲文字,然与其《契文举例》,皆仅据《铁云藏龟》为之,故其说不无武断。审释文字,自以罗氏为第一,其考定小屯之为故殷墟,及审释殷帝王名号,皆由罗氏发之。余复据此种材料,作《殷卜辞中所见先公先王考》,以证《世本》《史记》之为实录(且可辨其舛误);作《殷周制度论》,以比较二代之文化。然此学中所可研究发明之处尚多,不能不待于后此之努力也。

(二)敦煌塞上及西域各地之简牍　汉人木简,宋徽宗时,已于陕右发见之(仅有二简)。靖康之祸,为金人索之而去。(按《文选》任昉《荐士表》李善注:张骘《文士传》曰,人有于嵩山下得简一枚,两行科斗书，人莫能识。司空张华以问束晳，晳曰，此明帝显节陵中策文）。当光绪中叶（千九百年至千九百零一年）英印度政府所派遣之匈牙利人斯坦因博士（M. Aurel stein）访古于我和阗（Klotan），于尼雅河下流废址，得魏晋间人所书木简数十枚，嗣于光绪季年（千九百〇六年至千九百〇八年），先后于罗布淖尔东北故城，得晋初人书木简百余枚；于敦煌汉长城故址，得两汉人所书木简数百枚（原物均归英国博物馆收藏），皆经法人沙畹教授（Ed. Chavannes）考释，其第一次所得，印于斯氏《和阗故迹》（Sand-Buried Ruins of Khotan）中。第二次所得，别为专书，于癸丑甲寅（民国二三年）间出版。此项木简中有古书（《苍颉篇》《急就篇》等）历日方书，而其大半皆屯戍簿录（又有公文案卷信札等），于史地二学关系极大。癸丑冬日（民国二年），沙畹教授寄其校订未印成之本于罗叔言参事。罗氏与余重加考订，并斯氏在和阗所得者，景印行世，所谓《流沙坠简》（民国三年四月出版）是也。（此外俄人希亭 Hedin 亦有所得，又日人大谷光瑞所得有《西域图谱》一书，然其中木简，只吐鲁番之二三枚耳。）

（三）敦煌千佛洞之六朝唐人所书卷轴 汉晋牍简，斯氏均由人工发掘得之，然同时又有无尽之宝藏，于无意中出世，而为斯氏及法国之伯希和教授携去大半者，则千佛洞之六朝及唐、五代、宋初人所书之卷子本是也。千佛洞本为佛寺，今为道士所居（千佛洞在鸣沙山，唐有三界寺，至元代犹为佛寺，后为道庙）。当光绪中叶（约在甲午前后，即一八九四年），道观壁坏，始发见古代藏书之窖室，其中书籍居大半，而画幅及佛家所用幢幡等，亦杂其中。余见洹阳端氏所藏敦煌出开宝八年灵修寺尼画观音像，乃光绪己亥（二十五年）所得，又乌程蒋氏所藏沙州曹氏二画像，乃光绪甲辰（三十年）以前，叶鞠裳学使（昌炽）视学甘肃时所收，然中州人皆不知（又有视为废纸者）。至光绪丁未（三十三年）斯坦因氏与伯希和氏（Paul Pelliot）先后至敦煌，各得六朝人及唐人所写卷子本书数千卷（斯坦因氏所得约三四千卷，伯希和所得约六千卷，携之过京），及古梵文，古波斯文，及突厥回鹘诸国文字无算，我国人始稍稍知之，乃取其余，约万余卷，置诸学部所立之京师图书馆。前后复经盗窃，散归私家者，亦当不下数千卷（市中有流传出售者，其时陕甘市中可购得），其中佛典居百分之九五（可补藏经之缺，及校勘误字）。其四部书，为我国宋以后所久佚者；经部有未改字《古文尚书孔氏传》，未改字《尚书释文》，麋信《春秋穀梁传解释》《论语郑氏注》，陆法言《切韵》等；史部则有孔衍《春秋后语》《唐西州沙州诸图经》《慧超往五天竺国传》等（以上并在法国）；子部则有《老子化胡经》（英法俱有之），《摩尼教经》（京师图书馆藏一卷，法国一卷，英国亦有一残卷，书于《佛经》之背），《景教经》（德化李氏藏《志玄安乐经》《宣元至本经》各一卷，日本富刚氏藏《神论》一卷，法国图书馆藏《景教三威蒙度赞》一卷）；集部有唐人词曲及通俗诗小说各若干种。己酉冬日（宣统元年）上虞罗氏就伯氏所寄影本，写为《敦煌石室遗书》，排印行世。越一年，复印其景本为《石室秘宝》十五种。又五年癸丑（民国二年），复刊行《鸣沙石室逸书》十八种，又五年戊午（民国七年）刊行《鸣沙石室》《古籍丛残》三十种，皆巴黎国民图书馆之物。而英伦所藏，则武进董绶经康，日本狩野博士（直喜），羽田博士（亨），内滕博士（虎次郎），虽各抄录景照若干种，然未有出版之日也（统计出土者共约三万卷）。

（四）内阁大库之书籍档案　内阁大库，在旧内阁衙门之东。临东华门内通路，素为典籍厅所掌，其所藏书籍居十之三，档案居十之七，其书籍多明文渊阁之遗。其档案则有历朝政府所奉之朱谕，臣工缴进之敕谕批折黄本题本奏本，外藩属国之表章，历科殿试之大卷。宣统元年，大库屋坏，有事缮完，乃暂移于文华殿之两庑，然露积库垣内尚半。时南皮张文襄（之洞）管学部事，乃奏请以阁中所藏四朝书籍，设京师图书馆，其档案则置诸国子监之南学，试卷等置诸学部大堂之后楼。壬子以后，学部及南学之藏，复移于午门楼上之历史博物馆(堆置于端门之门洞中)。越十年馆中复以档案四之三,售诸故纸商,其数凡九千麻袋(得价四千元),将以造还魂纸,为罗叔言所闻,三倍其价,购之商人,移贮于彰义门之善果寺。而历史博物馆之剩余,亦为北京大学取去,渐行整理,其目在大学日刊中。罗氏所得,以分量太多,仅整理其十分之一,取其要者,汇刊为《史料丛刊》十册,其余今归德化李氏(李盛铎)。

(五)中国境内之古外族遗文 中国境内,古今所居外族甚多,古代匈奴、鲜卑、突厥、回纥、契丹、西夏诸国,均立国于中国北陲,其遗物颇有存者,然世罕知之。惟元时耶律铸见《突厥阙特勒碑》及《辽太祖碑》,当光绪己丑(十五年西一八八九年)俄人拉特禄夫访古于蒙古,于元和林故城北,访得《突厥阙特勒碑》《苾伽可汗碑》《回鹘九姓可汗碑》三碑,突厥二碑皆有中国、突厥二种文字,回鹘碑并有粟特文字。及光绪之季,英、法、德、俄四国探险队入新疆,所得外族文字写本尤夥,其中除梵文、佉卢文、回鹘文外,更有三种不可识之文字,旋发见一种为粟特语,而他二种,则西人假名之曰第一言语、第二言语,后亦渐知为吐火罗语及东伊兰语(发明粟特语者为法人哥地奥 Rodert Gauthiot,吐火罗语者为西额 Sieg 及西额林 Sieging 二氏,东伊兰语则伯希和之所创通也。又释《阙特勒碑》之突阙语为丹麦人汤姆生 Thomsen)。此正与玄奘《西域记》所记三种语言相合。粟特语即玄奘之所谓窣利,吐火罗即玄奘之睹货罗,其东伊兰语则其所谓葱岭以东诸国语也。当时粟特吐火罗人,多出入于我新疆,故今日犹有其遗物,惜我国人尚未有研究此种古代语者;而欲研究之,势不可不求之英法德诸国。惟宣统庚戌(二年)俄人柯智禄夫大佐于甘州古塔,得西夏文字书,而元时所刻河西文《大藏经》,后亦出于京师,上虞罗福苌乃始通西夏文之读,今苏俄使馆参赞伊凤阁博士(Ivanoff)更为西夏语音之研究,其结果尚未发表也。

此外近三十年中,中国古金石、古器物之发见,殆无岁无之,其于学术上之关系，亦未必让于上五项，然以零星分散，未能一一缕举；惟此五者分量最多，又为近三十年中特有之发见，故比而述之。然此等发见物，合世界学者之全力研究之，其所阐发，尚未及其半，况后此之发见，亦正自无穷，此不能不有待少年之努力也。

此文系王静安师于民国十四年暑期中在清华大学讲演。兹据《学衡》第四十五期录入，注文略加更改。

二　古生物

中国之古生物学

葛利普博士著　张鸣韶译

古生物学，在考古学范围之外，是本书中不应列入，但我国《古物保存法》有明文规定。兹据《科学》第十五卷第八期录入此文。

古生物学在中国是一种新科学，但中国人知道化石为时确是很早，在赖拿豆达汶斯解释化石为生物遗迹之三百年前，中国哲学家已论及化石之真正性质，朱子《语录》云："常见高山有螺蚌壳，或生石中，此石即旧日之土，螺蚌即水中之物，下者却变而为高，柔者却变而为刚。"当时，朱子不仅承认化石为生物遗迹，并且暗示山脉为海底褶皱而成，较之汶斯仅假设爱皮泥山之蚌壳为海面高时所遗留，似又更进一步矣。

化石在中国虽有很早之认识，而古生物学之发达，确较欧洲迟一百余年，除以前有少数化石为外国调查团发表外，化石研究在中国不过仅有十年历史而已。

民国三年北平地质调查所成立后，中国地质家始有采集及研究之机会，然因当时古生物人才缺乏，所得标本，又须运至美国请人鉴定。自十一年后，地质调查所每年采集化石极多，即以未研究之材料而论，已由数十增至数千抽屉之多，现古生物部虽有多数专家及助手从事研究，而结果仍不免物多人少。

古生界地层构造及界限之确定，处处以化石为标准，中国化石因研究稍晚，以致古生界地层迄无详细及精确之分类，故有时不得不用欧美地层为标准也。最近经丁文江博士及已故赵亚曾先生同黄汲清先生在中国南部之调查，古生界地层不久即可瞭然而有一种基本之分类矣。但由此次所采集之化石，经研究所得之结果，和欧美地层标准，似不能用于东亚，因在亚洲各层化石生存时间较在欧洲为早而且久。其原因概不外乎太平洋为古生代各种生物发育之地，此种生物到达中国因停留而变迁后，始能由内海徙至欧洲。美洲西部亦地滨太平洋，故当太平洋所到地方，皆与中国有相当关系，然在古生代美洲大部似被一温暖北极洋所浸绕也。

北平地质调查所鉴于中国化石之重要，及与世界各国关系之密切，遂刊行《中国古生物志》，内容共分四种，甲种为植物化石，乙种为无脊椎动物化石，丙种为脊椎动物化石，丁种为人类遗迹。自十二年第一册出版后，至今已印行三十余册，现尚有数册在印刷中。出品之多，较著名之美国纽约省及英国古生物志，有过之无不及焉。

《古生物志》中虽有少数外国科学家之著作，然多数仍为中国人之撰述，兹列举重要者如下：孙云铸博士之《中国北部寒武纪动物化石》，于民国十三年十二月出版，内述五十五种寒武纪化石，其中有四十五种为新发见者。孙先生近著有《中国奥陶纪上部及志留纪笔石化石》《中国中部及南部奥陶纪三叶虫》，不久想可付印。

次为北大地质系十二年毕业生赵亚曾先生。赵先生为人聪敏勤学，为中国近年来古生物界最优秀之人才，去岁在云南调查，为匪所害，诚为中国地质界莫大之损失。《古生物志》中赵先生著作有四，第一为《中国长身贝科化石卷上》，十六年九月出版，册厚二百余页，讨论长身贝科化石至九属六十一种之多，内有三新亚属二十二新种。第二为《中国北部太原系之瓣腮类化石》，十六年十二月出版，鉴定化石则有二十属三十种，其中有新属二新种二十三。第三为《中国长身贝科化石卷下》，十七年十月出版，所述化石有戟贝亚科十四种，内有九种属新种或族；长身贝亚科七种，内二种属新种；小介贝系化石五种，内三种属新种；李希霍芬贝亚科二种，内一种属新种。第四为《中国石炭纪及二叠纪石燕化石》，十八年六月出版。在此著内，赵先生取石燕化石内部构造及各部进化程序，为分类基础，不仅详言石燕化石在中国之分布情形，且其研究方法亦可作后人之借镜也。

《中国北部太原系海百合化石》，为田奇瑰先生所著，十五年四月出版，内述海百合化石新属一，旧属三，新种八，新变种凡四。种类虽不甚多，而整理散板及再造工作，诚为不易。杨钟健博士之《中国北部啮齿动物化石》，于十八年八月出版，是著为杨先生在德国明星大学博士论文，内容对于新种之讨论甚详。关于脊椎动物化石，在中国人著作中，当以此为嚆矢。

李四光教授所著之《中国北部䗴科化石》为《中国古生物志》中重要著作之一，于十六年九月出版。详述䗴科化石六十一种，其中多为从前所未见者。李先生对于䗴科构造及研究方法，均有特别讨论。先生现任中央研究院地质研究所所长，虽职务纷繁，而于中国地层仍不时有重要之贡献也。

秉志博士为动物学家而兼治古生物学者，博士著有《中国白垩纪之昆虫化石》，十七年十二月出版，又有《中国北方之田螺化石》，十八年十一月出版。此外如俞建章先生之《中国中部奥陶纪头足类化石》《贵州石炭纪珊瑚化石》，黄汲清先生之《中国南部二叠纪珊瑚化石》，纪荣森先生之《中国管状珊瑚化石》，徐光熙先生之《奥陶纪笔石化石》及《贵州石炭纪之有孔虫化石》，或在研究中，或脱稿在印，不久当可刊印行世也。

窃谓近来古生物研究之趋势，已与从前迥不相同。以前分类仅照化石外表性质，而今则须明白化石进化程序；以前分类甚简，而今则甚详。是以此种经验学问，绝非大学四年读书所能得到，非毕业后在一研究机关受高明学者多年之指导不可。目下除北平地质调查所外，别无此种机关，又因领导人才缺乏，他处何时始能设立，亦甚难言。

又余谓研究此种学问，有一极重要之事，即为书籍。书籍设备，为研究各种学问之先决问题，若研究古生物而无参考书籍，则更无法进行，然欲集世界各国出版品于一处，则亦殊为不易。地质调查所所设图书馆，虽可与欧美同样机关相比，然内容仍不能谓之十分完全，故募集巨款，扩充设备，使该馆成为一最完美之图书机关，诚为当今之急务也。

科学似海，毫无际涯，吾人治任何学问，必须有坚忍之毅力及经久之研究。迩来中国青年之欲以科学为终身事业者，固不乏人，甚望智识先觉，予以相当之指导与鼓励，使勿入歧途，则中国科学幸甚。

三　近代的发掘

甲　石器时代遗址

周口店

遗址发现的原因　奥人师丹斯基(O.zdansky)于民国十年十一月在周口店采得化石很多，于十五年在此化石中发见两个人的牙齿，定名为“中国猿人”(Sinanthropus pekinensis)，北平地质调查所因从事发掘。

遗址的时代　始石器时代(Eolithic Age)，距今约二三十万年。

地址　河北房山县周口店(琉璃河支路的末一站，在北平西南约一百一十里)。

发掘的时间　民国十六年，十七年，十八年，十九年，尚继续工作。

发掘的机关　北平地质调查所。

工作重要人员　十六年李捷步林(B. Bohlin)，十七年步林、杨钟健、裴文中，十八年裴文中，十九年裴文中，二十年裴文中。

遗迹　周口店附近为奥陶纪的石灰岩所成的山，此处开采石灰者，多依山为窑。而石灰岩中常有裂缝及洞，其中为红土及石块沉积，含骨化石颇多。此等堆积，因石灰质作用而变坚硬，故有时当四边石灰岩被采掘后，形如垣壁，峭峙空中。其地层自上而下，共分十层：第一层为淡黄色硬泥岩，一部为石灰渣；第二层为灰色沙质泥岩；第三层为不规则层，大块石灰岩甚多，为洞顶垂落的；第四层为红色土质，沙泥甚厚，但有黄淡红褐灰各色相间；第五层为黑土质石灰碎块及角砾岩；第六层为硬石灰角砾岩红土泥沙；第七层为深灰软松沙土，杂以石块；第八层为坚硬角砾层，杂以红色沙土；第九层与第八层相似，多含沙质；第十层为沙质红土，含结核甚多。

第一、第二层骨化石甚少，第三层为猿人的头骨及幼年与成年的其他碎骨，第四层含有啮齿类化石及其他小动物化石甚多，第五层猿人化石极富，第七层有完整的水牛、鹿、猪等头骨化石，第十层无石灰块及化石，第十层以下距底部不远。

发现人类用火的遗迹，因为（一）有灰，（二）有焦骨，（三）有烧过的石，（四）有木炭。

十六年，发掘得猿人下臼齿一枚；十七年，得牙齿数枚，破牙床二个，破骨数块；十八年猿人头骨一，动物化石完整的甚多；十九年无大成绩；二十年得石器、骨器数千件。

遗物 *石器*：第一石英层所得不多，第二石英层（相当于第八第九第十层）得二千余块，为人工痕迹显著而为器具的，有数百件。其石质有数十块为绿色砂岩，石英砂岩，及绿色页岩，余为石英，尚有燧石一块。其形状共分七种：（一）椭圆形，前端一钝尖，腹部前方为凹入利刃，脊部前为凸出利刃；（二）菱形，腹部同前，脊部为一稍直的利刃；（三）肾形，前端为圆形利刃，腹部全为利刃；（四）长刀形，前端为一尖，腹部为一外凸的利刃，脊部及后端皆为宽面；（五）正方形，四面皆利刃；（六）三角形，前端为三个面所成的尖，腹部为利刃，脊部及后部为宽面；（七）梯形，腹部为利刃，其他三面为宽面。

骨器：以鹿角为最多，牛骨马骨犀牛骨象骨次之。有一鹿角尖端使用甚久，已被磨光。有将鹿角及其他动物腿骨打成凿及刀形，其锋

刃尚锐;有于犀牛腿骨刻入凹形,有在骨上刻有纵横深壕,数量约二三千件,与石器同层。

化石： 猿人头骨,犀牛、水牛、牛、象、马、猪、灵猫、鹿、大水獭、剑齿虎、貂等。

古物现存处 北平地质调查所。

报告书 《周口店储积中一个荷模型的下臼齿》(步达生著,十六年出版，定价三元),《中国猿人化石之发见》(裴文中著，十九年出版,定价二角),《中国猿人类北京种之成人头盖骨》(步达生著,二十年出版,定价十八元)等。

参考材料 《周口店之骨化石堆积》(杨钟健),《中国猿人化石之发现》(裴文中——《科学》第十四卷第八期),《周口店猿人化石层中石器之发见》(裴文中——稿本)。

仰韶

遗址发现的原因 民国九年，地质调查所采集员刘长山自河南带回石器数百件,因料其处有石器时代遗址,十年四月往仰韶调查所得。

遗址的时代 新石器时代末期,约西元前四千年至前一千五百年。

地址 河南渑池县仰韶村(渑池县车站北十五里)、秦王寨、不召寨等。

发掘的时间 民国十年十月。

发掘的机关 地质调查所。

工作重要人员 安特生(C. G. Andersson)、师丹斯基、刘长山、袁复礼。

遗迹 在仰韶村南约二里处过一深沟,过此沟北下为第三纪红土层,上为第四纪黄土层,中加有灰土层即其遗址。自村南端起南行至东沟西沟连接处,南北为九百六十公尺,东西为四百八十公尺,北部少有采获，南部灰土层厚一公尺至五公尺。原为平地，后经水冲刷，今成沟壑，沟旁常有土堆矗然孤立，上端即有石器遗址。遗址中有袋状地穴，此地穴与欧洲相同的很多，为原始人居的住宅。

遗物 石器： 石斧极多，形式大小不一，无孔。石凿、石锛，均与近世所用的同。长方石刀碎片甚多，中有一整的，只具一孔，少数石杵，作磨捣所用。扁平石环与剖面作三角形石环。石镞甚多，形亦不一。

骨器： 骨锥，骨针有穿孔的，骨镞甚多，亦有用贝壳制的。

粗陶器： 有一罐形陶器，底部有孔，排列甚密，边墙的底有孔一道，为放置于甗上的蒸物用（中华第十五版第一图）。豆形陶器，有高足，足空，周有七孔（十五版二图），浅鼎（十六版二图）为作鼎的初步，带柄鬲（十六，六），带耳壶（十六，八）。尖底器（尊）砖色红，墙甚薄，外面有绳印纹，从尖底向四方射出，有两耳在腹部。

彩陶[即彩绘土器（Painted Pottery）陶器上绘以红黑白彩色的]：有红底深红花纹完整的盆，出自秦王寨（《河南》一版）。灰色底上绘红螺纹及同心圈纹浅钵，出自秦王寨（二版）及仰韶（三版）。红底黑白花，有凹边三角形，以上下二角形合成椭圆形（五版）。红底黑白花，有眼形三角形的如女子生殖器花纹（六版）。但不召寨未有彩陶。

遗物现存处 北平地质调查所。

报告书 《中华远古之文化》（《地质汇报》第五号第一册内，十二年十月出版，定价大洋一元二角）。

《河南石器时代之着色陶器》（《古生物志》丁种第一号，第二册，民国十四年一月出版，定价大洋六元），归地质调查所发售。

参考材料 《中华远古之文化》《河南石器时代之着色陶器》。

沙锅屯

遗址发现的原因　民国十年六月往辽宁锦西县沙锅屯调查煤矿遇此石穴探试所得。

遗址的时代　新石器时代。

地址　辽宁锦西县沙锅屯车站南二里沟内石洞。

发掘的时间　民国十年六月。

发掘的机关　地质调查所。

工作重要人员　安特生、白万玉。

遗迹　沙锅屯南沟隙为阶段形，西壁有一矽质石灰岩，由潜水浸润而成的一洞穴。洞北壁长四.九公尺，南壁六公尺，宽二.二至二.五公尺，洞口稍窄为一.八公尺。洞底向外作微坡形，洞为西南东北三十五度方向。洞形直且小，后分四短支洞。最底一层为黄沙小石子混合平铺，似为铺平洞底微坡所用，最上一层为后代掺入，在此最上层中得有宋、金二代钱。其中为灰土所成的文化层。

遗物　石器：　石斧四个尚完整。燧石镞。石环多扁平，率极薄，大者径达百公厘，宽二十六至二十八公厘，厚只三公厘半。石扣甚多，形如圆珠，孔自两端钻起成一大钝角。石珠为大横圆式、细长式、小横式三种。石圆板。大理石兽形物。

骨器：　骨针，针孔甚细，为缝纫所用，有一插入空骨中以保护。骨锥为鹿所置，亦有用猪牙的。骨置小凿刀。骨镞长二十公厘，底部宽七.五公厘。

粗陶器：　有席印纹、绳印纹、刻纹各种，但多为碎片，就其凑聚成形观察，有鬲碗盆罐等，并有陶环大小不等多种。

彩陶：　在此遗址中共得到五块，与仰韶相同。

骨：　有人骨及兽骨。人骨虽无全副，但可知为四十二体男女老少不等的骨骸,头骨多破碎,有一部分被烧过,并搀入他骨及陶片等,腿骨每似生时已折断。

遗物现存处 北平地质调查所。

报告书 《奉天锦西县沙锅屯洞穴层》(《古生物志》丁种第一号,民国十二年四月出版,定价大洋三元五角),《奉天沙锅屯及河南仰韶村古代人骨与近代华北人骨之比较》(民国十四年出版,定价大洋九元),均地质调查所发售。

参考材料 《奉天锦西县沙锅屯洞穴层》。

甘 肃

遗址发现的原因 仰韶所得彩陶花纹与亚诺(Anau)脱里波留(Tripolje)石器遗址陶器花纹相同,已觉近东与远东古陶器关系甚密,河南古址与近东古址之间,必有其连接之迹,中国西部如甘肃有发见石器的可能性,遂往调查。

遗址的时代 遗址时代,可分为六大期。

新石器时代末期与新石器时代及铜器时代过渡期:

齐家期

仰韶期

马厂期

紫铜器时代及青铜器时代初期:

辛店期

寺洼期

沙井期

绵延约二千年,自西元前三千五百年至一千五百年。

地址 甘肃贵德县、导河县、宁定县、镇番县等,青海沿岸。

发掘的时间 民国十二年至十三年。

发掘的机关　地质调查所。

工作重要人员　安特生、白万玉。

遗迹　青海沿岸遗址：一在东端，一在南岸，遗址文化层高出现在水面三公尺至六公尺。

河谷遗址：贵德黄河河谷，西宁河谷，洮河河谷。此河岸旧岸较现在为高，为阶段形，遗址在此阶段中。

四时定的葬地遗址：在洮河西岸，与导河县城隔岸相对，山旁有险峻山嘴突入河中，山嘴上为其葬地。

半山区葬地遗址：宁定县属洮河河谷西侧，半山山顶有此葬地。距其住址在十五里以外，高升至其村落四百公尺以上。

镇番西部沙漠中之遗址：镇番县西部沙漠中有自南山来一河流，其西三十里有小村名沙井，有遗址三处，葬地二处，皆为沙湮没。

遗物　石器甚少。

粗陶器：齐家、马厂期中，鬲的踪迹未见，鼎器亦希少。辛店期鬲已发见，寺洼期沙井鬲渐为丰富。

彩陶：辛店甲址葬地的陶瓮（《甘肃》三版二图），胫部有连续的回纹，腹部上有旋纹，旋纹上空处有犬羊兽形纹各一，柄上绘有龙形花纹。宁定县齐家坪陶耳残片，表面缀压成平行线纹式斜交线纹。又一陶耳上缀多数压成的横线纹，中心饰以乳状突起点（五版一图二图），与康克拉米（Kamm Keramik）形相同。镇番县沙井南葬地陶器（十一版一图），其上有繁复的图案，有上下直立的三角形，鸟状带纹。辛店期又有鸟形、兽形、人形、轮齿形花纹。

遗物现存处　北平地质调查所。

报告书　《甘肃考古记》（《地质专报》甲种第五号，民国十四年六月出版，定价大洋四元），《甘肃河南石器时代及甘肃史前后期之人类头骨与现代华北及其他人种之比较》（民国十七年出版，定价大洋四元),均地质调查所出售。

参考资料 《甘肃考古记》。

西阴村

遗址发现的原因 民国十四年李济到山西考查古迹,于十五年三月在西阴村发见。

遗址的时代 新石器时代。

地址 山西夏县西阴村灰土岭。

发掘的时间 民国十五年十月。

发掘的机关 清华大学研究院。

工作重要人员 李济、袁复礼。

遗迹 此遗址面积很广,现多化为耕地,其西南有高出地面三四公尺的崖壁,就此遗址中发掘了一小部分。其遗址情形是:

(一)最上一层为黄土。这土性质极杂,似黄土而非真正黄土。名此层为顶层。

(二)顶层下有约一公分厚的石灰层。有的无此石灰层,黄土层与灰土层直接相接。

(三)石灰层以下有厚约一公尺的灰土层,内夹着许多烧过的土块。

(四)灰土层下有黄灰色沙泥层,薄厚不一,有的成为波状。

(五)泥土层下为黄土或红土的净土层。

灰土层有成一个椭圆形地基即袋状地穴,陶片多在此层中。遗址曾有被水湮没过的情形。

遗物 *石器:* 石斧一,完整。石铲残部一片。石刀残片上尚留一孔。石硾,身带槽。未经磨过的小石刀(《西阴村》第十版各图)。石圆片中有一孔的纺织轮。石镞有未经磨过的,有已经磨过的。尚有石雕刻的人拳。

骨器：骨镞，骨针，骨簪，骨锥及雕刻的骨环。

粗陶器：有粗灰的绳印纹，灰色的、凝暗的、橙红的绳印纹，橙红的、油光红的、厚油光红的、皱皮的、带槽的、具凸纹的、素白的、未有刻纹的陶纺织轮。陶球大小不一，小的作弹弓的弹子用，大的作玩具，其上有指甲印纹，圆筒印纹。尚有一个小陶陀螺。

彩陶：分两大类，一类是先著色衣，然后著彩；一类是把彩直施于陶骨上，没有那色衣居间。色衣为红白二种，红的多普遍施色，白的多是部分施色。于色衣上施一黑色花纹，也有红色与白色的，但系少数。黑色花纹是直线，横线，圆点，各样的三角；宽条，窄条，初月形，链子，格子等集合而成。有中一圆点周由六个不规则三角形合成的花纹，又由四个三角形合成一似十字形花纹。

骨：人骨除碎块外，找到一副少年的人骨，但是没找着头。此外尚有猪骨、贝壳片甚多。又得一蚕茧，为重要的发见。可知其时人类已知利用蚕丝。

遗物现在处　北平清华大学。

报告书　《西阴村史前的遗存》（清华大学研究院《丛书》第三种，民国十六年八月出版。没有定价）。

参考材料　《西阴村史前的遗存》。

甘夏镇

遗址发现的原因　十九年三月在张家库高家山焦尾巴洞发掘六朝墓时，因墓址在半山，掘土向上翻不易，遂于墓前辟一孔道，使土出于山下，乃于此孔道中发现。后于甘夏镇西岗头上及土地庙旁又找到两处。

遗址的时代　新石器时代（张天方先生疑此为准新石器时代）。

地址　南京栖霞山车站西北五里甘夏镇西岗头上及土地庙旁并甘夏镇东北张家库高家山焦尾巴洞前。

发掘的时间　民国十九年三月。

发掘的机关　南京古物保存所。

工作重要人员　卫聚贤、张凤、王庸。

遗迹　北方地多垦植，坡地皆作阶段形，故于其崖壁上容易见其灰土层；又北方气候干燥，遗址中陶片质尚坚，其被水冲出，或掘墓等人工翻出，容易见到。南方平地多耕种，小土岭的坡地多长树林，没有阶段崖壁可以露出灰土层；又气候潮湿，陶片多化为粉末，在地面看不到，遗址发见是很难能的一件事。此遗址除在焦尾巴洞碰着外，又费了许多功夫始又找到两处。焦尾巴洞遗址为一圆形地穴，高约六尺，宽约八尺。岗头上遗址，一部分六朝人造墓时毁去了，余了小半个圆形地穴。土地庙旁地穴不完整，似被翻乱过。在其地听土人说，他们埋人掘墓时常遇到此遗址中所得到的砖红色陶片及鼎腿，但尚未及发掘。

遗物　*石器*：　在六朝墓前掘水道时，遇着黑泥(灰土)，其中有许多砖红色陶片，质甚粗。又遇一鼎足，长约五寸，已疑其为石器时代物，但共同工作的人以长江下游向无石器遗址发见多不信。继得一完整磨光石斧，始定此为石器时代遗址，停止孔道的发掘，复另行发掘此遗址。在此三遗址中，共得磨光石器六件，半磨石器五件，未磨石器三件。

粗陶片甚多，有一部分上印有各种几何形花纹，与河南、辽宁、山西、甘肃完全不同，而与地质调查所陈列的在香港石器遗址陶片上花纹相符。又有一玩具系扁圆，腹部有楞，中空。鬲器未见。彩陶没找着。

遗物现存处　南京古物保存所。

报告书　发掘尚未竣事，报告书尚未及作，我已离开了古物保存所，故无报告书。

参考材料　自己经历。

荆村

遗址发现的原因　民国十五年我在清华大学研究院读书时，李济之先生从山西夏县西阴村发掘一大批石器遗址古物运校，我看见了这陶片，似乎在甚么地方常看见过。十六年春因事旋里，方知我的家乡就建在石器时代遗址。十九年十月发掘汉汾阴后土祠停工后，在荆村瓦渣斜试掘了九天，知其处为遗址集中地点。

遗址的时代　新石器时代。

地址　山西万泉县荆村瓦渣斜。

发掘的时间　民国二十年四月。

发掘的机关　北平女子师范学院研究所，山西公立图书馆，美国福利尔艺术陈列馆。

工作重要人员　卫聚贤（女师代表）、董光忠（福利尔代表）。

遗迹　万泉县城东临一大沟，沟两旁及其南尽为其遗址，计北自西解村起，经芦邑村、北里村、万泉县城、涧薛村、南涧村、荆村、黄家峪、北吴村、南吴村、袁家庄，南北长约二十五里，西东宽约五里，遗址继续不断。万泉县东三十里稷王山麓南文村古朵也有此址，过稷王山至闻喜县境其遗址甚多。

在荆村瓦渣斜共发掘了七亩地，遗址中发现地穴二十余处，其穴如桃形平底，深约五六尺至丈余不等，宽亦如此。有一穴深约丈五尺，宽约一丈，距底约三尺处有一隧道，通至地面。此隧道由五个阶段而成；其地势西南高东北下，故其隧道向东北；穴顶开口宽约三尺。又有一穴，其隧道口尚有扶梁栽柱的遗迹。

炉灶共有三，均在一处，由地层观察，当日此灶设在地面，今已埋入土中约五尺；灶系用泥做成，分上中下三部，下部有一圆洞，洞口向东南，为通风口；中部为施柴（燃料）处，底有许多孔为泄灰通风用，旁的左右后三面高约一尺三寸、厚约五寸的墙；墙上为上部，墙顶湾内悬空，为置鼎鬲处。在地穴中未发见灶，而此灶相连在地面上，似尚存共食遗迹。

距灶东北约丈余，有用火烧过的硬土坑，深约五寸，宽约一尺五寸见方。坑旁血迹尚多，当系屠宰处。

遗物 石器： 石斧、石镘、石锛、石凿、石铲、石刀、石钺、石镞等。石铲有一孔的，石刀有一孔二孔的，石镞有燧石的，有用花岗岩磨成各种形式的。又有石环、石球、石扣、石磨红颜料器具等。

骨器： 骨锥，骨凿，骨针，有孔甚细，骨簪，骨镞，贝镞等。

粗陶器： 有鼎、鬲、甗、尊、罐、瓮、盆、洗、碗、盘、灯、纺织轮、球、环等。瓮有高约三尺的。有一种黑陶光泽甚强，下部为筐印纹，中部为刻纹，上部光滑，盖上刻有如植物叶形。陶器内面外面有刻纹的十余种。有一陶片刻成龟形，但缺其后腿的一部。陶上有用鸟头鸮头为耳及装饰的。环与球上有各种压纹及刺纹。埙五件，有一孔二孔三孔的，尚可吹响。

彩陶： 为黑白红三色，黑色最多，白色次之，红色少见。黑色多涂于红底上。其花纹多点，线，三角形，鱼形，蝉形。蛇形的有二块。

有刻壁一块，系土壁上涂石灰一层，石灰上刻有花纹。

骨： 人骨有一穴中十余副，有一穴中二十余副，身首异处，且与鸟兽相杂，人头骨与现在不同。惜其费为美方出，董光忠受美方代表毕士博命，注重彩陶，将此人骨抛弃，带回五六副，又有鸟兽骨鹿角多种，抛弃亦不少。

遗物现存处 山西太原山西公立图书馆。

报告书 在编辑中。

参考材料 自己经历。

城子崖

遗址发现的原因 山东齐鲁大学教授吴金鼎,在清华研究院从李济之先生学考古,因注意山东古迹,调查所得。

遗址的时代 上层为铜器时代遗址,报纸以为系谭国古城,春秋初年被齐桓公所灭。下层为新石器时代遗址。

地址 山东历城县东龙山车站北城子崖。

发掘的时间 第一次十九年十一月,第二次二十年十月。

发掘的机关 山东古迹研究会(中央研究院考古组,与山东省政府合组)。

工作重要人员 李济、董作宾、梁思永、吴金鼎。

遗迹 谭城为不规则形状。在城基发见一个捧面俯身被人射死的战士,有一个铜镞,尚在其死者胸椎内。在谭城西北角高地,发现古代烧陶器的窑两座,内尚遗存炼渣及烧红的土颇多,窑的构造,对于通风保温诸端,均极有研究,颇科学化。

石器时代文化在谭城下层。有一尖底罐,内盛小儿骨,上盖二石条。

遗物 谭城的陶器很粗糙,以豆为大宗。尚有鬲、玉及与殷墟相类的卜骨,有钻灼而无刻字。铜器不多。有一陶片内部刻有"获八贝获六鱼一小龟",字体与春秋时代相类,字画甚细。

石器遗址 石器有石斧、石锛、石镞、石刀、石铲等。骨器有骨锥、骨针、骨簪等。陶器有鬲、鼎、斝等,有很贵重的黑色陶器,也有少数红色及白色的彩陶。

遗物现存处 山东古迹研究会(济南青岛大学工学院内)。

报告书 编辑中。

参考材料　《山东省立图书馆季刊》李济的《发掘龙山城子崖的理由及成绩》。《北平晨报》二十年十月十五日《鲁古迹会续掘城子崖》，及十月二十日《谭城新发见》，十一月十一日《古谭国都之成绩》各记载。

乙　殷周

殷墟

遗址发现的原因　殷墟发见甲骨，已见前王静安先生的《近二三十年中中国学问上之新发见》。董作宾于民国十七年八月往安阳调查一次，遂行发掘。（浚县与殷墟地域时代为近，故附于殷墟中）。

遗址的时代　殷盘庚至武乙时。

地址　河南安阳县小屯村。浚县为辛村与大赉店。

发掘的时间　第一次十七年十月，第二次十八年四月，第三次十八年十月，第四次二十年三月，第五次二十年十一月，第六次二十一年四月至五月。

发掘的机关　中央研究院历史语言研究所考古组。

工作重要人员　第一次董作宾，第二次李济、董作宾，第三次李济、董作宾，第四次李济、梁思永、董作宾，第五次董作宾、梁思永，第六次李济、董作宾。浚县系郭宝钧。

遗迹　房基：　遗址中发现极明显的桁印土层，范围甚广，厚约二寸，有多至十七层的，疑系彼时的房基。其旁间有灰土坑，杂以破碎陶片兽骨，疑系房基间的空隙，用以倾倒垃圾的地方。

地穴　方坑，有长二.四米，宽一米，深一.七米；有长一.五五米，宽〇.七米，深六.三米的不等。圆坑径长一米九，深四米，至水面尚未见底，甲骨陶片人骨等多出此方圆整齐的坑中（连第五次发掘，前后共得三十三坑)。在此等坑之上面,发现短墙一道。不在圆方坑内,尚有一层灰土层,内有甲骨陶片等,大骨多在上面,大块陶片多在下面,为遗址经过大水的情形。第五次在殷墟发现三个时代的遗址,最下层为石器时代,中层为过渡期,与城子崖相当,上层为殷墟,地层显然。浚县为二墓葬,无棺,周围用板建筑,规模极大。

遗物 甲骨: 有牛骨,字甲,有在牛头鹿头上刻字的,鹿头上鹿角尚存。刻字中有“鬼方”“周羌”,与历史可以互证,有四大龟版,其卜龟的情形尚可看出。

石器: 有石刀、石斧、石锛、石镞等。尚有一残块人抱膝石像,身为文身,身后有凹为柱下的础石。并有石男性生殖器。

骨器: 有骨簪、骨镞、骨雕刻残器等。

铜器: 有铜矛、铜刀、铜空头锛、铜锤、铜针、铜镞、铜爵、铜觚、铜戈、铜范等,觚与戈柄雕刻花纹甚精。在遗址中遇有炼渣木灰与熔铸的铜块相杂,其时已知铸铜。并有锡块发现。

陶器: 彩陶为白底黑红花及红底黑花,只有二残块。第五次发现彩陶甚多,有一浅红地深红花圆底器,由破片贴成完整的,是在石器时代最普遍的彩陶,在殷墟层内少见,但已有黑陶白陶及带釉的陶器。粗陶有弇、罐、瓿、罍、毁、壶、釜、鬲、尊、洗、簋等。有一白陶片,上有蝉形花纹。爵一残片,上有豕形花纹,及他刻纹陶片多种,尚有刻“母”“女”等字的。

骨: 人骨全副为俯身葬,身旁尚有显席纹,似其时尚未使用木置的棺椁。身旁有铜器陶器骨及卜骨。兽骨有兽牙、猪骨、鹿角、牛角、象腿骨,并有宽约九米、长约一米半,似为鲸鱼的肩胛骨。

浚县的墓葬中有人骨,殉葬物有贝器、装余、铜器、甲胄、兵器等。此外有黑陶,与城子崖相近。

遗物现存处 中央研究院历史语言研究所考古组(北平北海桑

坛)。

报告书 《安阳发掘报告》三册(第一期十八年出版,第二期十九年出版,第三期二十年出版。每册定价大洋一元五角)。

参考材料 《安阳发掘报告》。第五次系根据天津《益世报》二十年十二月十五日《河南殷墟最近之发见》,浚县系《大公报》二十一年五月三十一日《豫省浚县掘获古物》。

燕 都

遗址发现的原因 北平古玩商常有出售易县出土各器物,就《水经注》所载知为燕都。十八年十一月,马叔平与傅振伦前往调查所得。

遗址的时代 战国末年(但亦有石器与隋唐时代物)。

地址 河北易县东南十八里练台村。

发掘的时间 十九年四月。

发掘的机关 燕下都考古团(北京大学、北平研究院、古物保管委员会合组)。

工作重要人员 马衡、庄尚严、傅振伦、常惠。

遗迹 燕下都亦名武阳城,东西二十里,南北十七里。城北高的沦为丘墟,低的夷为平地,若断若续,尚十存其二三。惟西南角尚有城垣,高约三丈,版筑迹犹存,层叠整齐。每版长六尺余,高尺余,并有钉孔。城址内外,土台有五十余,高三丈至七丈不等,文化层均甚显明,为其宫殿台阁遗址。城北以老姥台最为高大,城内东部以武阳台为最广,武阳台现靠近武阳台村,上有庙宇。老姥台在练台庄西二里旷野中,周围约二十亩,高五丈,上有土阜高丈六尺,外有垣。台第二层深四尺处,有古代墙垣一道,内杂苇荻,北侧似有柱迹,柱化为灰，各柱径约0.25米，各柱迹相距约2.5米。

遗物 铜器： 明刀甚多，又发现安阳布一枚，铜锁数件。

铁器： 台东二百步岗上发现铁斤一件。

陶器： 鼎似为明器；鬲腿甚短；壶腹部上有如猫头花纹；尊、罐、豆甚多，豆上有文字及符号的七件。

有陶筒长50厘米径48厘米七节，为井身周围的套圈。

建筑物： 瓦当有图案画，类似饕餮纹、双龙、鸟、兽各种；瓦桶下为绳印纹，印纹上贴三角形等内包各种几何花纹。砖甚薄，上有刻纹、印兽纹、图案花纹。

骨： 人骨，有装在似炮弹圆底陶器内，上盖同样陶器，系陶器口对着口，为瓦棺。又有鸟骨、兽骨、石灰、木炭、焦土等。

遗物现存处 北平北海团城。

报告书 编辑中。

参考材料 《北大学生》第一卷第三期《北大国学研究所考古学会之过去与未来》及《燕京学报》第九期《二十年国内学术界消息》。

丙 汉以后

新甘

遗址发现的原因 新疆、甘肃气候干燥，沙中湮没古迹甚多，近二三十年外人至新疆、甘肃考古，多饱载而归。瑞典斯文赫定博士(DV.Sven Hedin)曾在新疆考古，已有成绩，故于民国十六年来华组织西北科学考察团。

遗址的时代 由石器时代至宋，其中以汉与六朝时为最多(故列此为汉以后)。

遗址　甘肃、宁夏、新疆。

发掘的时间　民国十六年四月至民国二十二年五月八日(呈请国民政府行政院核准的日期),现仍在继续工作中。

发掘的机关　西北科学考察团(中国、瑞典二国合组)。

工作重要人员　徐炳昶为中国团长,斯文赫定为瑞典团长,黄文弼担任考古。

遗迹　由察绥经宁夏北草地往新疆,在喀尔喀右翼贝勒庙东北七十里,有古城遗址,房舍庙基,尚能见其仿佛。在五原县北黑柳图发见汉兵营遗址。在距焉耆七十余里有若干废寺,山上山下自成行列,土人名曰明屋,曾遭兵燹,但其遗址尚未经人发掘。库车北山石室林立,为库木土拉及和色尔的千佛洞,下层庙宇画壁多被东西游历人士剥掘尽净,惟上层尚好。在吐鲁番西二十里有古交河城,即高昌的都地。

遗物　古物共分十四类:(一)木简,为十九年春在罗布淖尔古址中发现,约数十百枚,有黄龙、元延诸年号。(二)木牍,十七年秋在拜城及色尔佛洞所得,字类梵文。(三)文书,十七年至十九年在吐鲁番、焉耆、库车、巴楚所得,为梵文、龟兹文、畏兀儿文、蒙古文、土耳其文、西藏文等。(四)钱币,十八年在和阗等得高昌、吐鲁番等钱。(五)石刻,库车石刻梵文等四五种。(六)印玺,有铜质木质瓦质玛瑙等。(七)墓砖,在吐鲁番得有朱书墨书及刻字。(八)陶器,有红底黑花(类新石器时代彩陶)与墓砖同处,为六朝物。(九)壁画,以库车拜城为最多。(十)泥塑像,在焉耆明屋所得为多。(十一)漆木器,有漆布漆碗、木陶器盖。(十二)丝织草制诸品,画绢、绸匹、绵囊等。(十三)石器,有石斧、石刀、石镞等。(十四)杂类,骨镞、骨簪、草篓等。

遗物现存处　北平沙滩、西北科学考察团研究所。

报告书 《徐旭生西游日记》三册(民国十九年出版,定价三元,北平师大代售),《长征记》一册(斯文赫定编,二十年出版,定价二元八角),《高昌专集》一册(二十年出版,定价八元),《高昌第一分本》一册(二十年出版,定价五角,黄文弼编,北大代售)。

参考材料 女师大《学术季刊》第一卷第四期,黄文弼的《西北科学考察团在新疆考古情形》《新疆发现古物概要》(《高昌第一分本》后附)。

汉汾阴后土祠

遗址发现的原因 万泉县、荣河县二县地为古汾阴县,汾阴后土祠各书多载在荣河县,我从《史记》《汉书》所载,考订在万泉县柏林庙附近。一次在柏林庙东南二里延子圪塔发见"长乐未央"等瓦当,作了一篇《汉汾阴后土祠遗址的发现》,在《东方杂志》第二十六卷第十九号发表。

遗址的时代 自汉武帝元鼎四年至光武建武十八年。

地址 山西万泉县西杜村延子圪塔。

发掘的时间 民国十九年十月。

发掘的机关 山西公立图书馆。

工作重要人员 卫聚贤、聂光甫、董光忠。

遗迹 西杜村村西二里有土阜,北高,东西南三面皆底下,山西万泉方言以高阜名"圪塔"。其遗址原为春秋时晋介子推祠,后为后土祠。汉武帝以其在此人民的后土祠旁得鼎,乃于其地建国立的后土祠。现在柏林庙西南二里有袁家庄,在元、明碑上书为原家庄、阎家庄、严家庄,是原无定名,用原、袁、阎、严等字音,当为"绵下庄"的音转,延子圪塔当为绵子圪塔。其遗址东西南三面为阶段形,顶上有十余亩一平地, 在西东南三面阶段崖壁上露出瓦片甚多,"长乐未央”等瓦皆俯拾即是。遗址西北有名“小山”，有当日后土祠路址遗迹。

遗物 铜器： 有汉五铢钱、铜丝等。

铁器： 有斤、刀、钗、钉、环等。

陶器： 有罐、壶、盆、豆、瓮、釜、鬲、温壶等。一壶上腹部两旁有饕餮如虎头的花纹，一陶片上盖有一印，其文字不明瞭。

建筑物： 砖甚薄，上有几何形及雷纹花纹数种，有数块上有“千秋万岁”字。瓦桶甚大，上有绳印纹，与燕都相似。又有扁瓦甚大，外凸面有绳纹，内凹面印有各种方斜印纹。瓦当有“长乐未央”“长生无极”“宫宜子孙”字样，并有双螺旋、单螺旋纹。

遗物现存处 山西太原山西公立图书馆。

报告书 《汉汾阴后土祠遗址发掘的报告》，在印刷中。

参考材料 自己经历。

晋 冢

遗址发现的原因 广东陆军总医院建筑新址，被工人无意中掘得。

遗址的时代 晋大宁二年。

地址 广东广州市西郊大刀山。

发掘的时间 民国二十年十二月。

发掘的机关 黄花考古学院。

工作重要人员 胡肇椿、谢英伯。

遗迹 墓系由砖砌成的，为长方形，墓室四壁的砖是平叠起的，往上叠到二尺四寸，便用内狭外宽的渐向中点作斜拱，如半圆形。

遗物 遗物为(一)棺木：棺木有一部分腐朽。(二)布块：布为两层，一方涂朱，他面褐色，有小方格，布纹似麻布。(三)铜器：镜，上有人物花纹,字迹不清,为汉建安镜。弩机,无文字。鎏金的板带,上有龙凤花纹,并鎏金的附带小物件。钱,为五铢。(四)陶器:洗、盂、盌、唾壶、四耳瓿,上均有碧釉,但釉的涂法不匀。(五)墓砖:墓砖上除花纹外,则有“大宁二年岁甲申宜子孙”及“大宁二年甲申八月一日造”字样。

遗物现存处 除棺木存于陆军军医处外,余皆存于广州市立博物院。

报告书 《考古学杂志》创刊号(广东黄花考古学院出版,定价四角)。

参考材料 《考古学杂志》的《广州市西郊大刀山晋冢发掘报告》。

广州市近郊之考古发掘述略

卫先生把我在广州大刀山的晋冢发掘也采录在这里,还要我把其余广州的几次发掘附录在晋冢发掘之后。我想广州那几次工作本来算不得什么,不过也算是开南方公开发掘的纪录了!广州首次的公开发掘是举行于民国二十年二月。那时市东郊执信学校校园偶然发见一个汉冢的穹窿,市立博物院便委我去调查和发掘。发掘期间共六天;出土品有铜弩机、铜手戟、陶罍、陶铛、陶壶、陶杯、皂、牛及广大崇峻的陶屋一座,可惜已被明朝万历初年人盗掘过,上列的东西已是劫余。墓的建筑系砖墓,很宽伟,前有墓道,中有玄室,两旁有旁室,后有修长的椁室,大约总是当时达官司贵人的长眠处。①

是年三月市博物院在市东山复发掘一汉冢,由蔡哲夫先生主持其事。发掘所得有铜鋆、陶宫、陶鍑及牛、豕等,蔡先生疑为南越王赵兴冢。②

十一月初广州教育厅后园由市工务局辟为公园，在工事中黄花考古学院研究员曾传轺先生和我同往调查，见入土三尺的沟中蕴藏了无数汉以来的陶瓷片，后来确定了它是梁朝的宝庄严寺的遗址所在地，仍由市博物院主办试掘。可惜后来因发掘计划和公园建筑的工事有冲突，于是我不得不令这次工作半途中辍，结果仅替博物院掘得唐陶鸡壶一，宋龙泉瓷器四，又破片若干而已。

连着十二月复有大刀山发掘。（见前）③

二十一年一月三日，又有市北郊黎庄六朝墓群之发掘。这事之动机远在二十年十月，因我受市博物院及广州黄花考古学院之委托，常在广州近郊踏查遗迹，已认定这墓群有发掘的价值，后因交涉及经费发生问题，直延至二十一年一月乃得举行。这次仍由博物院委我及我的助理冯建猷君主持；计共掘甲、乙、丙三冢，甲、乙均被人盗掘净尽。丙冢亦经盗掘，冢中委弃之破陶片数达万块，大约甲、乙冢被盗时，掘破之陶片均弃丙冢中——于是其后分类，修复，粘补工作乃竟费两个月之久。——计丙冢共发掘五天，得铜镜一、石豚一、碧釉、陶瓿、陶盌、陶灯具、陶壶等，又半修复陶器二十余件，陶破片甚多，时代晋末六朝。

同年三月初，再发掘预定计划之市东北郊坟头岗汉晋砖墓群。计全山蕴埋砖墓估定不下一百五十处。而第一期计划仅可发掘甲、乙、丙、丁、戊、己共六冢。此次以助理冯建猷君之力为多。各冢多经盗掘：除乙、丁两冢毫无遗物——乙冢墓制甚异，迟日为文论及墓制时详及之。——甲冢仅得俑、陶破片，戊冢仅得碧釉、陶冢、赭陶壶外，以丙、己两冢出土遗物较多：计丙冢得明器凫、鹅、鸡、牛、羊、破陶屋、布纹陶片、铁破片等；己冢得陶壶、陶奁、陶豆、陶鍑、铁断剑等三十余件。计甲冢属汉初，丙、己均东汉、三国，乙、丁、戊当系晋人冢。可惜我以后匆匆北行，再没有余时实现第二期及其以后计划。这其间谢英伯先生之提倡、指导，广州市博物院委员蔡哲夫先生，陆薪翘先生，干事卢超照先生，郭洁梅女士，及曾传轺先生、冯建猷君之襄助，市工务局员夫的卖力，均令发掘进行得到不少助力，不可不志！

二十一年九月二十三日于真茹四才阁

【注】

①发掘报告已于二十年六月草成，广州市博物院待刊中。

②报告书刊《考古学杂志》创刊号（广州黄花考古学院出版）。

③以上四次发掘参看拙著《二十年度之广州考古发掘事业》，刊《西南研究》创刊号（广州中山大学出版）。

六朝墓

遗址发现的原因 南京栖霞山有六朝造像及隋代所建的塔，被游人损毁甚多，教育部派我前往调查，顺便到甘夏镇看萧梁时帝王陵墓前有翼石兽，希腊式十字架石柱，萧憬碑等。路过小土岭见露出砖块上一面有绳印纹，一面有五铢钱印及其他花纹印纹，知为六朝时物，用阴阳家看风水法择定地点试掘所得。

遗址的时代 六朝。

地址 南京栖霞山车站西北甘夏镇、张家库、刘家库。

发掘的时间 民国十九年三月。

发掘的机关 南京古物保存所。

工作重要人员 卫聚贤、王庸、张凤、刘福泰。

遗迹 刘家库的墓系试掘所得。张家库墓系原陷塌一孔，其地人名焦尾巴洞。甘夏镇墓系陷塌所得，墓用砖建筑，如无轮的汽车形。张家库、刘家库墓身均长方形。甘夏镇墓身系正方形，后面下部突出一洞，为棺木一部分置放处。墓胫为棺木的入口处，墓胫前有比墓胫高、上半圆下方的墓门，门下有一小水道，使水浸入墓中时从此水道流出。刘家库墓身靠墓胫处左旁有一小窑，为置放明器处。

遗物 在张家库墓中得有铜镜一个，铜锅一件，铜锃一件，铜丝少许，铜大钉四件，铁钉十余根，磁洗一件。在刘家库墓得磁洗一件，磁盂一件，陶磨一副，陶马一匹，陶鸭、陶鸡各一，陶箕三件，陶杯四件。甘夏镇墓得磁洗一件，磁罐一件，破碎磁器百余件。墓砖上印有五铢钱等花纹十余种，人骨未找到，棺木已朽无痕迹。

遗物现存处 南京古物保存所。

报告书 未及编辑，我已离开南京古物保存所。

参考材料 自己经历。

宋巨鹿城

遗址发现的原因 民国七八年，巨鹿人掘地得磁器数十件。九年，北五省大旱，其地人竟以掘古物出售为生，北平古玩商多往购买，因往调查，于巨鹿县农会公地三明寺故址发掘所得。

遗址的时代 宋大观二年。

地址 河北巨鹿县城。

发掘的时间 民国十年七月。

发掘的机关 北平历史博物馆。

工作重要人员 裘善元。

遗迹 掘得董、王二姓宅，以其遗址中碗底多书“董”“王”二字，其门窗虽倒，而门扇破片尚存。又得一木桌，桌上犹杂陈粗劣的箸匙碟碗等件。因宋大观二年巨鹿城被水湮没，水骤至时，董、王二宅正在用餐，未及用完已被水湮没。

遗物 铜器：有铜釜、铜镜，镜上有“长命富贵”四字，有“崇宁重宝”铜钱。

铁器:有铁鼎、铁钗、铁钉等。

建筑物:有琉璃佛光、琉璃兽、砖瓦,瓦当有莲花、虎头二种。木梁、木门扇等。

磁器:有白磁碗、盂、碟、杯、盏、缸、罐、盆、枕,枕上画有黑色花草人物,有黑磁瓯、碗、盘、洗、甄、盂、瓿、瓶等,有绿磁盂,盂内有突起花纹。

陶器:有瓦鲕,瓦温器。此外有算盘子、木梳、围棋子、石砚等。

遗物现存处 北平历史博物馆。

报告书 《巨鹿宋代故城发掘记略》在《国立历史博物馆丛刊》第一册中,约五百余字,太简!

参考材料 《巨鹿宋代故城发掘记略》。

明故宫

遗址发现的原因 南京饮水多汲于池塘中,民国十八年大旱,水源降低,取水人就池塘中向下掘凿。南京明故宫外五龙桥南居人潘、陈二姓掘侯家塘得砖及木板,被内政部次长樊象离采警官学校地址所见,因往发掘所得。

遗址的时代 明永乐时。

地址 南京明故宫外五龙桥东南侯家塘。

发掘的时间 民国十八年十月。

发掘的机关 南京古物保存所。

工作重要人员 卫聚贤。

遗迹 距地面约一丈五尺有木板(厚约五寸,宽约七寸,长约一丈五尺至二丈不等,多楠木),纵横三层,下层用木柱连贯,木柱插入地中,地中用砖块、石灰、桐油、糯米汁、泥等混合而成,使其坚硬。木板上有四个砖台,台方一丈,高约三尺,台与台距离五尺,空成一十字形。台上有圆中空石础。木板及砖台上遗有木椽小木棍（建筑上用）甚多，木椽有被火焚的遗迹。木板西与台面齐有木柱四根一排，共十五排。明故宫在宋、元时在城外为燕雀湖，此遗址正在湖的西岸，为水中所建的楼阁。明初填燕雀湖为宫殿，此遗址划在明工部后面，故明工部就其原有遗址改建为工人俱乐部。

遗物 铜器： 有铜铃、铜圈、铜丝等，又得铜钱四十一枚，俱北宋物。

铁器： 有铁刀、铁锄、铁钗、铁三齿钩、铁丝环等。

磁器： 有碗，碗底有打破一处或四处作记号，有墨书一“胡”字的，有书为“绣匠胡森用”的。有一处书“永乐”二字。有白磁豆画五彩花，书有“长命富贵”字样。有磁碗、磁盘，内突起花纹。此外有磁杯、罐、盆等。又有粗磁绍兴酒坛、水瓶、罐、盆等。细陶器有盆、罐等。

建筑物： 有陶的砖瓦等。但琉璃的居多数。琉璃瓦当有龙，又有房脊上琉璃兽，与宫殿上相同。

木徽章二，正面中间刻“工部”二字，旁刻号码及领带人姓名。背用墨书的使用规则。又有鸟兽骨甚多。

遗物现存处 南京古物保存所。

报告书 《南京明故宫发掘的报告》，在印刷中（商务印，用中、英文合编）。

参考材料 自己经历。

此外，如东特区文物研究所于民国二十年十月在吉林宁安县爱河北发见磨渤海国所筑长城约二百里。并发见新石时代遗址两处，又发掘渤海国上京，所得古物甚多（《国际协报》二十年十月十八日《东特科学考察团报告》）。因无详细报告，故附录于此。

四　外人在中国考古的成绩及纠纷

法

天津博物馆馆长李桑神父(Pere Licent)与巴黎自然历史博物馆退耶神父(Pere Teilhard de Chardin)于民国十二年在黄河河套鄂尔多斯附近发见旧石器。在黄土下层,距地面五十尺,石器与鸟兽骨均堆积在用火烧过做灶的地上。

伯希和(Paul Pelliot)于清光绪三十一年至宣统元年,在新疆库车发见吐火罗语木简,在甘肃敦煌运去斯坦因所遗敦煌千佛洞唐人写本六七千卷,藏于巴黎国民图书馆。伯氏对于考古的经过著有《在中亚的三年》(Trois ans en Asie Centrale)及《伯希和中亚探险报告》(Report de M. paul Pelliot sur sa Mission er Asie Centrale)。

沙畹(E. chavannes)于清光绪三十三年,将山东的碑阙,山西大同的云冈,河南洛阳的龙门,陕西的周、秦诸陵,四川新都县王稚子阙,鸭绿江畔的古迹古物摄影四百八十八种,著有《中国北部考古记》(Mission archeologique de la chine septrionale, 1909.)与《汉代雕刻》(La culpture a Iepoque des Han,1913.)。

色伽兰(Victor segalen)等于民国十三年,在陕西汉霍去病墓前发见石马,在四川昭化县发掘鲍三娘墓,渠县发见沅氏阙,保宁县发见崖墓,广元县发见千佛岩等,著有《中国西部考古记》(Premier

Expose,Des Resultats Archeolo Glques. Obtenus Dans La Chine Occidentale),商务有译本。

德

格路维德(Albert Grumwedel)第一次于清光绪二十八年至二十九年,第二次于光绪三十一年至三十三年,在新疆吐鲁番、焉耆、库车,所得关于佛教艺术品甚多,共四十六箱。著有《伊地库车里及其附近的考古工作报告》(Bericht uber archaeologische Arbeiten in Idkutschariund Umgebung im Winter, 1909.)并《古库车》(Alt-kuts cha)与《阿毗斯陀经中的魔鬼及其与中亚佛教造像的关系》(Die teufel des Avesta und ihre Beziehungen zur Ikonographie des Buddhismus Zentral-asiens, 1924.)。

勒可克(Albert von Le coq)第一次于清光绪三十年至三十三年,第二次于民国二年至三年,在新疆吐鲁番、库车考古,共得三批,一为一百零三箱,一为一百三十八箱,一为一百五十六箱。著有《中亚后期的佛教》(Die Buddhistische spatantike Mittel-Asien1925.)六册,及《中亚艺术及其文化》(Bilderatlas Zur kunst und kultur Geschichte Mittelasiens,1926.)并《高昌的突厥摩尼教》(Turkische Manichaica aus Chotscho),其古物皆藏于柏林图书馆等处。其中并有二十四种不同体字的写本。

俄

鄂本笃(Benediot Goes)于明万历三十二年至吐鲁番。雷治尔(A. Regel)于清光绪四年,亦到吐鲁番旅行。克力孟斯(D. KIementz)于光绪二十四年至二十五年,在新疆、吐鲁番考古,著有

《吐鲁番及其古代》(Turfan und Seine Alter thumer, 1899.)。

柯智录夫大佐(Captain P. K. Kozloff)于清光绪三十三年至宣统元年,到蒙古探险,至甘肃张掖额齐纳河畔发掘西夏废址,得有古写本《易经》《本草》《法华经》等书籍数十卷,古佛画及纸币等甚多,并有中文、藏文及西夏文的《西夏字书韵统》等书籍,均藏于苏俄亚洲博物馆及人种博物馆,著有《俄皇家地理学会在蒙古四川考古的经过》(The Mongolia Szechuan Expedition of the Imperial Russian Geographical Society)。

柯氏又于民国十三年三月至十四年二月,在外蒙土谢图汗塞楞格河上流诺颜山上,发掘秦汉时古墓二百十二座。其墓曾被盗掘,故棺内诸物,凌乱无序。得有金片,多为钉于棺上作饰。铜器:有鼎、炉、杯等,铁镞,石椭圆珠,玛瑙兽。陶器有黑色陶瓶、陶尊。漆器有内红外黑尊残片,用金叶饰成各种禽兽。又一碗底镌有“上林”二字。织物,衣物甚多,有一缘皮之丝袍丝帽完整无缺。又有多数氈毯及挂布。丝绣毛织物,上绣有有翼兽咬龙图等。其花纹与伊兰、美索布达美亚、希腊多符合,而为先秦时代中西由西北陆路已有交通的一证。其报告书为《柯智禄夫蒙藏探险之外蒙探险报告》(Kratkie Otchety Expedilsiy po Issledovaniyu Severnoy morgolii v Svyazi S Mongolotibet-skoy Ezpoditsiey P. K. Kozlov)。

鄂氏于民国九年又赴新疆考古,以其所得藏于列宁格勒图书馆及博物馆等处。

俄在哈尔滨于民国十一年成立东省文物研究会(现归东特区教育厅),内有历史人种学股,曾调查巴尔嘎、元代的白城遗址等地,于民国十七年在黑龙江、海拉尔附近发掘石器时代遗址,著有《海拉尔附近发见新石时代遗址》(Remains of Neolithic age in the Vicinity of Hailar as discovered by the explorations of 1928)。

日

大谷光瑞于清光绪二十八年旅居伦敦，闻国际东方学会议决英、法、德、俄四国组织学术探险队，分赴中国新疆各处，大谷光瑞遂由西比利亚入新疆，在库车、和阗一带考古，于光绪三十年归去。于光绪三十四年后遣橘端超第二次到新疆考古，于宣统元年归去。橘端超又于宣统二年再到新疆，于民国三年归去。著有《西域考古图谱》二册。

鸟居龙藏于民国八年乘欧战结束俄有内乱，日兵占领俄沿海地，利用此机会，由海参崴经哈尔滨至伊尔库茨克，从赤塔沿黑龙江岸至庙街，并至库页岛，于各地调查古迹，并参观各地博物馆中所陈列当地各古物，用日记体编为《东北亚洲采访记》，并附有照片三十二幅，商务印书馆有译本。

滨田耕作于民国十六年四月，在大连东老滩、貔子窝发掘石器时代遗址，得有石斧石刀石锛石镞，骨镌骨针骨镞，陶器有豆鬲甗，彩陶花纹为红黑浅黄三色，系连环十字形花纹，书名《貔子窝》，小题为《南满洲碧流河畔之先史代遗迹》，为《东方考古学丛刊》第一册。

八木奘三郎于民国十一年至十五年，先后沿南满铁路调查古迹名胜。调查所得，计石器时代，有贝冢、积石冢、灶迹、石器、土器、骨角器等。其遗址在旅顺老铁山、郭家屯，大连傅家庄、柳树屯，抚顺等。有史时代，有贝墓、砖墓、高冢、石棺槨古坟、高丽冢、古陶窑、齐刀等。汉牧羊城（旅顺老铁山西北），高句丽石城（辽阳营城下），渤海古城（辽宁东陵南浑河畔），太安寺（铁岭县南三十里）等。其书名《南满洲旧迹志》，分上、下两编，上编于民国十三年三月出版，下编于民国十五年十二月出版，上编前有《古迹所在一览表》，下编后附有《古迹分布略图》一大张，用红色作十五种古迹符号画于图上，看时很便。

原田淑人于民国十七年在旅顺老铁山发掘牧羊城，得有石器时代以至汉、魏各遗物甚多，其报告书现尚未发表。小牧实繁等于民国十九年在张家口元宝山发掘石器时代遗址一处。驹井和爱于民国十九年在山东黄县龙口附近，发掘贝冢。其报告片段的发表于《人类学杂志》等。

瑞 典

瑞典斯文赫定博士（Dr. Sven Hedin）于清光绪十九年至光绪二十二年，由西比利亚往返帕米尔、阿克苏及戈壁西之间，又由额什噶尔西南，南经叶尔羌至和阗，旁及克里雅河至焉耆等处，复由和阗至青海境，经西宁、凉州入鄂尔多斯，东至北平，由北平经蒙古自西比利亚返国，著有《穿行亚洲》（Through. Asia），斯氏前后历新疆境五次，经十一二年之久，著书约二万二千余页。

斯氏在中国考古既有成绩，乃于民国十六年与中国学术团体合作，成立西北科学考察团，在甘新作考古等工作，详见前《新甘》（西北科学考察团）。

外人在中国境内考古，不论单独行动或与中国学术团体合作，而与中国发生冲突者，有英斯坦因，美毕士博，法卜安，美安竹思，兹略述于后：

英

英属印度政府派匈牙利人斯坦因（M. Aural Stein），于清光绪二十六年，由印度至新疆天山南路，以和阗故址为主，从事调查与发掘,得到可贵的考古资料颇多。著为《古和阗》(Ancient Khotan)二册。

斯坦因于光绪三十二年再到新疆,由英住莎车领事,介绍了一位中国书记蒋孝琬,号称蒋师爷,作斯氏的向导。斯氏在新疆绘了九十四张有边墙,瞭望台,电线,炮台等军事地图。当时新疆省政府曾禁止测量,斯坦因用其外交方法,使中国外交总长电新府不得干涉。于光绪三十三年,由土耳其商人探知甘肃敦煌千佛洞发见古物,于五月二十一日再到千佛洞,乘该洞主持王道士崇拜唐玄奘心理,赖金钱与中国人蒋师爷力,将甘肃省政府禁封的石室打开,搬运七夜,以写本装了二十四箱,艺术品装了五箱,运到印度和英国去了。著了《近印度》(Serindia)及《迦泰的荒虚》(Ruins of Desert Cathay)二书。

斯坦因第三次来华,又到敦煌,欲取其未尽的古物,王道士已知此项古物有金钱上的价值,与斯为商品交易,以银五百两购去写经五百七十卷,装了五箱运去。著有《亚洲的极中部》(Innermost Asia)。

斯坦因又要第四次去新疆,于民国十九年五月到南京,住于下关,行迹甚密,向外交部领去入新疆护照。时我在栖霞山附近发现石器时代遗址,中央研究院电招李济之参观。我与李济之先生往观遗址时,在栖霞山车站遇教育部长蒋梦麟与美使詹森,并一身躯不大的外国人,由美使介绍,方知为斯坦因。时中央大学教授胡光炜等从金陵大学得到斯氏赴新消息,遂由中大学生向教育部请愿阻止斯氏。时中央研究院函外交部阻发斯氏护照已不及。各学术团体多反对此事,国民政府行政院于十九年十二月三十一日电新省府云:“政府为维护国防及学术计,已令外交部取消其游历护照,该省政府自应恪遵法令,勒令‘即日出境’,切勿放任,致贻隐患。仍将遵办情形,电复查核。”新省府于二十年一月四日电复云:“世一世二两电奉悉。此案前奉迭次电令,业经转知斯代诺(斯坦因)遵照,并分令沿途各县阻止前进,勒令出境在案。兹电奉前因,除限日令其出境外,合肃电复。”是斯氏应“即日出境”，但国民政府行政院指令教育部转知古物保存委员会文云：“案查关于本院办理令饬新疆省政府，限令英人司代诺‘即日出境’一案情形，迭经令知该部在案。兹据新疆省政府电称，顷接喀什行政长马绍武已庚电称，‘英员司代诺（即斯坦因）已于五月三十日由蒲犁边卡出境，查验行李，并无何项古物，及他违禁品’等语，理合肃电陈明，敬祈鉴核备案等情前来，合行令仰该部知照，并转行古物保管委员会知照。此令。”

斯氏于民国二十年五月三十日方离开国境，是斯氏第四次在华考古算是终结了。

美

美国福利尔艺术陈列馆（Freer Gallery of Art Smthsonian Institution Washington,D. C.）派毕士博（C W. Bishop）来华考古，与北平历史博物馆合作，在山西大同发掘齐后墓，与地方发生冲突。与中央研究院合作发掘殷墟，又为决裂。十九年冬，毕氏的随员董光忠以我在《东方杂志》发表发见汉汾阴后土祠遗址，乃与山西公立图书馆约，往万泉县调查，在西杜村发掘九日，因遗址不大停止，又在荆村石器时代遗址试掘九日。知其地有发掘必要，于二十年与北平女子师范学院研究所合作，我为女师代表。

毕士博、董光忠以万泉遗迹尚有发掘的必要，于二十年十月前往发掘。但未依法定手续，被古物保管委员闻知，函山西省政府查禁，其事见于《北平晨报》二十年十月三十日所载。

此外有外国人与考古略有关系发生纠纷的有二：

（一）法人卜安：法有哈尔德考察团尝以爬行汽车两次巡行非洲，继又思爬行亚洲。乃派卜安与中国学术团体合作，爬行汽车分两路，华方由津、平、察、绥、宁、甘至新，法方由欧出发，经西比利亚、土耳其斯坦至新。卜安为法方团长,褚民谊为中国团长。原定民国十九年出发,故名“一九学术考察团”。因事改至二十年四月出发。此虽名“学术考察”,实为法国汽车公司以伊的爬行汽车可行数万里长途,作宣传的广告。卜安系军人,故中途有殴辱我国参加学术工作人员的暴举。郝景盛、周宝韩于中途退出一九学术考察团返平,国民政府令行政院,停止“沿途考察”。

新省主席将法考察团在新“只准通过,不准工作”(《大公报》十月二十八日)。现一九学术考察团已回平,其纠纷已告终结。

(二)美人安竹思(Hapman Andrews)在蒙古搜集化石的纠纷:安竹思系美国纽约自然历史博物馆所派,借游猎护照,于民国六年至十四年五游蒙古。其第五次到火锋,得有昆龙卵。完整的四十个,碎片数千。其卵不但大小互异,而卵壳之厚薄亦相差悬殊。而卵之发见地,亦不仅在平地沙中,且有在山颠的。由此可知昆龙之繁殖于沙巴拉乌苏为时甚久,著有《横渡蒙古平原》(Across Mongolian Plain)与《古人遗迹》(On The Trail of Ancient Man)二书,除搜集化石外,并发现石器时代遗址。第六次来华,于民国十七年九月运化石八十余箱,至张家口被扣留,后经审查放还一部。十九年四月古物保管委员会与美国自然历史博物馆合组中亚调查团,中国以张席禔为团长,美国以安竹思为团长,事方解决。

附　录

古物保存法令

古物保存法

国民政府于民国十九年六月二日公布，于二十年六月十五日施行。

第一条　本法所称古物，指与考古学、历史学、古生物学及其他文化有关之一切古物而言。

前项古物之范围及种类，由中央古物保管委员会定之。

第二条　古物除私有者外，应由中央古物保管委员会责成保存处所保存之。

第三条　保存于左列处所之古物，应由保存者制成可垂久远之照片分存教育部、内政部、中央古物保管委员会及保存处所。

一、直辖于中央之机关。

二、省、市、县或其他地方机关。

三、寺庙或古迹所在地。

第四条　古物保存处所每年应将古物填具表册呈报教育部、内政部、中央古物保管委员会及地方主管行政官署。

前项表册格式由中央古物保管委员会定之。

第五条　私有之重要古物，应向地方主管行政官署登记，并由该管官署汇报教育部、内政部及中央古物保管委员会。

前项重要古物之标准，由中央古物保管委员会定之。

第六条　前条应登记之私有古物，不得移转于外人，违者没收其古物；不能没收者，追缴其价额。

第七条　埋藏地下及由地下暴露地面之古物，概归国有。

前项古物发现时，发现人应立即报告当地主管行政官署，呈由上级机关咨明教育、内政两部及中央古物保管委员会收存其古物，并酌给相当奖金；其有不报而隐匿者，以窃盗论。

第八条　采掘古物，应由中央或地方政府直辖之学术机关为之。

前项学术机关采掘古物，应呈请中央古物保管委员会审核，转请教育、内政两部会同发给采掘执照。

无前项执照而采掘古物者，以窃盗论。

第九条　中央古物保管委员会由行政院聘请古物专家六人至十一人，教育部、内政部代表各二人，国立各研究院、国立博物院代表各一人为委员组织之。

中央古物保管委员会之组织条例另定之。

第十条　中央或地方政府直辖之学术机关采掘古物，有须外国学术团体或专门人才参加协助之必要时，应先呈请中央古物保管委员会核准。

第十一条　采掘古物，应由中央古物保管委员会派员监察。

第十二条　采掘所得之古物，得由中央或地方政府直辖之学术机关呈经中央古物保管委员会核准，于一定期内负责保存，以供学术上之研究。

第十三条　古物之流通，以国内为限，但中央或地方政府直辖之学术机关，因研究之必要，须派员携往国外研究时，应呈经中央古物保管委员会核准，转请教育、内政两部会同发给出境护照。

携往国外之古物，至迟须于二年内归还原保存处所。

前二项之规定于应登记之私有古物适用之。

第十四条　本法施行日期以命令定之。

《古物保存法》施行细则

国民政府行政院于二十年六月三十日举行第二十八次国务会议，通过《〈古物保存法〉施行细则》，兹录如次：

第一条　《古物保存法》第三条所列举各保存处所除遵照本法第四条第一项每年填表呈报外，应于本法施行后两个月之内，由原保存者将所有古物造具清册，并分别记明古物之种类、数目、现状，暨所在地及在历史或学术上之关系，连照片一并送请中央古物保管委员会登记。前项登记，应设置登记簿，由原登记官署永远保存之。

第二条　私有重要古物，声请登记，其声请书内应记载左列事项。

一、古物之名称数目。

二、声请登记年月日。

三、登记官署。

四、古物之照片。

五、古物在历史或学术上之关系。

六、现状。

七、保管方法。

八、登记人之姓名、籍贯、年龄、住址、职业；声请人若为法人，登记其名称及事务所。

第三条　私有古物之登记，由该管官署依《古物保存法》第五条之规定，汇报中央古物保管委员会时，须照录原声请书连同古物照片一并附送。

第四条　已经登记之私有古物，如有移转或让与等行为，应由原主会同取得人向原主管官署声请移转登记，违者其移转行为为无效。

第五条　凡私有古物已经登记者，其所有权仍属之原主，但私有古物应登记而不登记者，得按其情节之轻重施以二百元以上、一千元以下之罚款，并得责令古物所有人补行登记。

第六条　凡经登记之古物，如有已经残损，中央古物保管委员会认为有修整之必要时，得会同原主或该管官署分别酌量修整之。其经费除由原主或该管署担任外，得由中央古物保管委员会补助之。

第七条　凡经登记之古物，倘有因残损或他种原因须改变形式或移转地点，应由原主或各该管官署先行报告中央古物保管委员会，非经该委会核准不得处置。

第八条　凡学术机关呈请发掘古物，须具备声请书，应记载左列事项：

一、古物种类。

二、古物所在地。

三、发掘时期。

四、发掘古物之原因。

五、学术机关之名称。

六、预定发掘之计划。

第九条　依《古物保存法》第七条发现之古物，应由中央古物保管委员会核定其保存办法，并呈行政院备案。

第十条　前条发现之古物,经核定保存办法后,由中央古物保管委员会登记之。

第十一条　监察采掘古物人员,应将下列各事分别列表,详细报告中央古物保管委员会备核。

一、采掘古物之数量。

二、古物名称。

三、发掘年月日。

四、古物所在地。

五、采掘所得之古物现存何处。

六、已否采掘完毕。

前项表式由中央古物保管委员会定之。

第十二条　采掘古物不得毁损古代建筑物雕刻、型像、碑文及其他附着地面上之古物遗物,或减少其价值。

第十三条　凡外国人民无论用何种名义,不得在中国境内采掘古物。但外国学术团体或私人,对于中国学术机关发掘古物,如有经济上之协助,该学术机关报告中央古物保管委员会核准后,得承受之。

第十四条　古物之流通以国内为限,如擅自输出外国,其情节系违反《古物保存法》第十三条之规定者,得按其情节之轻重,施以五百元以上、三千元以下之罚款。

第十五条　凡名胜古迹古物,应永远保存之,但依土地征收法应征收时,由该管官署呈由内政部核办,并分报中央古物保管委员会备查。

第十六条　违反本细则第一条第一项之规定,故意不依限登记者,原保存处所之保存者,应受相当之处分。

第十七条　各省市县政府得斟酌地方情形,组织古物保存委员会，及其保护古物办法，报经中央古物保管委员会核准后施行。

第十八条　关于古物之登记、保护、奖励、采掘各规则及登记簿册式样，由中央古物保管委员会定之。

第十九条　本细则自公布之日施行。

跋

现代化的考古学对于古代文化贡献之大，与斯学之亟待提倡，已经有几位学者说得很清楚，不必我来赘述，而现在的问题，只剩了怎样求斯学的进展罢了。今后考古的工作还多得很。《中国考古学史》《考古学辞典》《考古学丛编》都是我近年打算和同志们合作的一部分工作，可惜连年自己没有集中力量去做，加之同志们不能集拢来向同一目的进行，所以因循而没有成就。现在卫聚贤教授写成了这本《中国考古小史》，拜读之后，不惟乐于观成，因我从前也参与过几次的发掘，脑海很留下一些印象。这次卫教授要求我写下几句话，我也如鲠在喉，就说了出来罢！

发掘本来不是一件很容易的事，学者在发掘前已多方研究和筹划，设法认清这蕴藏所在对文化上所贡献的价值，而去预定发掘的计划。发掘的时候更无时不须聚精会神去求发掘记录之精详，以期不虚耗金钱和精神；发掘以后对于遗物的研究和整理，做文章发表，也非下苦工办不到。所以，考古学者要有健壮的体格，吃苦的精神，机敏的感悟，渊博的学问。但是，这些已不是学者一起能办得到的了，不过学者在任劳之外，还须任怨呢。我们试翻这部小史，我们还可忆及国内学者因发掘而闹出的纠纷：甚么学者与省府，上司与属员，发掘员与报馆记者，其中费了多少唇舌，打了多少笔墨官司，结果每每弄到躬与发掘的人玷名辱身，辞职求去。这无非是举国上下以古物为大利所在，假诬陷他人以为己身渔利之具，且亦毫无考古常识。盖现代化考古学者既为学术而发掘,决不肯以区区一二古物而自贬损其学术上之价值,戕杀其学术生命,且于其精详之报告发布后,亦易露出破绽为人所觉的。不过上面所说任怨一层也决不致令学者灰心而因噎废食,但总不免令人觉得无秩序的国家里,偷盗公有古物的人太多,于是国人乃不分皂白,咸以不肖之心待人,且有人以倾陷渔利为目的者,尤不堪问——他日且有举国家之所藏,悉付舶运西去,或将似东陵之盗掘,至今不复萦于吾人之脑海也。

以上关于操守问题,实令发掘者感到无限的痛苦,虚耗许多光阴于交涉辩白之途,更有因误会而致发掘工作中辍,尤可叹息!希望将来考古宣传得力,人人有考古常识,庶令考古发掘事业于极难得助力中,亦可减些阻力!将来更可看见这部小史发掘之部每年增加材料,成了若干厚册,则考古界前途幸甚!

二十一年九月二十三日胡肇椿谨跋

校 语

这书除前后两大段记录前人及外人的考古见闻外，以列举本国近年来用科学方法发掘的事件为本文，共有十六则，为考古学者、历史学者所不可不知的材料。关系这些事件的材料，限于经费与地域，一时不易得到，卫先生把他们串截起来，印成一小册，授手我们暨大学生之治史学与考古学者，实是莫大便利的事。倘欲覆按一过，则在各个发掘后，都有各种的参考书，则此册又无异是一种考古的论文索引。由此而按图索骥，更是无上便利的事。

二十一年九月十九日张凤记于新木桥四号

中国考古学史

卫聚贤　著

序

考古之目的,非为夸扬古国之文明,亦非为崇拜古人之伟大,更非为仿古以作复兴之举,实欲明了前途应走之大道。

欲明了前途应走之大道,其法有三:

一为历史的,即从历史上观察各演变之迹,由上古之事以推中古,由中古之事以推近古,由近古之事以推现在,由现在之事以求将来。

一为环境的,世界各国现都走入那一条道,我国为世界中之一,当然不能孤立,从其大多数走的道路中跟着走。

一为本身的,本国的情形如何?人民的能力如何?所处的国际地位如何?走某一条道,是否走得通。

假如从历史上指示我们应走某条道, 世界各国也走某条道,我们的本身也能走到某条道。三方面都走着某条道,是走某条道就无危险可言了。

欲求本身,则在调查与统计;欲观环境,则在翻译与考察;欲知历史,则在考证与考古。

欲明了一事的如何产生,事实发展到如何程度,结果何在,影响何如,因书本子是平凡的记载,不得不将材料一条一条的找出,排比类列,加以考证,作为有系统的叙述。并且书本子记载既不详而且不确,于是考古之道兴。况于有史以前及史料缺乏之时代,全赖于考古的材料，故中国之考古，日盛一日。

考古之书可考者有两千余种，今所存者千余种，不是对于古物本身之考证，即是对于考古事实之叙述，而少有总合古今考古之各种事实而为考古史。有类似者，如《金石学录》《印谱》等，但注重在考古之人与考古之书，而不注意考古之事。

余前有《中国考古小史》之作，但略古而详今。今已出版五年，新事实发生不得不增补，而五年之中考古上并未突飞猛进，材料也增加不了许多，因而另有此《中国考古学史》之作。

本书共计五章，附录一篇，各方叙述均有，目为考古学可，目为考古史可，目为考古评论亦可，目为考古成绩的总叙述，更无不可。

上海自东方图书馆被毁后，参考书甚为缺乏，尤其是金石一类书，更感困难。宣古愚先生藏金石书五六百种，既借余观，又承指导，特附志于此以谢。

一九三六年九月十一日记于上海中央银行经济研究处

目 录

绪　论

一　考古的原义

古字在甲骨文、金文、石鼓文、陶文上写为古古古古各形，《说文》释为："古，故也。从十口，识前言也。"按古字并非从"十口"，本为"缶"字。如：

古国差𦉜的𦉜字的缶。

古麓伯敦匋字的缶。

古师望壶寶字的缶，"寶"字亦有简写为"宝"，尔即缶之省。是古字与缶字形是相同的。古字即缶字，而缶是什么陶器呢？如"福"字在甲骨文作畐福，金文《叔氏钟》作畐福，是即酒壶，而从"畐"得音的字如"富"、"福"、"蝠"，读为ㄈㄨ，与"畐"的读音同。而从"缶"得音的字，如"匋"、"淘"、"陶"、"萄"，读为ㄉㄠ，与"宝"读为ㄅㄠ的音相近。又如，从古字的音"胡"字，而与酒壶的"壶"字音同。是就音上言，古为酒壶。

欲使酒发酵，需要小口器盛着，故陶器发明，最先是作酒壶。故"古"字释为既往，如《国语·鲁语》："自古在昔。"又以缶为酒壶，家藏酒多为富，家藏酒藏玉藏贝为宝。以酒祭神为福，是就义言，古为最早的酒壶。

又从古的字，与酒有关，如嘏为福，《诗经·大雅·生民之什·卷阿》：“纯嘏尔常矣。”如祜亦为福，《诗经·小雅·桑扈》：“受天之祜。”福为酒壶，古亦酒壶。又沽原作酤，《诗经·小雅·伐木》：“无酒酤我。”

以字形字音字义言，古是酒壶。

从古的字，多有枯老粗恶之义。如枯，《礼记·月令》：“则草木蚤枯。”《国语·晋语》：“人皆集于菀，己独集于枯。”以草木干槁为枯。如故，《诗经·小雅·正月》：“召彼故老。”《论语·泰伯》：“故旧无大故。”以故为旧老。如胡，《诗经·周颂·载芟》：“胡考之宁。”《左传·僖公二十二年》：“虽及胡耇，获则取之。”亦有老义。《周礼·天官·妇功》：“辨其苦良”，有粗恶义。古既有故老粗恶之义，则中国的黄金时代，当不在过去而在将来。但是中国在战国时期厌战的倡古代为安乐时代之说，而考古及玩古者，又以古代的艺术多较后世优美，给以古胜今之证实，使人有复古之观念。殊不知一个时代有一个时代的东西，过此时代另有一种物为替代，在两个不同时代物比，似为退化。但以不同的物比，则各有所长，如新石器时代的陶器，因初发明，制造不易，而且为当时的惟一用具，故要坚固；时以陶为祭器，故特别注重其花纹。迨铜器发明，以铜为祭器，因注意到铜器上的花纹，陶器上的花纹没人注意，自然就恶劣了。到了瓷器的发明，用具舍陶而用瓷，则陶器更少人过问。就陶器本身言，故而退化，但以陶、铜、瓷三者比较而言，何尝不是进化？

考字及从耂的字，在金文上写作：

《井人钟》的考字。

《季良父壶》的老字。

《曾伯簠》的耇字。

《仲师父鼎》的寿字。

《追敦》的孝字。

以上五种字，为人字，人字上的，当是人头上顶戴的物，其物为何？《齐镈》与《夆叔盘》的老字为，是即占的简写。即酒壶。这是农业社会以年纪高大的人经验多，困难的事求他解决，故推他为祭神时的主祭人，祭时将酒壶顶在头上，故与年纪大的人有关的字均从此。

老下的止为足，言年老足不善行。耇下的，言年纪高大不能行走，则用口呼唤。寿下的，为年纪大的人，额上皱纹出现。孝字下的子，以小孩子常依恋在老人前不去为孝。若考下的丆即杖，以年纪高大手持杖而行为考。老是不便行走，耇、孝是不能行走，惟考尚可持杖而行，故主祭的人为考。

《春秋·桓公二年》：“取郜大鼎于宋……纳于太庙。”《论语·八佾》：“子入太庙，每事问。”《孔子家语·观周》：“孔子观周，入后稷之庙，有金人焉，三缄其口而铭其背……”《荀子·宥坐》：“孔子观于鲁桓公之庙，有攲器焉，孔子问于守庙者……”是太庙就是古物陈列所，老年人到庙中主祭，一方面询问“守庙者”，某祭器何在，一方面告诉从祭者古物的意义，如《礼记·祭统》：“夫鼎有铭，铭者自名也，自名以称扬其先祖之美，而明著之后世者也……故君子之观于铭也，既美其所称，又美其所为。”

考本有“考古”的意义在内，后世因其另有询问稽考义，如《尧典》：“三载考绩，三考黜陟幽明。”三国时期谯周有《古史考》，由稽考而演为击考，如《诗经·唐风·山有枢》：“子有钟鼓，弗鼓弗考。”后世又演为击拷，如法院刑讯为拷问，又近火使之焦为烤。

与考古同义的为稽古，如《尧典》的：“粤！若稽古帝尧。”《后汉书·陈元传》云：“事不稽古。”宋司马光有《稽古录》。若考古初为古考，如谯周的《古史考》，魏了翁的《古今考》。而宋代叶大庆的《考古质疑》，吕大防的《考古图》，始将考古二字连文。

发掘二字，如《三国志·魏志·董卓传》云：“焚烧洛阳宫室，悉发掘陵墓，取宝物。”《后汉书·谢夷吾传》云：“汉末当乱，必有发掘露骸之祸，使悬棺下葬，墓不起坟。”《石林避暑录话》云：“宣和间内府尚古器……利之所趋，人竞搜剔山泽，发掘冢墓。”

考古俗所谓古董亦即“骨董”，如韩驹诗云：“莫言衲子篮无底，盛取江南骨董归。”骨董，当即“古懂”，言其对于古物懂得(有以古董即古铜之音转，恐非是古董，不只限于古铜)。懂得古物也可叫做考古，不能视为考古学。因考古所以成学，是要亲自发掘，以观其在地内保存的情形，并与其他物共存的关系，都要详为记录，并绘图照相。不是在古玩商店买到几件古物，陈列在家内，就算是考古，因古玩店的古物，何地出土不可知；即使知其出土地，而古物在地中情形如何？则不能明。故本书不注重考古而注重考古学。

二 玩古与考古

玩古物的人俗称为“骨董”，如宋韩驹诗云：“莫言衲子篮无底，盛取江南骨董归。”按骨董，当即古董。古董有两个意义：一为管理古物者，因董为管理，如董事等。二为明白古物者，因董为古懂字，即懂得古物。资本家收藏若干，但自己对于古物没有时间或没有学识去研究，则为第一意义的古董；若名收藏家及博物馆古物陈列所的人员对于古物的真伪鉴别得很清楚，则为第二意义的古董；若金石家用古物的本身或书本子与古物比较研究的，这只能算是考古。若能做调查、发掘、整理、研究、陈列五种工作的，方可成为考古者。但能成为考古学的，在中国目前则未有。

玩古物的人，将古物装潢起来，陈列客厅，美其名曰古色古香。但古物时为目睹，在不知不觉中，生了复古的观念，有碍思想进步；又因收藏而出重价收买，人民无智，贪图小利，到处盗掘，致使毁坏古物不少。又收藏家大半是富有之家，一般欲依古物研究某一问题时，非与收藏家有特殊关系，不容易看到。若收藏家能将其古物捐送或寄存博物馆中，在人可以看见多数古物，在己可与其他古物比较出好坏与真伪。而博物馆以限于重复及陈列地位的关系，少为收买；海关禁止出口，使人民无利可图，自然就不盗掘了。

玩古物的人于其家将古物陈列，使人看了发生一种古物比今物好的感想，殊不知古物之所以好有三个原因：

（甲）古物就本身言，过了某时代为退化，但有他物为之替代，就替代物观则为进化。如新石器时代的陶器，质地很坚，其花纹不论是画的、刻的、印的，均极美观；到殷周时代，陶器上花纹有的不如从前精致，有的成光面而无花纹；到秦汉以后，陶器的质地也不如从前了。就陶器本身而言固为退步；殊不知殷周时，铜器发明了，注意到铜器上的花纹，就把陶器丢开了；秦汉以后瓷器发明，陶器用途太狭，故陶器的质地也无事努力了。就陶器、铜器、瓷器三者比较观，器物何尝不是进化而非退化呢。

（乙）社会的制度及经济情形不同，物的美劣不一。在氏族社会时，将别的部落人俘掳来，作为杀了祭神，烧了求雨，埋人殉葬之用。在未到杀烧埋的时候，则囚在土牢内，但不是白给他吃饭的，要他做工，其工作以制陶、造酒为大宗。如果工作好的人可以免其死。故俘虏努力工作，如一个陶器上的花纹，一天画不好十天画，不限时日，只要美观。现在瓷器上花纹大半是印的，有画的也是论件计值，画一个一角钱，一天总想多画几个多赚些钱，要图快自然不精。以资本主义社会与氏族社会产物比较当然是不同的。

（丙）因特殊用途而制造精美，玩古物的人所得到的均是精美的，故认为古物都是精美的。陶器、铜器、瓷器、漆器、玉器、石刻、木刻等精品，不是为宗教上用，便是为贵族用，故尽心竭力地做，“玩好之物，以古为贵，惟今代则不然，永乐之剔红，宣德之铜，成化之窑器，其价遂与古敌。先是宣窑品最贵，近日又重成窑，盖两朝天纵留意曲艺，宜其精工如此。花椽皆作八吉祥，五供养，一串金，西番莲，以至斗鸡、百鸟及人物故事。至嘉靖窑则又仿宣、成二种而稍胜之，惟崔公窑加贵，然其值，亦第宣、成之什一耳”（明沈氏《敝帚斋录谈》）。又如袁世凯的洪宪瓷价值甚昂，原因系袁世凯欲为皇帝，特别烧了几窑很讲究的瓷器，用宝石作颜料，用名人画写，不论件计值，是以就特别的好，而同在洪宪那时各地的瓷器并不见得好，犹如用北平故宫的宫殿代表中国在明清时代一般的建筑物，是不可能的。

玩古物的人，当然要精美的、完整的，而古代遗址及古代坟墓中出土的古物，将精美、完整的出售，将精美而不完整的及粗劣的，不同时售出，玩古物的人只看见古物中精彩的，没有看见古物中粗劣的，故说古物比今物好，今人不如古人，中国的黄金时代已在过去，欲治理中国只有复古，这种开倒车的思想，如何适于20世纪科学环境中求生存！

考古

考古应分五个步骤，是调查、发掘、整理、报告、陈列，兹为说明于下：

（甲）调查

一、有目的的调查

（1）书籍载某地有古迹古物，前往调查的；

（2）书籍所载互有异同，无法证实，因而前往调查的。

二、无目的的调查

（1）因监督修路等掘土工作而遇见的；

（2）旅行某地见地面露出的。

三、调查的目标

（1）建筑物遗址

新石器时代人类，尚是穴居而不知建筑房屋的。他的穴是在小土岭斜坡上靠近沟涧水边向地下凿个洞，样子是上小下宽平底如桃形，出入的门是距穴底三尺高处一个斜横穴，沿阶而至地面。这个在北方阶形地层的崖壁上是可以看见的。时有为宗教的巨石建筑物，如树石（Moholith），用一块巨石直竖在地上如石柱。卓石（Dolmen），用一块大的作盖石，用三块以上的石支住。列石（Alignement），将石一块一块地排列。环石（Cromlech），将石排列成环形，在中央另置三块大石。不过这种巨型建筑在中国仅辽宁等省有之。

古城遗址其棱角虽不存在，甚至壁面已无，成为尖角如小土岭，但继续环列而方的情形尚可看得见。堡垒则在形势险要，庙宇则在形势雄壮之处找寻，是可以找得到的。大规模的造像，在石山悬崖的石洞中。

（2）坟墓遗址

人死了处置的方法为烧（火葬）、沉（水葬）、弃（弃于野地）、晒（挂在树上），而中国大部分是用埋葬的。人埋在土中，除非修路等掘土，或被大水冲出，或地震陷落偶然遇见外，地面上是不露痕迹的。不过在雨后他处地面均已干了，而此一块地面尚湿着，或是他处地面尚湿着，此处已经干了；或是落雪时，他处已白，此处尚无雪，或他处尚未着雪（雪已融化了），此处因着雪未融而白；或是此草较他处茂盛或衰落；或在其处用足踏地有回声，皆可证明其处有古墓在。此外对于风水懂得一点，看某地可以葬人，由其处掘下去，就可遇见古墓。又如洛阳掘古物法，每隔五尺凿一小圆洞探试看是死土（天然地层）、活土（已翻过的地层），断其古墓的有无。

（3）特别物

始石器时代（Eolithic）人类大半居于石山下天然的洞穴中，其石器虽有尖角，但与天然的石片少异，故难认识，惟人骨及动物骨已成化石，而有的动物已非现在所有。旧石器时代（Palaeolithic）其石器打得很锋刃，而且薄厚有度，左右对称，其遗址处有灰土、有兽骨。沿湖海滨则有贝壳堆积如小丘，中国古名为贝丘， 日本名为贝冢。新石器时代(Neo1ithic)石器已磨光了,石器上有的钻有圆孔,其形状有斧、刀、镬、锛、铲、镰、镞、凿、环、纺织轮等。并有骨磨制的针、锥、钻等。陶器质薄而坚,上面有的印为绳纹、席纹、筐纹,绳纹中又有各种用布印成的花纹,有刻纹的。有浅红底,上绘以黑色或深红色或白色花纹,其中以黑色为多,花纹为直线、三角、圆点、格子形、螺旋形等,这种陶器名为彩陶(PaintedPottery)。此外时代稍晚一点的,有白色如石膏做成的白陶,有质极薄釉黑色发光的黑陶,有用贝钻一个洞或磨平其背面而为货币的。

殷代有于龟甲兽骨上刻有古代象形文字,反面有钻的洞,洞旁有火烤焦的痕迹,殷周又有铜铸的钟、鼎、鬲、献、角、觚、壶(𣪘)、匜、盘、刀、剑、戈、矛、斧、钺、镞,有的上铸花纹,有的上铸古文字。又有刀布环钱及贝形的货币,有的亦有文字。秦、汉、魏、晋有木简,上写草书或楷书的文字,或绢或纸抄写的书,这种因气候的关系,蒙古、新疆多此物。汉壶多虎首衔环形。汉至唐宋又有殉葬的陶偶。六朝至唐宋的壁画,石灰内含有麻丝的(现在用石灰涂墙,石灰内用棉花,棉花是宋朝时才有的,故在无棉花时用麻丝)。造像有石刻的有铜铸的,墓志有石的,有砖的,有刻的,有写的。宋瓷质薄而色泽有如雨后天青,瓷内有雕刻的花纹及文字。

(4)普通物

石器质重,被水冲出又易陷于泥中,故人多看不见。铜铁之物其完整的固看作皿器,而破碎的因铜铁本身可用,故又多熔化作为别种物,甲骨限于殷墟,木简则在西北,惟陶片、瓷片遍地皆是。这些陶、瓷碎片除最近大都市建筑利用其物为三合土外,在各地多露布在地面。由陶器与瓷器的碎片上,可以知其年代的大概。新石器时代始有陶器,彩陶及筐印纹、席印纹大半为新石器时代物(上海一带的大水瓮,绍兴酒坛除外),绳印纹由新石器时代至六朝尚有,棉花的织物兴而绳印物始无。而殷周以后陶质已粗而厚。房上的瓦为绳印纹在春秋时已有，砖亦为绳印纹，汉初砖质甚薄，而印有花纹及文字。砖之用途，如现在琉璃砖作装潢墙壁的。东汉至唐砖，除有绳印纹外，多有花纹及纪年月的字。

瓷在汉代已有，不过其质为陶，上涂一极薄的釉。三国至唐的瓷，质已白色而坚，上有浅绿色釉，而釉涂抹得不匀，釉因年久而龟裂，触之可脱落。宋瓷粗的多为白底黑花，或纯深黑色的。细的有极薄而白的，有如雨后天青色的，有带紫红深绿色的。元明沿宋瓷而稍退步。清康熙时多蓝花瓷，乾隆多五彩瓷。

陶在汉以后多为光面，而有瓷为接替，由陶瓷片分布的多寡，而定遗址所在。由陶瓷片的花纹色泽而定其年代。是陶瓷破片于调查古迹古物上帮忙不少。

(乙)发掘

发掘视遗址的情形而不同。坟墓系普通的，照原来的墓形掘下去。系砖石建筑的，或将墓四周土掘开，将砖石拆去，或将墓顶或一旁去掘开，在砖石处拆一个洞进去。墓建筑的形状如何?其人用棺材用席用布殓葬，其木席布虽已朽，而痕迹尚在。人为仰面侧面覆身(面向下)屈腿伏首。殉葬物有些什么，在何方某处?在发掘时就得随时画图拍照。遗址系在斜坡上，坡度大时其发掘由下面一坑起，第一坑堆在山下，第二坑土填入第一坑，第三坑填入第二坑。如系平地，每坑长一丈，宽三尺，因三尺宽掘得深了，工人上下可不用梯，足跨两面可以上下。长一丈因一坑用三个工人可容得下，用锄掘土铣翻土可展得开。每坑相隔一尺，第一坑土堆在地面，第二坑土填入一坑，三坑填入二坑，可以省得将来平土与土无堆积处。不过这是就北方气候干燥雨量少土质硬而言。若南方掘地数尺即泥即水，应先掘一尖角形坑，如由东向西掘，再将西面斜坡渐渐掘去，其泥土堆在东面的斜坡上。

平地而土坚可直向下掘时，于每坑先画一方格图，每一尺为一格,格在纸上占一少半,格上书为“第X坑第X页X日X午X点至X点某某记录”。除地面五寸有草根为泥土不计外,地面五寸以下发掘时就要开始记录。如得一物,则用尺(每坑有长一丈及五尺的各一)量,在靠近某方距若干尺,即于表格内看应在某格内记一号码,同时将表格旁空白处,写一表格内相同的号码,号码后注为某物。同时在其物上书同一的号码。每得一物记录三次,以掘深一尺用一页记录,如这一尺以内虽未遇物,可以掀过另记一页;若这一尺内古物甚多,一页记录不下,则五寸用一页,再五寸为“续第X页”。由此表可以看出古物在土内平面排列的情形。每一坑掘到天然土层为止,将每一坑的表另画,则可看出古物在土内上下排列的层次。

发掘古物,不是要某种古物多,而是要各种古物多。如新石器时代遗址的发掘,目的不是在得石器,而是想在与石器同地层内,有骨器、陶器、人骨、兽骨、马骨、蛋壳、胡桃、谷粒、瓜子壳,一丝之微,均不可忽过。是以要用小钩、小铲、小凿,坐一小儿在坑内用手细检。掘过的土,在北方土疏用筛筛,南方土泥用水冲。一个遗址,有的不是一个时代的,由多年堆积而成的,时代愈晚的东西愈堆积在上面,不惟由所得古物可证,而地层土色之不同,亦可看得出的。有时近代的古物反在古代古物的下面,这是后人在古遗址上,掘墓穴将后世古物放在墓底,或兽类打穴,近代物滚入穴中,后来土塞满了,重新掘起,而有此现象,这是要完全注意在地层上的。

(丙)整理与报告

古物发掘出来是要整理的。在发掘时每一件古物上均有了一个号码,以所得的先后,顺次由一至若干号。整理时除将泥土除去外,于每坑另记一号码,如第一坑出土的均记“一”字,第二坑出土的均记“二”字。每一坑出土的放在一处,作一番研究:古物在地中层次如何?位置如何?有重要可画图的,画一层次位置图,然后分类,把同类的东西放在一处,有破碎可并拢的把它贴起来。又将同类的器物画一层次位置图。各物可照相的把物拍照，如其物要正面侧面上面都要拍照时则拍三次，如系重要而需画图时则另画一图，如其上有花纹文字可拓的另拓，将其大小用尺量。如需要其量，则权其轻重；如欲研究其质料则为化验。

报告书应分三种，兹列其先后的次序于下：

一、发掘报告

发掘报告的次序：(一)序——叙述发掘的经过。(二)省图——如古物在某省某县发掘的，则绘一个全省地图，上面只将省会及古物发掘的县，并在其县附近的大都市，如从前的府、州、道地名写上。以便知道某县在某省的何方，某某大镇的附近。(三)县图——如古物在某县某村，先画一个县境的简图，将县城及古物发掘的村，并其村附近的大村镇，地名写上。(四)遗址附近图——用测量绘制其遗址附近的详图，但要将该村镇也画上去。(五)遗址未发掘前之照片。(六)遗址正在发掘时之照片。(七)遗址发掘后之照片。(八)重要古物在遗址发现时照片。(九)坑位图。(十)遗址内地层图。(十一)古物在地内平面排列位置图。(十二)古物在地内侧面上下层次图。(十三)发掘的记录——即前所说的表格及表格旁的记录，一并发表。

二、古物图录

将古物的照片印上，照片上依次新编一号码，号码下写出此古物的名称。在古物下写二项，一为原系第几坑第几号，写出其号码，一为此古物的大小轻重。一个古物如需要多方拍照时，则仍用一个号码，不过在号码旁注以 A、B、C 及方面，如为一A 某物正面，一 B 某物侧面。照片若看不出或看不清楚，需要绘图时另为绘图与照片平列或上下排，照片与绘图应大小相等。如古物上有花纹及文字，应另拓附在照片下。如其古物有彩色，需用色泽的，则印彩色图。图的排列应以类别。

三、研究论文

将遗址的时代,遗物的用途,或用其他出土物比较研究,或用书本考证。文中无必要时不另插图,即引用前一或二的图。而某物与某物有连带的关系,前图排列的不在一起,或将其他出土的古物用作比较,则为插图,便于观察。

遗址若小,古物不多,印成一册分为三部。若遗址大古物多,可分为一、二、三期,印为三册。不宜将发掘报告及古物图录不发表,而于其研究论文中插上几个图,作为发掘的报告,这是不太科学的。有发掘报告作不出,古物图录不愿出,材料据为私有,于其研究论文中插上几个图,以为有人要用他的材料,就得引用他的结论,这完全是个人沽名主义,而学术上贡献太少。有与个人主张同的,将发掘时情形说得详一点,图插用得多一点,与个人主张不合的,将发掘时所得的情形不讲图也不插图,他人欲反对其结论亦不可得。甚至他要牵强到他的主张,捏造些当时古物在地中情形如何,我们没有参加发掘,又无记录可据,只得任他伪造。

(丁)陈列

报告发表不能算为完事,根据考古材料而研究一切的人,不宜以报告书为惟一的凭据。因考古家不是万能的,应自己看到实物,作自己的论证。这些古物是要陈列出公开展览,不宜作为私人产物的。其陈列的方法有三:

一、以时代分

如新石器时代的物,不论石器、骨器、陶器,均放在一起,以便知当时人类所用的器具的情形为如何。

二、以地域分

如新石器时代,中国发现的很多,应将各地的分类陈列。以便知各地的古物质料、形状、花纹的异同,而研究其关系。

三、以同类分

以同一类物,依时代先后为序而陈列。兹举二例于下:

(A)射远器

将新石器时代的石箭头、骨箭头,及其他出土的铜箭头,各种不同形的分类陈列。将甲骨文、金文上的"弓"字、"射"字放大,并将周代铜器的猎壶,汉武梁祠石刻,唐宋人画的狩猎图,射箭的姿势拓照悬于壁上。将清代人用的弓箭也陈列出来。汉代的弩机,并将旧日打猎的鸟枪,变法初用的来复枪,现用的手枪快枪手提机关枪,元明清代的铜铁大炮,现在用的机关枪小钢炮大炮,并各种枪弹炮弹,分别陈列一处。将各射远器射的长度——箭能射百余步,鸟枪能射几百步,快枪能射几里,大炮能射远几十至百里。速度——箭每分钟行若干,快枪弹每分钟行若干,大炮弹每分钟行若干。射力——石箭头、骨箭头穿木若干深,铁箭头穿若干深,来复枪弹快枪弹穿若干深,大炮弹炸若干大,列一个比较表。

(B)载重器

甲骨文上的"车"字,金文上的"车"字放大,而仿其形各制一车。周铜猎壶,汉武梁祠石刻,六朝殉葬的陶车,唐宋画的车,又仿其形而造其车。将中国现存旧式的车,如洛阳的独辕车(与甲骨文"车"字形同),山西赵城霍县山内铁轮的小车(与《吕氏春秋》等言晋智伯伐仇犹的车类似),北方普遍用的大车、轿车、推土用的土车、运物用的板车、上海沪西的踏虎车。新式的如黄包车,足踏车,修路在小轻便铁轨上推的运土车、摩托车、汽车、公共汽车、卡车、无轨电车、电车、坦克车、火车、飞机。将它制造修理的方法,驾驶及乘坐的方法,载重的量数,每分钟行走的速度,购买的价值,使用时的消费,使用时发生的危险,前印各种图中做详细的说明,后做比较表。

古物这样的陈列,参观的人看了,自然生一种进化的心理。专门人才看了(如兵工厂人看射远器),知道过去是如何如何进化到现在,再进一步由现在推测将来,引起一种发明的心绪,自然埋头去研究。

我在《奄城金山访古纪·序》中曾讨论到这个问题,兹录于下,以作本章的结论：

考古的工作，应分五个步骤，一调查，二发掘，三整理，四发表报告，五陈列……对于第一步调查的工作未做，无论其偶然发现，或有目的的调查所得，一遇到古代遗址，即着手发掘，未曾做有系统有计划的工作。至于第二步工作发掘，现在是不少了。发掘本非易事，非大批人才，大批费用，不克臻事。余尝谓无考古学识而发掘古物是毁坏古物；无社会学识去考古是埋没古物，是以现在第二步发掘的工作不做才好。至第三步整理工作，除少数整理外，多堆积在那里，自己不过问，又不许他人过问。至第四步发表报告工作，其没有大的成绩的，则在报纸杂志上宣传，昙花一现而已；其较有成绩的，而报告不出，有出的也不过是他推论的结果，其材料并不公开。至于第五步陈列工作，现在各地博物馆未有，无地陈列以供展览，尚在不责之例。与其无人才、无经费乱加发掘，发掘出未整理，整理出无报告，报告中无材料，何不先行从事调查……通盘计划，某处应先发掘，发掘后在何处整理，整理后如何出版报告，古物在何处陈列，按年分段编成考古计划书，依计划去工作，其成绩定有可观。

第一章
周至唐的古物与政治的关系

一 夏商古物的传说

我于民国二十年(1931年)在山西万泉县荆村瓦渣斜,发掘新石器时代遗址,其中有一个陶罐脱了底,便用一个陶片磨圆放在脱底的陶罐内代作底。又有石刀残破了,便将残破的又磨成锋刃。这两种事实,只能认为修补旧物,不能视为爱惜古物。

古物之为宝贵,当系铜器,因黄河流域铜的矿苗不多,采炼的技术不精,铜的产量不多,而且铜可制为兵器、乐器、食具、饮具以及衣服、车马等所用的钩环等物,用途既广而产量不丰,是铜的本身不能不宝贵。

铜器古物之被宝贵,初在本身之价值,在传说中有黄帝禹启铸鼎之说:

《史记·封禅书》:"黄帝作宝鼎三,象天地人。"

《左传·宣公三年》:"昔夏之方有德也,远方图物,贡金九牧,铸鼎象物。"

《史记·封禅书》:"禹收九牧之金,铸九鼎,象九州。"

《墨子·耕柱》:"昔者夏后开(启)使蜚廉采金于山川,而陶铸之于昆吾。"

《逸周书·大聚》:“武王乃召昆吾而铭之金版。”

黄帝禹启均夏民族,是铜之发明为夏民族。《墨子》以铸于昆吾,《左传》以昆吾在卫国都城附近。昆吾为夏民族。卫封于殷墟,殷墟中已发掘出铜器,并炼铜的器具,是殷墟附近产铜,或系殷人占据夏人的。甲骨文中有一黄字为地名,郭沫若以其为璜,以璜系玉作两曲鱼形,两鱼相对为圆形,用绳穿贯佩带于身。但璜用玉雕刻为鱼形,而鱼身非鳞而为脊骨及骼骨,这是在山中开矿遇见鱼类化石,以鱼产于水不产于山,山中有此为神物,酋长佩之以示奇异。铜矿为黄色,后仿玉为鱼化石而为璜,黄上加崖壁的附号广为廣,廣即礦。黄广同声,为开采石时发的声。是黄为产铜之地,或即夏民族所发明,殷人据为己有,周又夺之而去,是以有:

《左传·宣公三年》:“桀有昏德,鼎迁于商……商纣暴虐,鼎迁于周。”

《左传·桓公二年》:“武王克商,迁九鼎于雒邑。”

《墨子·耕柱》:“昔者夏后开使蜚廉采金于山川,而陶铸之于昆吾……九鼎既成,迁于三国,夏后失之,殷人受之;殷人失之,周人受之。”

《国策·东周策》:“昔周之伐殷得九鼎。”

《史记·封禅书》:“夏德衰,鼎迁于殷;殷德衰,鼎迁于周;周德衰,鼎迁于秦,秦德衰,宋之社亡,鼎乃沦伏而不见。”

鼎之为九,《孟子》说他葬亲殉葬前用三鼎后用五鼎,由于他前为士后为大夫之故。如此推算,在周代殉葬的鼎数因阶级的不同,而有庶人一鼎士三鼎大夫五鼎诸侯七鼎天子九鼎之异。春秋战国时人以周代的风俗,而推古代也是如此的。恐系夏人发明炼铜,殷人据其矿地;殷人炼铜铸鼎,周人迁之于洛阳,或为事实,不过所争者为铜而非为古。

二　西周之分器与东周之争夺

铜器在黄河流域产量不多，而采炼又非专门人才不可，是以矿产为政府所专有。有自用铜铸器的：

唯正月初吉丁亥，王子吴择其吉金，自作饮鼾（具），其眉寿无谌，子子孙孙永保用之。（《王子吴鼎》）

有赐铜铸器的：

唯六月既死霸，丙寅，师雔父戍在古，师遇从师雔父夙事遇事于舒侯，蔑遇，历锡遇金，用作旅鼎。（《鼎》）

有赐贝（货币）购铜铸器的：

克厥师相羸，王为周悫锡贝五朋，用为宝器，鼎二敦二，其用享于乃帝考。（《悫鼎》）

有的将旧器赐人的：

昔武王克商，成王定之……分鲁公以夏后氏之璜——分康叔以大吕……分唐叔以密须之鼓。（《左传·定公四年》）

政府以铜器赐给有勋劳的人，而受赐的人把他的功劳铸于铜器上，为的是：

攻其邻国，杀其人民，取其牛马粟米货财，则书之于竹帛，镂之于金石，以为铭于钟鼎，传遗后世子孙，曰莫若我多。（《墨子·鲁问》）

季武子以所得于齐之兵，作林鐘，而铭鲁功焉。臧仲武曰……且夫大伐小，取其所得以作彝器，铭其功烈，以示子孙，昭明德而惩无礼也。（《左传·襄公十九年》）

夫鼎有铭，铭者自名也，自名以称扬其先祖之美，而明著之后世者也。为先祖者，莫不有美焉，莫不有恶焉，铭之义，称美而不称恶。此孝子孝孙之心也。唯贤者能之，铭者，论课其先祖之有德善、功烈、勋劳、庆赏、声名列于天下，而酌之祭器，自成其名焉，以祀其先祖者也。显扬先祖所以崇孝也；身比焉，顺也；明示后世，教也。夫铭者壹称而上下皆得焉耳矣。是故君子之观于铭也，既美其所称，又美其所为；为之者，明足以见之，仁足以与之，知足以利之，可谓贤矣。贤而勿伐，可谓恭矣……古之君子，论譔其先祖之美，而明著之后世者也，以比其身，以重其国家。如此，子孙之守宗庙社稷者，其先祖无美而称之，是诬也；有善而弗知，不明也；知而弗传，不仁也。此三者，君子之所耻也。（《礼记·祭统》）

不论其为称扬祖先之美，或遗传后世子孙，其铜太少，不能大量地铸造，于是有希望多赐献的：

郑伯之享王也，王以后之鞶鉴予之。虢公请器，王予之爵，郑伯于是怨王。（《左传·庄公二十一年》）

晋荀跞如周葬穆后……王曰："伯氏，诸侯皆有以镇抚王室，晋独无有，何也？"……籍谈对曰："诸侯之封也，皆受明器于王室，以镇抚其社稷，故能荐彝器于王。晋居深山，戎狄之与邻，而远于王室，王灵不及，拜戎不暇，其何以献器。"王曰："叔氏！而忘诸乎？叔父唐叔，成王之母弟也，其反无分乎？密须之鼓，与其大路，文所以大搜也；阙巩之甲，武所以克商也，唐叔受之，以处参虚，匡有戎狄；其后襄之二路，戚钺、秬鬯、雕弓、虎贲，文公受之，以有南阳之田，抚征东夏，非分而何。夫有勋而不废，有绩而载，奉之以土田，抚之以彝器，旌之以车服，明之以文章，子孙不忘，所谓福也……”叔向曰：“王……又求彝器……彝器之来，嘉功之由，非由丧也。”（《左传·昭公十五年》）

有的以他人无款识的鼎，陈于宗庙，冒充自己的：

《汉书·郊祀志》：“鼎小有款识，不宜荐于宗庙。”

《春秋·桓公二年》：“夏四月，取郜大鼎于宋；戊申，纳于太庙。”

有的毁他人的古器而另铸的：

吕人伐我东鄙围台，季武子救台，遂入郓，取其钟以为公盘。（《左传·襄公十二年》）

于是国际之间，以古物为外交，如：

晋伐齐战于巩，齐师败绩，“齐侯使宾媚人赂以纪献玉磬与地，不可。”（《左传·成公二年》）

晋执邾悼公疆鲁田取邾田，鲁乃“贿荀偃束锦，加璧乘马，先吴寿梦之鼎”。（《左传·襄公十九年》）

晋会诸侯伐郑，“郑子罕赂以襄钟。”（《左传·成公十年》）

晋伐齐，齐“赂晋侯以宗器乐器”；郑代陈，“陈侯使司马桓子赂以宗器”。（《左传·襄公二十五年》）

齐伐燕，“燕人行成，曰：‘先君之敝器，请以谢罪’……赂以瑶罋玉椟斝耳。”（《左传·昭公七年》）

“齐侯伐徐……徐人行成……赂以甲父之鼎。”（《左传·昭公十六年》）

晋伐郑，“郑人赂晋侯以……歌钟二肆，及其镈磬。”（《左传·

襄公十一年》)

有为求古物而用兵的：

齐攻鲁求岑鼎，鲁君载他鼎以往，齐侯弗信而反为之非，使人告鲁侯曰："柳下季以为是，请因受之。"鲁君请于柳下季，柳下季答曰："君之赂以欲岑鼎也……"于是鲁君乃以其岑鼎往也。《吕氏春秋·审己》)

伐人之国而"迁其重器" 。(《墨子·非攻下》及《孟子·梁惠王下》)

甚至有盗掘古墓，欲得古物售以求利的：

国弥大，家弥富，葬弥厚，含珠鳞施。夫玩好货宝钟鼎壶，滥舆马衣被戈剑，不可胜其数，养生之具，无不从者，题凑之室，棺椁数袭，积石积炭，以环其外。奸人闻之，传以相告，上强以严威重罪禁之，犹不可止。且死者弥久，生者弥疏；生者弥疏，则守者弥怠；守者弥怠，而葬器如故，其势固不安矣。 (《吕氏春秋·节丧》)

自古及今未有不亡之国也，无不亡之国者，是无不扫之墓也。以耳目所闻见，齐燕尝亡矣，宋中山已亡矣，赵韩魏皆亡矣，其皆故国矣。自此以上者，亡国不可胜数，是故大墓无不扫也……又视名丘大墓葬之厚者，求舍便居，以微扫之……故宋未亡而东冢扫，齐未亡而庄公冢扫。(《吕氏春秋·安死》)

有故意神秘其物的，如九鼎自传说"商纣暴虐，鼎迁于周"后，而"楚子伐陆浑之戎，遂至于雒，观兵于周疆，定王使王孙满劳楚子，楚子问鼎之大小轻重焉"，而王孙满对楚庄王说：

在德不在鼎。昔夏之方有德也，远方图物贡金，九牧铸鼎象物，百物而为之备，使民知神奸。故民入川泽山林，不逢不若，魑魅魍魉，莫能逢之，用能协于上下，以承天休。桀有昏德，鼎迁于商，载祀六百；商纣暴虐，鼎迁于周。德之休明，虽小重也；其奸回昏乱，虽大轻也。天祚明德，有所底止。成王定鼎于郏鄏，卜世三十，卜年七百，天所命也；周德虽衰，天命未改，鼎之轻重，未可问也。（《左传·宣公三年》）

秦兴师临国而求九鼎，周君患之，以告颜率。率曰："大王勿忧，臣请东请救于齐。"颜率至齐，谓齐王曰："夫秦之为无道也，欲兴兵临周而求九鼎。周之君臣内自画计，与秦不若归之大国。夫存危国，美名也；得九鼎，厚宝也。愿大王图之！"齐王大说，发师五万人，使陈臣思将以救周，而秦兵罢。

齐将求九鼎，周君又患之，颜率曰："大王勿忧，臣请东解之。"颜率至齐，谓齐王曰："周赖大国之义，得君臣父子相保也，愿献九鼎，不识大国何涂之从而致之齐？"齐王曰："寡人将经于梁。"颜率曰："不可！夫梁之君臣，欲得九鼎，谋之晖台之下，少海之上，其日久矣，鼎入梁，必不出！"齐王曰："寡人将寄径于楚。"对曰："不可！楚之君臣，欲得九鼎，谋之于叶庭之中，其日久矣。若入楚，鼎必不出！"王曰："寡人终何涂之从而致之齐？"颜率曰："敝邑固窃为王患之。夫鼎者，非效壶醯酱瓿耳，可怀挟提挈以至齐者；非效鸟集乌飞，兔兴马逝，漓然止于齐者。昔周之代殷得九鼎，凡一鼎而九万人輓之，九九八十一万人，士卒师徒，械器被具，所已备者称此。今大王纵有其人，何涂之从而出？臣窍为大王私忧之。"齐王曰："子之数来，犹无与耳。"颜率曰："不敢欺大国。疾定所从出，敝邑迁鼎以待命。"齐王乃止。（《国策·东周策》）

东周与西周战，韩救西周，□□为东周谓韩王曰："西周者，故天子之国也，多名器重宝，按兵而勿出，可以德东周，西周之宝可尽矣。"（《战国策·东周策》）

东周与西周争,西周欲和于楚韩,齐明谓东周君曰:“臣恐西周之与楚韩宝,令之为己求地于东周也,不如谓楚韩曰:‘西周之欲入宝;持二端,今东周之兵不急西周,西周之宝不入楚韩,楚韩欲得宝即且趣我攻西周,西周宝出,是我为楚韩取宝以德之也。’”(《国策·东周策》)

司马错与张仪争论于秦惠王前,司马错欲伐蜀,张仪曰:“不如伐韩……以临二周之郊,诛周主之罪,侵楚魏之地。周自知不救,九鼎宝器必出。据九鼎,按图籍,挟天子以令天下,天下莫敢不听。”(《国策·秦策》)

秦灭周,周之九鼎入于秦。或曰宋太丘社亡,而鼎没于泗水彭城下。(《史记·封禅书》)

始皇还,过彭城,斋戒祷祠,欲出周鼎泗水,使千人没水求之,弗得。(《史记·秦始皇本纪》)

平言曰:“周鼎亡在泗水中,今河溢通泗,臣望东北汾阴直有金宝气,意周鼎其出乎?兆见不迎,则不至。”于是上使使治庙汾阴,南临河,欲祠出周鼎。人有上书告新垣平所言气神事皆诈也,下平吏治,诛夷新垣平。(《史记·封禅书》)

秦既灭周,齐未迁鼎,而周都在河南洛阳,彭城在江苏铜山,周鼎何能没在泗水彭城下?是周室诚无藏夏迁商、商迁周的九鼎,周人故意神秘其事。周亡后九鼎无出,乃讹言宋社亡时没于泗水,秦始皇斋戒彭城,汉文帝立庙汾阴,均上其当。

三　汉唐之祥瑞

汉承周秦争古物之风,政府有大宗古物收藏,如梁孝王“有罍尊,值千金,诫后世善宝之,毋得以与人。任后闻而欲得之,李太后曰:‘先王有命,毋得以尊与人,他物虽百钜万,犹自恣。’任后绝欲得之,王襄直使人开府取尊赐任后”。他的古物最贵重的当为此尊,而价值千金(合计为钜万),他的收藏“珠玉宝器多于京师”。(《汉书·文二王传》)政府的古物中有齐桓公器,“少君见上,上有故铜器,问少君,少君曰:‘此器齐桓公十年陈于柏寝。’已而按其刻,果齐桓公器。”(《史记·封禅书》)

汉武帝以得鼎改元,献于宗庙:

元鼎元年五月……得鼎汾水上。注:应劭曰:“得宝鼎,故因是改元。”(《汉书·武帝纪》)

元鼎四年……六月得鼎后土祠旁……作宝鼎之歌。(《汉书·武帝纪》)

其夏六月中,汾阴巫锦为民祠魏脽后土营旁,见地如钩状,掊视得鼎,大异于众鼎。文镂无款识,怪之,言吏。吏以告河东太守胜,胜以闻。天子使使验巫得鼎无奸诈,乃以礼祠,迎鼎至甘泉,从行,上荐之。至中山曣{温},有黄云盖焉,有鹿过,上自射之,因以祭云。至长安,公卿大夫皆议,请尊宝鼎。天子曰:“间者河溢,岁数不登,故巡祭后土,祈为百姓育谷;今岁丰庑未报,鼎曷为出哉!”有司皆曰:“闻昔泰帝兴,神鼎一,一者壹统,天地万物所系终也。黄帝作宝鼎三,象天地人。禹收九牧之金铸九鼎,皆尝亨鬺。上帝鬼神,遭圣则兴,鼎迁于夏商,周德衰,宋之社亡,鼎乃沦没,伏而不见。《颂》云:‘自堂徂基, 自羊徂牛,鼐鼎及鼒,不吴不骜,胡考之休。’今鼎至甘泉,光润龙变,承休无疆,合兹中山,有黄白云降盖,若兽为符,路弓乘矢,集获坛下,报祠大享。唯受命而帝者,心知其意而合德焉。鼎宜见于祖祢,藏于帝廷,以合明应。”制曰:“可。”(《史记·封禅书》)

汉宣帝立古物祠,而美阳所得之鼎,从张敞谏,未立于祖庙:

以方士言，为随侯，剑宝，玉宝璧，周康宝鼎，立四祠于未央宫中。注：刘敞曰：“四祠：随侯珠一也，剑宝即斩蛇剑二也，玉宝璧即受命宝和氏璧三也。三物皆汉天子世传者，并周康宝鼎为四。周康宝鼎似汾水所获鼎也。”（《汉书·郊祀志》）

是时，美阳得鼎献之，下有司议，多以为宜荐见宗庙，如元鼎时故事。张敞好古文字，按鼎铭勒而上议曰：“……不宜荐见于宗庙。”制曰：“京兆尹议是。”（《汉书·郊祀志》）

汉明帝以得鼎列于祖庙赏赐群臣：

永平六年二月，王雒山出宝鼎，庐江太守献之。夏四月甲子，诏曰：“昔禹收九牧之金，铸鼎以象物，使人知神奸，不逢恶气，遭德则兴，迁于商周。周德既衰，鼎乃沦亡，祥瑞之降，以应有德。方今政化多僻，何以致兹？《易》曰：‘鼎象三公’，岂公卿奉职得其理耶？太常其以初祭之日，陈鼎于庙，以备器用，赐三公帛五十匹，九卿二千石半之。”（《后汉书·明帝纪》）

汉和帝时于匈奴中得到周鼎：

匈奴……遗宪古鼎容五斗，其傍铭曰：“钟山甫鼎，其万年，子子孙孙永宝用。”宪乃上之。（《后汉书·窦宪传》）

汉章帝于美阳得鼎：

汉章帝建初七年十月，车驾西巡至槐里，右扶风禁上美阳得铜器于岐山，似酒尊。（《宋书·符瑞志》）

《后汉书·董卓传》：“卓铸小钱，悉取洛阳及长安铜人钟虡飞廉铜马之属以充铸焉。”袁宏《后汉纪》:“卓发洛阳诸陵及大臣家墓,坏洛阳城中钟虡以为钱。”

三国至隋唐,承汉代得古物载于《封禅书》及《郊祀志》之例,乃将其所得,载于《符瑞志》《祥瑞志》《灵徵志》中,兹录于下:

吴孙权赤乌十二年六月戊戌,宝鼎出临平湖,又出东部鄮县。(《宋书·符瑞志》)

吴孙皓宝鼎元年八月,在所言得大鼎。(《宋书·符瑞志》)

天册元年,吴郡言掘地得银长一尺,广三分,上刻有年月字,于是大赦,改元。(《三国志·吴志》卷三)

晋愍帝建兴二年十二月,晋陵武进县陈龙在田中得铜铎五枚。(《符瑞志》)

东晋太兴元年会稽剡县人家井中得一钟,有古文铭,长三寸,口径四寸,即浅钟。(《尔雅李巡注》)

晋成帝咸和元年,十月辛卯,宣城春谷县山崩,获石鼎,重二斤,受斛余。(《符瑞志》)

晋成帝咸康五年,豫章南昌民掘地得铜钟四枚,太守褚裒以献。(《符瑞志》)

晋穆帝升平五年二月乙未,南掖门有马足陷地,得铜钟一枚。(《符瑞志》)

晋义熙十二年,“庐江霍山崩,获六钟献之”。十四年,“仅中成固县,汉水崖际……崩,有铜钟十二出”。元熙元年,“竟陵郡江滨出石铜礼器十余枚”。(《南史·宋武帝纪》)

宋文帝元嘉十三年四月辛丑,武昌县章山水侧自开出神鼎,江州刺史南谯王义宣以献。(《符瑞志》)

元嘉十九年九月戊申,广陵肥如石梁涧中,出石钟九口,大小行次引列南向。南兖州刺史临川王义庆以献。(符瑞志》)

元嘉二十一年十二月，新阳获古鼎于水侧，有篆书四十二字，雍州刺史萧思话以献。

元嘉二十二年，豫章豫宁县出铜钟，江州刺史广陵王绍以献。

孝武帝孝建三年四月丁亥，临川宜黄县民田中得铜钟七口，内史傅徽以献。

孝建三年四月甲辰，晋陵延陵得古钟六口，徐州刺史竟陵王诞以献。

大明七年六月，江夏蒲圻获铜路鼓四面，独足。郢州刺史安陆王子绥以献。

明帝泰始四年二月丙申，豫章望蔡获古钟，高一尺七寸，围二尺八寸，太守张辩以献。

泰始五年五月壬戌，豫章南昌获古铜鼎，容斛七斗，江州刺史王景文以献。

泰始七年六月甲寅，义阳郡获铜鼎，受一斛，并盖并隐起镂，豫州刺史段似荣以献。

顺帝升明二年九月，建宁万岁山涧中，得铜钟长，二尺一寸，（《齐书·祥瑞志》云："边有古字。"）豫州刺史刘怀珍以献。（以上均见《宋书·符瑞志》）

建元元年十月，涪陵郡蜒民田健所住岩间，常留云气，有声响，澈若龙吟，求之积岩，莫有见者。去四月二十七日，岩数里夜忽有双光，至明往获古钟一枚。又有一器名淳于，蜑人以为神物，奉祠之。永明四年四月，东昌县山，自比岁以来，恒发异响。去二月十五日，有一岩褫落。县民方元泰往视，于岩下得古钟一枚。

五年三月，豫宁县长岗山，获神钟一枚。

九年十一月，宁蜀广汉县田所垦地，入尺四寸，获古钟一枚，形高三尺八寸，围四尺七寸，县柄长一尺二寸，合高五尺，四面各九孔。更于陶所瓦间见有白光，窥寻无物，自后夜夜辄复有光，既经旬日，村民张庆宣瓦作屋，又于屋间见光照内外，庆宣疑之，以告孔休先，乃共发视，获玉玺一钮，璧方八分，上有鼻，文曰“帝真”。曲阿县民黄庆宅左有园，园东南广袤四丈，每种菜辄鲜异，虽加采拔，随复更生，夜中恒有白光，皎质属天，状似县绢，私疑非常。请师卜侯道士傅德占，使掘之，深三尺，获王印一钮，文曰“长承万福”。

永明二年，冠军将军周普孙于石头北厢将堂，见地有异光照城堞，往获玉玺一钮，方七分，文曰“明玄君”。十一月虏国民齐祥归，入灵丘关，闻殷然有声，仰视之，见山侧有紫气如云，众鸟回翔其间，祥往气所，获玺方寸四分，兽钮文曰“坤维圣帝永昌”。送于虏太后。师道人惠度欲献虏主，惠度睹其文，窃谓当今衣冠正朔，在于齐国，遂付道人惠藏送京师，因羽林监崔士亮献之。

十年，兰陵民齐伯生于六合山获金玺一钮，文曰“年予主”。世祖治盆城，得五尺刀十口。升明三年，左里村人于宫亭湖得鞍戟二枚，傍有古字文，远不可识。

泰始中，世祖于青溪宅得钱一枚，文有北斗七星双节，又有人形带剑。及治盆城又得一大钱，文曰“太平百岁”。

永明七年，齐兴太守刘元宝治郡城，于堑中获钱百万，形极大。

十年，齐安郡民王摄掘地得四文大钱，一万二千七百十枚，品制如一。（以上均见《南齐书·祥瑞志》）

世祖延和三年三月，乐安王范获玉玺一，文曰“皇帝玺”，以献。

太延元年，自三月不雨。至六月，使有司遍请群神，数日大雨。是日，有妇人持一玉印，至潞县侯孙家卖之。孙家得印奇之，求访妇人，莫知所在。其文曰“旱疫平”。寇天师曰“龙文纽”书云此神中三字印也。

高宗和平三年四月，河内人张超于坏楼所城北故佛图处，获玉印以献，印方二寸，其文曰：“富乐日昌，永保无疆，福禄日臻，长亨万年。”玉色光润，模制精巧。

世宗永平元年四月，瀛州民获玉璧玉印各一，以献。

肃宗熙平二年十一月，京师仍获玉玺二。

太宗永兴三年十二月，北塞候人获玉板二，以献。

孝静天平二年二月，员外散骑常侍穆礼，得玉板一，广三尺，长五尺，头有两孔，以献。

肃宗正光三年六月，并州静林寺僧在阳邑城西橡谷掘药，得玉璧五，珪十，印一，玉柱一，玉盖一，并以献。

高祖太和五年六月，上邦镇将上言，于镇城西二百五十里射猎，于营南干水中，得玉车钊三枚，二青一赤，制状甚精。（以上均见《魏书·灵徵志》）

景明四年，并州获古铜权，诏付崇，以为钟律之准。（《魏书·律历志》）

开皇十一年“以平陈所得古器，多为妖变，悉命毁之”。（《隋书·高祖纪下》）

唐至五代的古物：

则天时，建昌王武攸宁，置内库长五百步，二百余间，别贮财物，以求媚。一夕，为天灾所燔，玩好并尽。（《唐书·五行志》）

开元十一年玄宗祀后土，获宝鼎，因改为宝鼎。（《唐书·地理志》）

开元十年，“初有司奏设坛，掘地获古铜鼎二，其大者容四升，小者容一升，色皆青。又获古砖，长九寸，有篆‘千秋万岁’字，及‘长乐未央’字”。（《唐会要》卷十上《杂录》）

天宝内库有青瓷酒杯。（《云仙杂记》）

天宝三载，陕西郡太守李齐物开三门石下，得戟六，刃有“平陆”

篆字。（《旧唐书·地理志》）

上元三年，楚州刺史崔侁，献定国宝十一：（一）玄黄天符。（二）玉鸡毛。（三）谷璧。（四）西王母白环。（五）如意宝珠。（六）红靺鞨。（七）琅玕珠。（八）玉玦。（九）玉印。（十）皇后采桑钩。（十一）雷公石斧，无孔。（《唐书·五行志》）

宝历二年五月，神策军修苑内古汉宫，掘得白玉床，其长六尺，以献。（《唐书·五行志》）

乾元二年，“寺观钟及铜象多坏为钱”。（《旧唐书·食货志》）

贞元十五年正月，“柳州蓝山县山摧，获古钟四枚”。（《唐会要》四三《山摧石陨》）

唐天宝间至南唐后主时，于句容县置官场以铸之，故其上多有监官花押，其体轻薄花纹细而可爱，非古器也。（《格古要论》卷六《新铜器》）

周显德二年九月一日，敕除朝廷法物军器官物及镜并寺观内钟磬钹相轮大珠铃铎外，应两京诸道州府铜器物诸色，限五十日内并须毁废送官。（《五代会要》）

第二章
东周至唐的考古学者

一　考古的起源

原始人类，只顾目前，不管过去。迨至人事日繁，需要记忆而发明文字；为纪念前人的功德而叙述其事，叙述得久了成为历史；但古人的历史往往包括神话在内，欲求其所以然，不得不考古。

殷墟甲骨文有史字，其祭祖有自某某至某某顺次排列的，是殷人已有简单的历史，但殷亡之后其史未留存下来。周兴，其史当详，但平王东迁，史籍未与俱行，其详已不可得而闻。列国诸侯地居边陲，社会的演进为晚，及至平王舍宗周而迁东周，同迁的人为谋地盘而发生战争，于是战端大启，各国诸侯为力谋整理内政处理外交而有史的产生，如：

秦……文公十三年，初有史以纪事。（《史记·秦本纪》）

秦记又不载日月，其文略不具。（《史记·六国年表序》）

孙伯黡司晋之典籍以为大政，故曰籍氏。及辛有之二子董之，晋于是乎有董史。（《左传·昭公十五年》）

晋靖侯已来，年纪可推，自唐叔至靖侯五世，无其年数。（《史记·

晋世家》)

鲁惠公使宰让请郊庙之礼于天子,桓王(当为平王)使史鱼往,惠公止之,其后在于鲁。(《吕氏春秋·当染》)

秦文公十三年为周平王十八年,辛有为平王初年人(见《左传·僖公二十二年》),鲁惠公亦在平王时,可知秦晋鲁之有史在东周初年。其史有的不记日月,如《国语》、《左传》(《左传》原同《国语》,系分国记事)的段片史,有的记月日,如《春秋》的简单史。但有以史作鉴戒的,如:

楚申叔时对楚庄王说:"教之《春秋》而为之耸善而抑恶焉。"(《国语·楚语》)

司马侯对晋悼公说:"诸侯之为,日在君侧,以其善行,以其恶戒,可谓德义矣。"公曰:"孰能?"对曰:"羊舌肸善于《春秋》。"乃召叔向使傅太子彪。(《国语·晋语》)

善于《春秋》的人可以为人师,而善于《春秋》莫如史官,史官有博学的,如楚灵王说左史倚相是:

是良史也……能读《三坟》《五典》《八索》《九丘》。(《左传·昭公十二年》)

但是楚子革说:

臣尝问焉,昔穆王欲肆其心,周行天下,将皆有车辙马迹焉,祭公谋父作祈招之诗以止王心,王是以获没于祗宫。臣问其诗,而不知也。若问远焉,其焉能知之?(《左传·昭公十二年》)

史官尚不能知远,于是有借古物而考证的。初则引其铭文:

商之衰也,其铭有之,曰:“嗛嗛之德,不足就也;不可以矜,而只取忧也。嗛嗛之食,不足狃也;不能为膏,而只离咎也。”(《国语·晋语》)

孔丘圣人之后也……其祖……正考父……故其鼎铭云:“一命而偻,再命而伛,三命而俯,循墙而走,亦莫余敢侮。饘于是,鬻于是,以糊余口。”(《左传·昭公七年》)

继有对于古物有研究,真伪请其鉴别的:

齐攻鲁求岑鼎,鲁君载他鼎以往,齐侯弗信而反之为非,使人告鲁侯曰:“柳下季以为是,请因受之。”鲁君请于柳下季,柳下季答曰:“君之赂以欲岑鼎也,以免国也;臣亦有国于此,破臣之国以免君之国,此臣所以难也。”于是鲁君乃以真岑鼎往也。(《吕氏春秋·审己》)

再则因其博物,给鼎以奖其学的:

郑子产聘于晋,晋侯疾,韩宣子逆客,私焉,曰:“寡君寝疾,于今三月矣,并走群望,有加而无瘳。今梦黄熊入于寝门,其何厉鬼也?”对曰:“……昔尧殛鲧于羽山,其神化为黄熊,以入于羽渊,实为夏郊,三代祀之。晋为盟主,其或者未之祀也乎?”韩子祀夏郊,晋侯有间,赐子产莒之二方鼎。(《左传·昭公七年》)

二 孔子、韩非及吕不韦的考古

春秋以前贵族方有入学校的权利,孔子本贵族之一,以其不用于鲁,乃游于各国,将“有事……服其劳”的作为“弟子”,平民乃有求学的机会。老年归鲁,声名大著,公然在杏坛设教授生,鲁当局亦不加以干涉。孔子又本其“以吾从大夫之后”之力,向当局借得材料,编了一部近代史的《春秋》作为教科书。但对于古史,鲁国是没有材料,只得向各地去找：

孔子曰："我欲观夏道，是故之杞，而不足征也，吾得夏时焉。吾欲观殷道，是故之宋，而不足征焉，吾得坤乾焉。"（《礼记·礼运》）

子曰："夏礼吾能言之，杞不足征也；殷礼吾能言之，宋不足征也。文献不足故也，足则吾能征之矣。"（《论语·八佾》）

孔子升太山，观易姓而王可得而致者七十余人。（《韩诗外传》）

杞宋找不到夏殷的史料，乃在鲁太庙中研究古物：

子入太庙，每事问。（《论语·八佾》）

孔子观于鲁桓公之庙，有攲器焉，孔子问于守庙者。（《荀子·宥坐》）

孔子观周人后稷之庙，有金人焉，三缄其口，而铭其背……（《孔子家语·观周》）

孔子对于玉器、石器均有认识：

孔子曰："美哉玙璠，远而望之奂若也，近而视之瑟若也。"（《说文》玉部璠字条下引）

而与《论语》的"有美玉于斯"，亦可参考：

仲尼在陈，有隼集于陈侯之庭而死，楛矢贯之，石砮其长尺有咫。陈惠公使人以隼如仲尼之馆问之。仲尼曰："隼之来也远矣！此肃慎氏之矢也。昔武王克商，通道于九夷百蛮，各使以其方贿来贡，使无忘职业，于是肃慎氏贡楛矢石砮，其长尺有咫。先王欲昭其令德之致远也，以示后人，使永监焉，故铭其楛曰：'肃慎氏之贡。'……故分陈以肃慎氏之贡。君若使有司求诸政府，其可得也。"使求，得之金椟，如之。（《国语·鲁语》）

孔子的孙子子思也是考古的：

子思游齐，与陈庄伯登泰山而观天子之铭焉，遂告以圣帝明王巡狩祭祀黜祀之典。（《孔丛子》）

韩非之书列为法家，以其最尚实际，故对于古史多为怀疑，如有《显学》篇云：

孔子墨子俱道尧舜而取舍不同，皆自谓其尧舜，尧舜不复生，将谁使定儒墨之诚乎？……今乃欲审尧舜之道于三千岁之前，意者其不可必乎。

他在《十过》中云：

尧有天下，饭于土簋，饮于土铏。
禹作祭器，墨染其外，而朱画其内。
殷人……食器雕琢，觞酌刻镂。

韩非自韩入秦是沿陇海路而西的，其处正是多古物之区，他看见古址出土的铜器或陶器而有雕琢或刻镂的花纹，他在周代以为这遗址是前代的，故说这雕刻的古物是殷人的。又看见别处土中有许多红底黑花的彩陶，他认为画的比刻的时代古，向前一个朝代说是禹的古物。但遗址中尚有未画未刻的粗陶，他认为这更古，再向前推，说是尧的古物。

他说尧为某器，禹为某器，殷为某器，这话未必是，但他以器物的花纹有无及精粗划分时代是很对的。况他说“墨染其外，而朱画其内”，这确是新石器时代的红底黑花的彩陶，是他看见过新石器时代遗址是无疑的。他以彩陶为“祭器”，是他的考古眼光已很正确。我在荆村的发掘，可证明其说不误。

吕不韦集其门下著《吕氏春秋》,他对于周鼎有下列的记载:

周鼎著象,为其理之通也。(《慎势》)

周鼎著倕,而龁其指,先王有以见大巧之不可为也。(《离谓》)

周鼎著鼠,令马履之,为其不阳。(《达郁》)

周鼎著饕餮,有首无身,食人未咽,害及其身,以言报更也。(《先识》)

周鼎有窃,曲状甚长,上下皆曲,以见极之败也。(《适威》)

《慎势》乃系空洞之词,《离谓》、《达郁》所言,是否有其形状不得而知。

《先识》所言饕餮乃系古凶人之名,见于《左传·文公十八年》,其“有首无身,食人未咽,害及其身”,乃印度神话,他混而为一。宋以来所谓饕餮纹,实即鸡羊,取吉祥之义。正面为羊头,羊头两面的为侧面鸡形。后来铸铜器的对于花纹的来源不明,将羊的角变曲了,眉变长了,眼珠及嘴均大了。侧面的鸡变成如草蔓如龙如蛇。与原形大异,乃目为怪物,而名为饕餮。原其用羊,以羊为良好的食品,故美字善字从羊。以得羊为祥,故甲骨文祥字不从示为羊。甲骨文有“羊”、“勿羊”、“弗羊”之习语。鸡因其按时鸣以报时,故人爱之。但夏人姑方以于穴前树直木画图腾于其上,甲骨文“吉”写为“”下为穴上为直木柱,以门前有此为吉利。殷人以有鸡为吉利,故用殷人呼鸡之音,用夏人画木之形,而名之为吉。

《适威》所言,是回纹亦即雷纹。此纹原由水浪形而成。因原始无舟,涉水在深处灭顶,故以水无浪的系浅水,水有浪处为深水。我于民国 20 年 (1931 年) 在山西万泉县荆村瓦渣斜发掘新石器时代遗址,其彩陶上有一个画格子形,但格子形的它一部分画为水浪形,可知水浪纹画的简单了就成了格子纹。这种花纹变分两途,在文字方面,“灾”字在甲骨文写,即灾字的,后又作为,两边两直为河岸，中一直指河中心的水，中直中的三角，指其处为最深处，小心灭顶之灾。后以灾在其中，故去边两直留中心的✝为在。花纹由水浪变成雷纹回纹，饰其沿边一周，故曲状甚长。

吕不韦之徒多受黄老的影响，黄老之学是不注重考古的，如《庄子》《列子》言古书不宜读古事不足征。是以《吕氏春秋》一书，言周鼎有五处，便皆错误。

三　两汉人的考古

西汉的学术空气太不浓厚，而且被阴阳五行所笼罩，以今古文之微异，而成立两大派之争，是未注意于考古之故。

《淮南子·本经训》："故周鼎著倕，使衔其指，以明大巧之不可为也。"《道应训》云："故周鼎著倕而使龁其指，先王以见大巧之不可也。"这完全是抄《吕氏春秋·离谓》的，而是同样的不知考古。但方士亦有知古物的，如"少君见上，上有故铜器，问少君，少君曰：'此器齐桓公十年陈于柏寝。'已而按其刻，果齐桓公器。"（《史记·封禅书》）

司马迁作《史记》，他是采取书本与访问古迹的：

他采的书是《夏小正》（《夏本纪》）、《颂》（《殷本纪》）、《历谱牒终始五德》及《五帝系牒》、《尚书集世纪》（《三代世表》）、《春秋历谱牒》、《春秋》、《国语》（《十二诸侯年表》）、《秦记》（《六国年表》）、《秦楚之际》（《秦楚之际月表》）、《春秋》、《尚书》（《高祖功臣年表》）、《列封》（《惠景间侯者年表》）、《虞书》（《乐书》）、《史记》（《天官书》）、《春秋古文》（《吴世家》）、《世家》（《卫世家》）、《管氏》及《晏子春秋》（《管晏列传》）、《司马兵法》（《司马穰苴传》）、《孙子》（《孙子吴起列传》）、《论语弟子问》（《仲尼弟子列传》）、《商君》（《商君列传》）、《孟子》（《孟子荀卿列传》）、《离骚》（《屈原贾生列传》）、《新语》（《郦生陆贾列传》）、《功令》（《儒林传》）、《禹本纪》、《山海经》（《大宛列传》）。

他到的地方，北至察绥，东北至山东，东至徐州，东南至江浙，南至湖南，西南至四川、云贵，西至甘肃，中至河南。他所访的古迹，登箕山访许由冢（《伯夷列传》），到楚观春申君故城（《春申君传》），到长沙看屈原沉渊（《屈原贾生列传》），适北边看蒙恬所筑的长城（《蒙恬列传》），到淮阴看韩信母冢（《淮阴列传》），适澧沛看萧曹、樊哙、滕公冢（《樊郦滕灌列传》），上会稽探禹穴（《自序》），上姑苏望五湖（《河渠书》）。

他以"余以为其人（张良）计魁梧奇伟，至见其图，状貌如妇人好女"（《留侯世家》），"吾适大梁梁虚，求问其所谓夷门。夷门者，城之东地也。"（《信陵君传》）看图而校正其理想，访问知其所以，是司马迁虽未据古物而依古迹，亦为考古之一道。

戴圣的考古。

"夫鼎有铭，铭者自名也。自名以称扬其先祖之美，而明著之彼世者也。为先祖者莫不有美焉，莫不有恶焉。铭之义称美而不称恶，此孝子孝孙之心也，惟贤者能之。铭者，论撰其先祖有德善、功烈、勋劳、庆赏、声名列于天下，而酌之祭器，自成其名焉，以祀其先祖者也。显扬先祖，所以崇孝也，身比焉，顺也，明示后世，教也。夫铭者，壹称而上下皆得焉耳矣，是故君子之观于铭也，既美其所称，又美其所为。为之者，明足以见之，仁足以与之，知足以利之，可谓贤矣，贤而勿伐，可谓恭矣。故卫孔悝之鼎铭曰：六月丁亥，公假于大庙。公曰：叔舅，乃祖庄叔，左右成公。成公乃命庄叔随难于汉阳，即宫于宗周，奔走无射。启右献公，献公乃命成叔，纂乃祖服，乃考文叔，兴旧耆欲，作率庆士，躬恤卫国，其勤公家，夙夜不解，民咸曰休哉。公曰，叔舅，予女铭，若纂乃考服。悝拜稽首曰：对扬以辟之，勤大命施于烝彝鼎。"（《礼记·祭统》而《大学》中又引汤之《盘铭》）。

张敞的考古。

当汉宣帝时，"美阳得鼎献之，下有司议，多以为宜荐见宗庙，如元鼎时故事。张敞好古文字，按鼎铭勒而上议曰：'臣闻周祖始乎后稷，后稷封于斄，公刘发迹于豳，太王建国于郊梁，文武兴于酆鄗。'

由此言之,则郊梁酆鄗之间,周旧居也,固宜有宗庙坛场祭祠之藏。今鼎出于郊东,中有刻书曰:'王命尸臣,官此栒邑,赐尔旗鸾黼黻琱戈',尸臣拜手稽首曰:'敢对天子,丕显休命。臣愚不足以迹古文,窃以传记言之,此鼎殆周之所以褒扬大臣,大臣子孙刻铭其先功,藏之于宫庙也。'"(《汉书·郊祀志》)

此外《汉书·艺文志》有"《黄帝铭》六篇"(《道家》) "《孔甲盘盂》二十六篇" (《杂家》),其书不存,是否为叙述古物书,不得而知。

袁康的考古。

袁康除将吴越以前吴越及吴越以后的吴越两地古迹记述外,他在《越绝书》卷十一记《宝剑篇》以工具划分时代:

时各有使然:

轩辕神农赫胥之时,以石为兵,断树木为宫室,死而龙藏。夫神圣主使然。

至黄帝之时,以玉为兵,以伐树木为宫室,凿地。夫玉亦神物也,又遇圣主使然,死而龙藏。

禹穴之时,以铜为兵,以凿伊关通龙门,决江导河, 东注于东海,天下通平,治为宫室, 岂非圣主之力哉。

当此之时,作铁兵,威服三军,天下闻之,莫敢不服,此亦铁兵之神。

他用工具分的阶段为"石兵……玉兵……铜兵……铁兵",这与1832年丹麦皇家博物院院长汤姆生 (CJThomsen), 分为石器时代(Steinzeit)、青铜器时代(Bronzezeit)、铁器时代(Eisenzeit)。至十九世纪中勒波克(J.Lubbock)又分石器为旧石器(Palaeoiithic)、新石器(Neolithic)划分的阶段相同。

他对于用途,石兵以为断树木治宫室用的,玉兵除为断树木治宫室,加"凿地"二字。以开山通道非用铜兵不可,非石兵玉兵所能胜任的。以威服天下,是要用铁兵的。工具愈利而收获愈多,这也是合乎科学的，犹以玉兵为凿地一解可贵。玉兵即新石器，新石器是磨光的，而润滑如玉，甚至新石器已有用玉制造的。石器之所以磨光，为凿地种植，以泥土粘贴在工具上易于取掉的。是新石器为农业而发明，即新石器时代已有农业。

他对于石兵玉兵说是“死而龙藏”的，龙为丘陇的陇，即为殉葬物。铜兵铁兵不言“死而龙藏”，是在他当时，铜兵铁兵尚在使用着。

石兵玉兵，是他自古墓中发掘出来的。袁康可算是世界上最古的考古学者。

许慎的考古。

秦统一中国，因各国的文字不同而令“书同文”，废古代的文字，而用新创隶书的今文。许慎生当东汉，以古文已废，而古书难读，乃作《说文》，以探求其字源，而明其义意。于是有参考古物上刻文的必要。他在《说文》序中云：

郡国亦往往于山川得鼎彝，其铭即前代之古文。皆自相似（与鲁恭王坏孔子宅得古文书相似），虽叵复见远流，其详可得略说也。

又如王肃“大和中鲁郡于地中得齐大夫子尾送女器，有牺尊，以牺牛为尊”（《诗经·鲁颂》閟官疏引）。此外如张晏《汉书·儒林传》注，按碑知伏生名胜，孟康《汉书·律历志》注以章帝时人于舜祠下得白玉琯，以玉作管，不但竹也。此皆应用考古而研究学问的。

四　晋唐人的考古

束皙整理古物与考古。

太康二年，汲郡人不准盗发魏襄王墓，或言安釐王冢，得竹书十车，其《纪年》十三篇……其《易经》二篇……《易系阴阳卦》二篇……《卦下易经》一篇……《公孙段》二篇……《国语》三篇……《名》三篇……《论语·师春》一篇……《琐语》十一篇……《梁丘藏》一篇……《缴书》二篇……《生封》一篇……《大历》二篇……《穆天子传》五篇……《图诗》一篇……《杂书》十九篇……大凡七十五篇。七篇简书折坏,不识名题。冢中又得铜剑一枚,长二尺五寸。漆书皆科斗字,初发冢者烧策照取宝物,及官收之,多烬简断札,文既残缺,不复铨次。武帝以其书付秘书,校缀次第,寻考指归,而以今文写之。皙在著作,得观竹书,随疑分释,皆有义证。……时有人于嵩山下得竹简一枚,上两科斗书,传以相示,莫有知者,司空张华以问皙,皙曰:"此汉明帝显节陵中策文也。"检验果然。时人伏其博识。(《晋书·束皙传》)

梁代学术发达,考古学者辈出:

刘杳"尝与约(沈约)坐,语及宗庙牺樽,约云:'郑玄答张逸,谓为画凤凰尾娑娑,然今无复此器,则不依古。'杳曰:'此言未必可,按古者尊彝,皆刻木器鸟兽,鉴顶及背以出内酒。顷魏世鲁郡,地中得齐大夫子尾送女器,有牺樽作牺牛形。晋永嘉贼曹嶷,于青州发齐景公冢,又得二樽,形亦为牛象。二处皆古之遗器,知非虚也。约大以为然"。(《梁书·刘杳传》)

顾烜著有《钱谱》一卷(《隋书·经籍志》),已逸。其存者有:

虞荔的《鼎录》一卷,除第一鼎为皇帝(黄帝)外,而录自汉景帝至王羲之共七十二器。

陶弘景有《古今刀剑录》一卷,自夏启至梁武帝共七十九器,但以夏孔甲铸剑,不知夏代尚未发明铁,当系根据《禹贡》《山海经》等书而言的。

刘显善为鉴别,"魏人献古物,有隐起字,无能识者。显按文读之,无有滞拟,考校年月,一字不差,高祖(梁武帝)甚嘉焉"。(《梁书·刘显传》)

刘之遴富于收藏,"之遴好古爱奇,在荆州聚古器数十百种

……”(《梁书·刘之遴传》)

时对于古物浮雕发明一种拓印法。先于此者,有汉蔡伦于汉和帝时发明造纸:

自古书契多编以竹简,其用缣帛者谓之为纸。缣贵而简重,并不便于人;伦乃造意,用树肤麻头及敝布鱼网以为纸。元兴元年奏上之,帝善其能。自是莫不用焉,故天下咸称蔡侯纸。(《后汉书·蔡伦传》)

余在南京古物保存所时,因古物保存所在明故宫,所内后院有故宫的石池,余养鱼于其中,雨时后院之水皆流入池中,而雨时将草木叶及茎上的纤维物洗刷混入水中而存于池,故在雨后天晴数日内,池水浮起一层绿沫,以其有遮日光,水不易热而鱼不易长,故用杆挑之,其沫成丝状而有黏性。有一次差人挑其沫抛在池边石上,其沫干后成白色,余取而视之,因沫被抛在石上石为光面,沫贴石的面亦成平面,与纸极同,试以笔写亦不异。因悟蔡伦发明造纸,本于此耳。

其次则有汉熹平《石经》之立:

邕以经籍去圣久远,文字多谬,俗儒穿凿,贻误后学。熹平四年乃与五官中郎将堂溪典,光禄大夫杨赐,谏议大夫马日磾,议郎张训韩说,太史令单飏等,奏求正定《六经》文字,灵帝许之。邕乃自书册于碑,使工镌刻,立于太庙门外。于是后儒晚学,皆取正焉。及碑始立,其观视及摹写者,车乘日千余辆,填塞街陌。(《后汉书·蔡邕传》)

熹平《石经》立,只知“摹写”而不知拓,是其时拓的技术尚未发明。按《隋书·经籍志》在经部末有石经,其文如下:

一字石经《周易》一卷(梁有三卷)

一字石经《尚书》六卷(梁有今字石经郑氏《尚书》八卷亡)

一字石经《鲁诗》六卷(梁有毛诗二卷亡)

一字石经《春秋》一卷（梁有一卷）

一字石经《论语》一卷（梁有二卷）

三字石经《尚书》九卷（梁有十三卷）

三字石经《春秋》三卷（梁有十二卷）

这石经是抄本?拓本?余以为是拓本。按《隋书·经籍志》载:"《周易》二卷(梁六卷)", "《古文尚书》十三卷", "《文尚书》十四卷", "《春秋经》十三卷", "《论语》十卷(梁有古文《论语》十卷)"。而石经的卷数均较写本的卷数为少,这当是石经以一碑为一卷,或碑有残缺(《后汉书·蔡邕传》注引《洛阳记》云石经有"毁"的,有"悉崩坏"的),以数碑为一卷。

梁《石经》的卷数多于《隋书·经籍志》石经的卷数,由于在梁时碑尚完整者多,故以一碑为一卷。在唐作《隋书·经籍志》时,碑已毁坏甚多,残缺的合并为一,故卷数少。《洛阳记》云: "《论语》二碑,一碑毁"了(据刘敞注),是梁据原二碑为二卷,隋为一卷,是在"一碑毁"以后。梁元帝有《碑英》一百二十卷。据此梁时已会拓碑了。

南京栖霞山附近,及丹阳多梁代的陵墓,其陵墓上的华表,常刻有五寸见方大小的字,其字系反刻反读,可谓石刻中之别开生面者。

它为什么是反书而又倒读呢?是它初发明拓碑时,不会用纸平铺在碑上,纸上垫布,用木槌轻在所垫的布上打击,使纸柔软而压入刻缝中,垫布取开,用细绸内包丝绵成袍形,面抹以新墨汁,将此已抹墨汁的丝绵袍,轻打于碑的纸上,贴在碑平面的纸着为黑色,字画中压下的纸因低凹墨拓不着而为白色,此为打拓法。在初发明拓碑,不知使用此法,乃于碑面敷墨汁后,将纸铺在已敷墨汁的碑面上,用笤扫纸,则黑白俱分,如印木刻版的书情形一样。此为扫拓法。故用反刻倒读文字,拓下来自然成了正书顺读了。若用正书顺读,拓下来反成了反书倒读。梁欲广博宣传其死的功德,或为答谢送仪,故发明拓碑，每人送一份。但以此法拓汉熹平时所立的石经，则不能用，于是进一步研究，而发明如现在的拓碑法拓熹平《石经》，故《隋书·经籍志》末言梁石经为反文倒读。

梁时初发扫拓法（即拓反书倒读之字，其反书倒读之发明者，疑为贝义渊。因伊曾创有这种反书字体），于考古上无大裨益，但影响于雕刻印刷的发明（《历代三宝记》谓隋代已有雕版，当系承梁的扫拓法而来），其功甚伟。及至研究出打拓法，在未发明照相机以前，其浮雕赖此而行，于考古上帮助不少。

其在北朝，郦道元作《水经注》，其中将古迹古物（引汉碑百，魏碑二十，晋宋及北魏碑称是），调查的很多。又如杨衒之《洛阳伽蓝记》引碑志约二十余条。颜之推《家训·书证篇》据秦权汉碑正俗字俗名，均可谓为考古学者。

隋之何稠既博识古物，又可仿造：

> 稠博览古图，多识旧物，时中国久绝琉璃之作，匠人无敢措意，稠以绿瓷为之，与真无异。（《隋书·何稠传》）

唐人的考古，封演有《续钱谱》六卷，吴协有《三代鼎器录》，徐浩的《古迹记》，郑承规的《碧落碑释文》，均为专著。而贞观时在陕西发现的石鼓，多为颂咏。如：

李吉甫的《元和郡县志》卷二云："石鼓文在县（天兴县）南二十里许，石形如鼓，其数有十，盖纪周宣王畋猎之事，其文即史籀之迹也。贞观中，吏部侍郎苏勖记其事云：'虞（虞世南）褚（褚遂良）欧阳（欧阳询）共称古妙，虽岁久讹缺，遗迹尚有可观。而历代纪地理志者，不存记录，尤可叹惜。'"

窦蒙的《述书赋注》："史籀周宣王时史官，著大篆，教学童。岐州雍城南，有周宣王猎鼓十枚，并作鼓形，上有篆文。今见打本，吏部侍郎苏勖叙记卷首云：'世咸言笔迹存者，李斯最古，不知史籀之迹，近在关中’，即其文也。”

李嗣真的《书后品赞》：“史籀堙灭，陈仓藉甚。”（《法书要录》）

张怀瓘的《书断》：“其迹有石鼓文存焉，盖讽宣王畋猎之所作，今在陈仓。”（《法书要录》）

杜甫的《李潮八分小篆歌》：“陈仓石鼓文已讹。”（《杜工部集》卷一六）

韦应物的《石鼓歌》：“周宣大猎兮岐山阳，刻石表功兮炜煌煌。石如鼓形数止十，风雨缺讹苔藓涩。”（《韦苏州集》卷九）

韩愈亦有《石鼓歌》（《昌黎文集》卷五）。以石鼓为周宣王时物固非，而能把石鼓从草原运于都中，以打本流传，学者歌咏，是唐代对于考古亦有相当热心的。

此外，如司马贞于《史记·高祖本纪》的《索隐》，据班固《泗上亭长碑》，知母媪当作母温。

而刘蜕认识假古物，于考古上亦有相当裨益，因曲阜得古铁盎，有古篆九个字，鲁生认为“齐桓公会于葵邱岁铸”。刘蜕对裴休说：“齐侯小白，谥曰桓公……葵邱之会，实在其前，不得以谥称之，此乃近世矫作也。”（《阙史》上）

第三章
宋至明的考古

由周至唐，古物在政治与学术两方面特别的贵重，故上文分为两章叙述；宋以后的古物，政治与学术打成一片，故不另分章。

一　宋代的考古

宋初对于古物，也是不注重的，他承五代时周显德二年九月一日敕"除朝廷法物军器官物及镜并寺观内钟磬钹相轮火珠玲铎外，应两京诸道州府铜器物诸色，限五十日内并须毁废送官"（《五代会要》）。是以他"或发古塬，毁佛像器物"铸钱（《宋史·食货志》）。及至宋真宗咸平三年（公元1000年）政府仿汉宣帝美阳得鼎古事，诏儒者考正：

按旧图云："咸平三年，好畤令黄郓获是器，诣阙以献，诏句中正杜镐详其文。"（《考古图》卷二《仲信父方旂甗》释）

咸平三年乾州献古铜鼎，状方而有四足，上有古文二十一字，诏儒臣考正，而句中正杜镐验其款识，以为史信父甗。中正引《说文》，甗甑也；又引《墨子》夏后铸鼎四足而方，《春秋传》晋侯赐子产二方鼎云，此其类也。（《金石录》卷十一甗铭引《真宗实录》）

至仁宗景祐时因正乐而始为“不毁”，于是注意古物。

景祐中，修大乐，冶工给铜更铸编钟，得古钟有铭于腹，因存而不毁，即宝龢钟也。修知太常礼院时，尝于太常寺按乐，命工扣之，与王朴夷则清声合。初王朴作编钟皆不圆，至李照等奉诏修乐，皆以朴钟为非。及得宝龢，其状正与朴钟同，知朴为有法也。（《集古录·跋尾》卷一《古器铭》）

庆历中叶清臣守长安，得秦公钟上之，大乐考之，音中大吕。（《东观余论·秦昭和钟铭说》）

皇祐中，召定大乐，有司校之，皆与周官不合。（《考古图》卷二《方乳曲文次鬲铭》）

皇祐中，议乐官既逸胡琴等，云《明堂位》有著尊……（《考古图》卷四《壶尊铭》）

皇祐三年，诏出秘阁及太常所藏三代钟鼎器付修太乐所参较齐量，又诏墨器窾以赐宰执。丞相平阳公命承奉郎知国子监书学杨元明释其文。（《籀史》）

政府既注意古物，官吏及人民多为呈献。

咸平三年，好畤令黄郓获是器，诣阙以献。（《考古图》卷二《仲信父方旊甗铭》）

咸平三年，同州民汤善德，获于河滨，以献。（《考古图》卷三《太公缶释》）

庆历中，叶清臣守长安，得秦公钟上之。（《东观余论·秦昭和钟铭说》）

崇宁初，商州得古鼎，刻文甚完……寻上之。（《续考古图》卷四《緐鼎释》）

崇宁元年，秦州甘谷新边民耕得之，献于定西高庙。（《续考古

图》卷二《熊足盘》)

崇宁三年甲申岁,孟冬月,应天府崇福院掘地得古钟六枚,以宋公钟又获于宋地,宜为朝廷符瑞,寻上进焉。(《续考古图》卷四《公誙钟》)

其时士大夫亦喜古物:

嘉祐中,刘敞为永兴守,长安为秦汉故都,多古物奇器,埋没于荒基败冢,往往为耕夫牧竖得之,遂得传于人间。刘氏喜藏古器,由此所获颇多。(《集古录·跋尾》卷一)

士大夫知留意三代鼎彝之学实始于伯时(李公麟,神宗、哲宗时人)。(《籀史》)

据哲宗元祐七年吕大临《考古图》所列收藏古物的共有四十处:

(1)秘阁。按此当为帝王所藏。

(2)太常。按即《集古录·跋尾》云:"修知太常礼院时",为政府置造乐器处。

(3)内藏。按原注云:"皇祐中,降付修文伏乐所",与秘阁为二,故另列。

(4)河南文氏潞公。

(5)丹阳苏氏子容。

(6)临江刘氏邃父。

(7)河南张氏景先。

(8)睢阳王氏仲至。

(9)新平张氏舜民芸叟。按即张舜民,字芸叟。

(10)庐江李氏辟伯时。按即李辟,字伯时。

(11)开封刘氏瑗伯玉。

(12)京兆田氏槩。

(13)扶风乞伏氏。

(14)京兆吕氏。

(15)京兆薛氏绍彭道祖。

(16)眉山苏氏子瞻。

(17)颍川韩氏持正。

(18)京兆范氏巽之。

(19)洛阳曹氏。

(20)东平荣氏启道。

(21)河南寇氏准。

(22)丹阳蔡氏肇天启。

(23)河南许氏。

(24)河南。

(25)扶风王氏筌,子其。

(26)京兆孙氏求祖修。

(27)邺郡窦氏。

(28)河南王氏康功师文。

(29)鄱阳法相院。按卷四《龙文三耳卣》云:“今法相院僧传摹其器以示人。”是法相院为一寺院。

(30)河南李氏。

(31)东平王氏禹玉。

(32)京兆毋氏沅清臣。

(33)京兆李氏庠彭。

(34)东明刘氏概仲平。

(35)京兆陈氏。

(36)华阴宋氏子安道卿。

(37)京兆孙氏默。

(38)成都大慈寺僧。

(39)庐江高氏。

(40)淮阳赵氏。

《续考古图》所列有：

(1)范忠献。

(2)河南李善初。

(3)东明王氏。

(4)咸阳张询殿直。

(5)杨与权。

(6)庐江李伯时。此即《考古图》所列第十李辟。

(7)张才元愲。

(8)王师文康功。此即《考古图》所列第二十八王康功。

(9)王晋玉蚧。

(10)新平张氏。此不知是否《考古图》所列第九张舜民。

(11)睢阳王氏。此不知是否《考古图》所列第八王仲至。

(12)祖孟广博。

(13)张伯均。

(14)京兆吕氏。此不知是否《考古图》第十四所列京兆吕氏。

(15)李元均宰。

(16)吕子功崕。

(17)克中娅。

(18)荣询之咨道大夫，以“荣氏所收古器最盛，凡百余种……取二十六种续编于此”。

(19)赵承规茂曾。

(20)松岛吴氏衍。

(21)丁伯容。

(22)楚氏朝宗。

(23)姚义夫雄。

(24)赵仲忽周臣。

(25)邢和叔恕。

(26)臧仲修大年。

(27)李仲明试。

(28)程之奇。

(29)克一娙。

(30)张伯均埴。

此外,如《游宦纪闻》言:“庆元间单路分炜字丙文……居黔阳,好古博雅,所蓄奇玩甚富,仍精于辨别。”

以上共计七十处,除重复五处外,尚有六十五处,除政府及寺院五处外,私人收藏者有六十家。但《续考古图》系“在绍兴三十三年之后”(《四库总目》),与《考古图》相差约百年,旧收藏之家只有五人,其原因是:

宣和间内府尚古器,士大夫家所藏三代秦汉遗物,无敢隐者,悉献于上。(《石林避暑录话》卷三)

政府及士大夫搜罗古物的情形是:

宣和间内府尚古器。士大夫家所藏三代秦汉遗物,无敢隐者,悉献于上。而好事者复争寻求,不较重价,一器有值千缗者,利之所趋,人竞搜剔山泽,发掘塚墓,无所不至,往往数千载之藏,一旦皆见,不可胜数矣。吴珏为光州固始令,先申伯之国而楚之故封也,间有异物,而以避远人未之知,乃令民有罪皆入古器自赎。既而罢官,几得五六十器。与余遇汴上,出以相示,其间数十器尚三代物。后余中表继为守,闻之,微用其法,亦得其十余器。乃知此类在世间未见者尚多也。范之才为湖北察访,为给言泽中有鼎,不知其大小,而耳见于外,其间可过六七岁小儿。亟以上闻,诏本部使者发民掘之,凡境内波泽悉干之,掘数十丈讫未有。之才寻见谪。(《石林避暑录话》卷三)

政府贮藏情形是：

而宣和殿后，又创立保和殿，左右有稽古尚古博古等阁以贮之。（《铁围山丛谈》）

政府及士大夫所得的古物，多为玩赏：

尊彝鼎敦之器，犹出于山岩屋壁陇亩墟墓之间，形制文字且非世所能知，况能知所用乎？当天下无事时，好事者畜之，徒为耳目奇异玩好之具而已。（吕大临《考古图·序》）

但有几部关于考古书出版，兹略为介绍于下：

(1)吕大临的《考古图》十卷（自序于元祐七年，即公元1092年），所收铜器为二百一十一，玉器十三。每物绘其图并摹其文，释文列在下面，将出土地收藏者，并器的高深容的尺寸，复加考证。

(2)《博古图录》，亦称《宣和博古图》三十卷，有谓王黼或宋徽宗所作。其书成于宣和五年(1123年)以后。所收器为二十类，八百三十九器。每类各有总说，亦系绘图摹之，释文列在下面，后列其器的高深口径阔的尺寸，容若干升，重若干两，加考证于后。

(3)《续考古图》五卷，作者已佚，书成在绍兴三十二年(1162年)之后，所收共百器，亦绘图摹文。他是依《考古图》而作的。

(4)薛尚功的《历代钟鼎彝器款识法帖》二十卷。其书以绍兴十四年(1144年)刻。所收夏器二，商器二百零九，周器二百五十三，秦器五，汉器四十二，共五百一十一器。除夏器为吴越器误认外，而商器亦多系周器。未绘图，只摹铭文，下列释文，旁加考正。

(5)王俅《啸堂集古录》二卷，序于淳熙丙申(1176年)，共三百四十五器，但自洗以下二十八器排列失序，恐为补作。上摹其文，下列释文，未有考证。

(6)王厚之《钟鼎款识》一卷，绍兴时人，款识五十九种，系将秦熺、朱敦儒等所藏之物，辑其拓本而成是书。

(7)张抡《绍兴内府古器评》二卷，《四库提要》以为明人所作。按此书共七十器，而有五十器已见于《博古图录》。这当是其器被金人所掳，仅余于此，非明人伪作。由此书可以看出南宋对于考古已衰落了。

(8)欧阳修的《集古录·跋尾》十卷，其书成于嘉祐六年（公元1061年）。专为考正铜器及石碑的。欧阳修所以编《新唐书》及《新五代史》，就是根据他所得的碑帖材料。

(9)赵明诚的《金石录》三十卷。其书成于绍兴中，与《集古录·跋尾》大致相同，但较欧阳书材料多。

(10)洪适的《隶释》二十七卷。自序于乾道三年（公元1167），自卷一至卷十九，共列碑一百九十二。卷二十录《水经注》中碑，卷二十一至二十三录《集古录》中碑，卷二十四至二十六录《金石录》中碑，卷二十七录《天下碑录》中碑。

(11)洪遵的《泉志》十五卷。分为正用品、不知年代品、外国品、压胜品四类。原书无图，明徐象梅加入图形，但图并不照实际的古钱绘画，是依《泉志》之文，用想象之图。书为今存最古之钱谱，而图则不能用。

(12)王象之的《舆地纪胜》四卷。自序作嘉定辛巳(公元1041年)。他上承《水经注》的遗法，下开后世分地研究古物之风，将各地的碑目及石刻的所在，详为列出。

(13)聂崇义的《三礼图》（《四库总目》称宋太祖时诏颁行于世）。其书专将古代的器物衣服宫室等，绘成图形，当亦有依照古物原形而摹绘的。

(14)李诫的《营造法式》卷。自序作于元符三年（公元1092年），对于古代宫殿的建筑详为考证的。

其他如陈思的《宝刻丛编》二十卷，娄机的《汉隶字源》五卷，曾宏父的《石刻铺叙》二卷，曾巩的《元丰题跋》一卷，黄伯思的《东观余论》二卷，董逌的《广川书跋》十卷，翟耆年的《籀史》一卷，郑樵《通志》中的《金石略》三卷，及佚名的《考古图释文》一卷，《宝刻类编》八卷，均为考古上重要之书。

《铁围山丛谈》云："政和间尚方所贮至六千余数百器……数至万余。"余据《考古图》（二百二十四器），《博古图录》（八百九十三器），《续博古图》（一百器），《啸堂集古录》（三百四十二器），《历代钟鼎彝器款识法帖》（五百一十一器），《钟鼎款识》（六十器），《绍兴内府古器评》（七十器），合计共二千二百器。其中当有重复者在，而与政和间较，不及三分之一。王静安先生又加入《集古录》《金石录》《东观余论》《广川书跋》共十一种书，将其有文字的著为《宋代金文著录表》共得六百四十三器。

北宋哲宗、徽宗时，对于古物搜集的甚多，但大部分被金人掳去：

"靖康北徙，器亦并迁。"（元冯子振序杨钩《增广钟鼎篆韵》）"平辽宋所得古器"。（《大金国志》）是以在政和时内府有六千余器，至《绍兴内府古器评》只有七十器，所存不过百分之一。

又将所有尽为销毁，铸成货币：

绍兴六年"敛民间铜器"，绍兴十三年"至为发塚墓"，绍兴二十八年"出御府铜器千五百事付泉司，大索民间铜二百余万斤"。（《宋史·食货志》）是以在绍兴三十二年以后作的《续考古图》列收藏家三十人，而无"秘阁"、"太常"、"内藏"，是内府所藏尽毁，私人所藏仅余百器，是南宋对于考古有些中衰的样子。但余风尚存，如史祁于淳熙"癸卯知绵州……博采近郊石刻置之集古堂。"（《蜀中名胜记》）

两宋人关于考古的著作，容媛女士的《金石书录目》，列王俅至薛尚功二十二人，连阙名的，共书三十种。而李遇孙的《金石学录》，列两宋由郭忠恕至周密共六十一人。杨殿珣的《宋代金石佚书目》，共列八十九种（《考古》第四期），可知宋人对于考古兴趣之浓厚。

二 金、元、明的考古

金人对于古物,系得自辽宋,以为不祥而尽毁:

靖康北徙,器亦并迁。金汴季年钟鼎为祟,宫殿之玩,毁弃无余。(元冯子振序杨钩《增广钟鼎篆韵》)

海陵正隆三年,诏毁平辽宋所得古器。(《大金国志》)

俄遇都邑倾覆,悉入金营,散落不存,惟图录规模班班尚在,可以流传不朽耳。(《铁围山丛谈》)

其学者元好问著《故物谱》,以古物为“外物之外”,亦有轻视意。是金代没有考古可言。

元代对于考古的专著,有朱德润的《古玉图》,吾邱衍的《学古篇》及《周秦刻石释音》,潘昂霄的《金石例》,潘迪的《石鼓文音训》,单禧的《汉校官碑释文》,梁有的《文海英澜》等。涉及考古的,有徐硕的《至元嘉志》三十二卷,其中碑碣为十一卷,又如郑杓的《衍极》《论瘞鹤铭》。姚桐寿的《乐郊私语辨天册碑》等。而陆友的《研北杂志》,以石鼓文系宇文周之物,不从唐宋人之旧说,另辟新解。

《古玉图》(元至正元年作),所列的收藏家,有孙元明、武林王氏、高仲器、婺南陶氏、赵伯昂、张德常、张太监、曾元理、王立章、柯博士、刘衍祥等。并有古玩铺的“集古斋”,及专收藏瓷器的“瓷器刘家”。可知元代对于考古亦有专门研究的。

梁有于“天历间奉勅历河南北,录金石刻三万余通,上进”。(《金石学录》)元代既遣使访碑,是元代对于考古亦为注意。

明代以八股取士,文尚虚伪,故对于考古远不如宋而且不及元(清亦以八股取士,但因文字之狱,士大夫受祸者不少。后因籍收四库书,焚禁不少,有志之士乃为考古之学以避祸)。政府对于考古,一为仿造,一为毁坏。

宣德仿古造炉及其私仿：

宣德三年三月初一日，上谕工部尚书吕震曰："今有暹罗国剌迦满霭者，所贡洋铜，厥号风磨，色同阳迈。朕思所用，堪铸鼎彝，以供郊坛宗庙内庭之用。今着……应铸鼎彝，可照《博古》、《考古》诸书，并内库所藏柴、汝、官、哥、均、定等窑，器皿款式典雅者，照式铸来……共计三千三百六十五件。"（《宣和鼎彝谱》）

时有私仿者为监铸官吴邦佐，"琴书侣者，宣德年监铸鼎彝官臣吴邦佐别记也，凡所私铸之炉，皆署'琴书侣'篆款，置作色彩，一如真宣。"（《宣炉汇释》卷八）

崇祯毁古铜器及宣炉以铸钱：

上又将内库历朝诸铜器尽发宝源局铸钱，内有三代及宣德年间物，制造精巧绝伦。商人不忍旧器毁弃，每称千斤，愿纳铜二千斤，监督主事某不可，谓古器虽毁弃可惜，我何敢私为轻重。商人谓宣铜下炉尚存其质，三代间物则质清轻之极，下炉后惟有青烟一缕尔，此则谁认其咎？监督谓圣情猜疑甚重，若如公言，必增圣疑，如三代物不便下炉，则有监督内官公同验视，罪不在我。（《烈皇小识》卷六）

《明史·食货志》言隋世尽销古钱，启祯时广铸钱，始括古钱以充废铜。与上文可参照。

明代收藏家虽不多，而以朱存理为首：

元季明初中，吴南园何氏，笠泽虞氏，庐山陈氏书籍金石之富，甲于海内。继其后者，存理其尤也。（《江南通志》）

华夏搜罗亦富：

华夏搜罗极富，居锡山，筑真赏斋以储古碑刻。（《金石学录》卷二）

天一阁藏碑刻亦多：

明天一阁藏书，名重海内，其藏弆碑刻尤富……自三代迄宋元，凡五百八十余通。（《金石学录》卷二）

考古著作之大者：

王世贞有《古今书法苑》七十六卷，自四十五卷至末卷，俱录金石，其题跋之精，在明为第一。

杨慎辑《金石古文》十四卷，抄录三代至秦汉石刻全文。都穆著《金薤琳琅》二十卷，亦录古碑全文。

曹昭著《格古要论》分十三门，王佐取其书而增之，名《新增格古要论》十三卷，亦收入西洋古物。

赵崡著《石墨镌华》八卷，汪珂玉著《珊瑚网古今书法题跋》二十四卷，于奕正著《天下金石志》，郭宗昌著《金石史》，安世凤著《墨林快事》，王常著《集古印谱》等，共计一百八十余人。

第四章
清至现在的考古

一　考古人数及书籍之增加

清初对于考古并不注意，是以《四库全书总目》，连同宋元明以至清中叶以前，关于金石的书籍，共计五十八种。清高宗以内府所藏古物甚多，仿宋徽宗《宣和博古图》，命廷臣编《西清古鉴》四十卷（于乾隆十四年编，十六年成书，内府刻本。卷首列有奉旨办理诸臣，分为监理、编纂、摹篆、绘图、缮书、校刊、监造七类，各类列办理诸臣的职名），《宁寿监古》十六卷（于乾隆十六年至四十年之间所编，民国二年涵芬楼缩印），《西清续甲编》二十卷（于乾隆四十五年编，至乾隆五十七年成书，宣统二年涵芬楼缩印），《西清续乙编》二十卷（亦乾隆四十五年，系据盛京所存的古物，北平古物陈列所存稿本）。共八十种，四千零七十四器，其中有文字的一千二百九十器。

清政府既提倡于上，阮元等作《积古斋钟鼎彝器款识》于下，考古之风因而大盛，王静安先生据钱坫、阮元、曹载奎、吴荣光、刘喜海、吴式芬、徐同柏、朱善旂、吴云、潘祖荫、吴大澂、陆心源、端方、罗振玉十四家，作《清朝金文著录表》六卷，计得三代器二千六百三十五，秦器七十一，汉以后器五百五十八，共计三千三百六十四。除伪器外，得三千二百九十四器。

容媛的《金石书录目》,依物的性质分为十类,兹列表于下:

总类＼分类		总	金	钱币	玺印	石	玉	甲骨	陶	竹木	地志	合计
目录	清以前	6	1			6					1	14
	清至今	16	15	1	2	21	1	1			33	90
图像	清以前		5	2			2					9
	清至今	21	50	38	3	6	4	3	28		8	161
文字	清以前	1	3	1	5	9					1	20
	清至今	32	36	4	64	133		16	18		107	410
通考	清以前					1						1
	清至今	6	4		3	9	4	17	1			44
题跋	清以前	5	1			7						13
	清至今	55	2	1		22	1				7	88
字书	清以前	1				3						4
	清至今	11	4		6	14		6		6		47
亲著	清以前	2	2									4
	清至今	13	3	13		6	1	1			8	45
传记及义例	清以前					2						2
	清至今	7				12		2				21
合计	清以前	15	14	3	5	28	2				2	67
	清至今	161	114	57	78	223	11	46	47	6	163	906

除日本、高丽外,共九百零六种,六千零七卷。此外尚有《方志中金石志目》,江苏二十三种,三十八卷。浙江五十二种,一百二十八卷。安徽七种,十一卷。江西十二种,十二卷。福建八种,三十八卷。广东三十种,八十四卷。广西三种,十八卷。湖南十四种,六十五卷。

湖北七种，二十二卷。四川二十八种，三十卷。贵州一种，一卷。云南三种，六卷。吉林一种，一卷。黑龙江一种，一卷。河北十五种，四十卷。河南二十六种，七十八卷。山东三十二种，五十七卷。山西十二种，二十一卷。陕西十九种，二十四卷。甘肃一种，一卷。察哈尔一种，二卷。新疆一种，二卷。方志金石目共二百九十七种，六百八十卷。连前约一千二百种，六千七百卷。尚有丛书十二种，多与前列重复，故不另计。依时代分，梁二人，唐二人，宋二十二人，元三人，明三十人，清三百三十三人，民国一百五十人，共计九百四十二人。而清至现在，书与人约占清以前百分之九十，但据宣哲的《金石学著述考》（稿本）存佚共约二千二百余种。又依其《金石学人录》，除现在的人不计，及李遇孙的《金石学录》及补并陆心源的补已有亦不计外，共得一千四百七十二人，三家合计共得二千三百六十人。兹将宣哲先生所列的表于下：

书名及人数 时代	李遇孙《金石学录》	李遇孙《金石学录补》	陆心源《金石学录补》	宣哲《金石学人录》	合计
周	3			5	8
秦				1	1
汉	4	2		14	20
魏	3			6	9
吴				2	2
晋（附后赵及秦）	2	3	4	15	24
宋	1	1	3	1	6
齐			1	1	2
梁	3	1	1	10	15
陈			1		1
北魏	5			2	7
北齐	2				2

后周			1	1	2
隋	2	1		3	6
唐	11	1	4	31	47
五代(附杨吴及南唐)	1			3	4
宋	92	5	120	164	381
辽				2	2
金(附齐及西夏)	2	1	5	8	16
元	21	1	44	48	114
明	53	1	35	97	186
清	264	29	154	1058	1505
合计	469	46	373	1472	2360

依三家合计，清以前为八百五十五人，清代为一千五百零五人，若再加上民国以来一百五十人，是清至现在考古的人数占以前的三分之二以上，可知其考古之盛了。

二 考古书籍分类叙述

(一)金

考古学上所谓金石之金，并非金银之金，乃是铜字古写。

原始人类，在未发明金属以前，射箭的箭头，有用石做的(旧石器时代、新石器时代均有)，有用骨做的(新石器时代)。但这些箭头并不坚硬，待铜发明后，用铜为箭头，金字上的△即箭头，其下⊥为箭杆，其中〓为翎。箭射出去，只有前进而无后退，故晋字从二箭，金、晋同音为一来源。另一民族用鸟前飞而不后退为进，袭用晋音。及发明炼铜，以铜作乐器，击之发出ㄊㄥ声，有于旁注童音为钟，或注同音为铜。但铜字在晚周始有，故考古家用古写的铜字为金。

殷墟发掘，石器多于铜器，是殷代为石器的末期，铜器的初期。而铜器有鼎、爵、刀、矛、戈、瞿、斧、矢等。分析其铜器，体器含锡百分之十，刀含锡百分之十五，矢含锡百分之十七，句兵含锡百分之二十，余为黄铜，是含锡愈多其硬度愈大，在殷时已知合金之法。

铜器在殷为初期，在周为盛期，秦汉为衰期，六朝至今为末期（六朝以后铜器多为镜子及造像等）。铁在周秦为初期，汉至清末为盛期，现在则为衰期。但在铜器时代，为中国史上缺乏史料的时代，故历来考古家多注意于铜器。若铁器本身上少有文字，而且使用铁器浓盛之时，书籍甚广，不借铁器以补正史，故各家著录者少。铜器的种类，据《小校经阁金文》，其类如下：

乐器——钟、句鑃、錞于、铙、铃、磬、铜鼓等。

造饭器——鼎、鬲、甗、釜、鍪鍑等。

饮器及酒器——卣、罍、壶、尊、爵、觥、觚、觯、耑、角、斝、举、彝等。

盛饭器——敦、簠、簋、豆、盘、盆、铜、庐、盦等。

温器——鐎斗等。

盛调和器——盉等。

运汤饭器——匕、勺、梱等。

洗脸盆——匜、洗等。

唻盂——盂。

燃火器——灯、熏炉等。

镜子——鉴、镜等。

度量衡——权、量、尺、甬、钟等。

证器——符、印、买地券等。

兵器——戈、戟、句兵、矛、刀、瞿、剑、匕首、斧、钺、凿、削、镞、弩机等。

其他如带饰、门饰、车饰，以及农具、钱范、造象等。

专著录铜器之书，在梁有《鼎录》、《刀录》，宋有《考古图》、《续考古图》、《博古图录》、《啸堂集古录》、《历代钟鼎彝器款识法帖》、《钟鼎款识》、《绍兴内府古器评》。明有《古器具名》、《宣德鼎彝谱》。清至现在，则以《西清古鉴》四十卷、《宁寿鉴古》十六卷，《西清续鉴甲编》二十卷，清高宗敕编，以及曹载金的《怀米山房吉金图》一卷，刘喜海的《长安获古编》二卷，吴云的《两罍轩彝器图释》十二卷，吴大澂的《恒轩所见所藏吉金录》一卷及《愙斋集古录》二十六册，吴荣光的《筠清馆金文》五卷，徐同柏的《从古堂款识学》十六卷，孙诒让的《古籀拾遗》及《余论》各三卷，吴式芬的《攈古录金文》三卷，陆心源的《奇觚室吉金文述》二十卷，米善旂的《敬吾心室彝器款识》二册，陈介祺的《簠斋吉金录》八卷为重要。

民国以来，有罗振玉的《内府藏器著录表》二卷，《贞松堂吉金图录》三册，《古镜图录》三卷，《殷文存》二卷。罗福颐的《三代秦汉金文著录表》八卷，关百益的《新郑古器图录》二卷，刘节的《寿县所出楚器图释》一卷，容庚的《宝蕴楼彝器图录》一卷，《武英殿彝器图录》二册，《金文编》及《续编》各十四卷，商承祚的《十二家吉金图录》三册，郭沫若的《两周金文辞大系图录》二编，《殷周青铜器铭文研究》二册，《金文丛考》四册，王辰的《续殷文存》二卷，邹安的《周金文存》六卷，刘体智的《小校经阁金文》十八册，吴其昌的《金文氏族谱》等为重要。

(二)*石*

人类使用的工具，为石器、铜器、铁器、钢器各阶段。石器自唐至明视为神物(雷公斧，张凤云为药铲及刻陶纹的工具)，此种书籍仅有《甘肃考古纪》，《奉天锦西县沙锅屯洞穴层》，《西阴村史前遗存》《城子崖》等附带研究而已。此处之所谓石，既非石器，亦非石器时代巨石建筑物之石，乃是在石板上雕刻文字或花纹的碑、造象、石书、摩崖、墓志，并砚而已。

中国最古的碑，传为夏禹的岣嵝碑（宋嘉定五年何致于南岳祝融峰下发现），近人已考其伪。即使非伪。其字近于越人的鸟篆，或为苗民的文字而非禹物。次为周穆王的“吉日癸巳”，按此系后人依《穆天子传》以周穆王曾至其地，故目为周穆王物。但《穆天子传》系战国时中山人作，与穆王无干，故不可据。其次为石鼓，旧说为周宣王时物（亦有言周成王及六朝宇文周时物），近人考为秦襄公时物，但其字近大篆，与泰山刻石类似，宋郑樵以为系秦物为是。次为《诅楚文》，但恐非真物。再次则为秦始皇及其二世的颂功德刻石，今只存泰山上十个大字。西汉碑今存者不过十种，东汉以后则渐多。

记石刻最早之书为《管子》，言泰山封禅有七十二家，次为《吕氏春秋·安死》，言墓上立石，再次为《史记·秦本纪》，言武王伐纣，飞廉至霍泰山得石棺铭，以及《始皇本纪录》《琅琊》等石刻。魏晋学者已有据碑证史的，如张晏注《汉书·儒林传》，案碑知伏生名滕；晋灼注《汉书·地理志》，据碑知黎阳之取名，由于在黎水之阳。到了梁元帝著《碑英》一百二十卷，为著录石刻专书之始，惜其书已佚。后魏时刘芳对于《石经》，音义明辨，时人号“刘石经”。郦道元注《水经》，杨衒之著《洛阳伽蓝记》，魏收撰《魏书》，颜之推撰《家训》，均据碑为证。唐初魏徵曾收聚《石经》。及至石鼓发现，苏勖、韩愈为之记颂。到了宋代，则有《集古录目录》《舆地碑纪目》《宝刻类编》《宝刻丛编》，《隶释》《隶续》。元有《金石例》，并有《访碑使》，明有《金薤琳琅》《石墨镌华》《金石史墓铭举例》为要。

清代有孙星衍的《寰宇访碑录》十二卷，赵之谦补五卷，魏锡曾的《绩语堂碑录》，赵烈文的《石鼓文纂释》一卷，桂馥的《历代石经略》二卷，阮元的《华山碑考》四卷，王澍的《虚舟题跋》十卷，洪颐煊的《平津读碑记》八卷，王念孙的《汉隶拾遗》一卷，顾霭吉的《隶辨》八卷，邢澍的《金石文字辨异》十二卷，吴镐的《汉魏六朝志墓金石例》三卷，瞿中溶的《汉武梁祠画像考》六卷，叶昌炽的《语石》十卷。民国以来，方若的《校碑随笔》六卷，罗振玉的《六朝墓志菁英》二编，朱偰的《建康兰陵六朝陵墓图考》一册。

此外尚有玉，在新石器时代因其美观，已有琢磨为环及小铲的。到了铜器时代因沿用石之习，故以玉多用为殉葬及装饰之物，如圭、璧、琮、璜、琥等，少有文字而花纹尚为精致。此种著录，元朱德润有《古玉图》二卷，清则以吴大澂的《古玉图考》为精。

(三)陶瓷

原始人类用蚌壳作饮具，到了新石器时代，以笼筐上贴泥被烧硬后，可以盛水，于是发明陶器。因用筐席布作范，上印有筐纹席纹绳纹。有的磨光而刻花纹，有的于红底上用黑色或白色或深红色画各种花纹。到了铜器时代，这些陶器及其花纹均退步。此时陶器，均为器具，只房屋上的瓦，在甲骨文虽有高字如屋形，但在殷墟未发现瓦。山西汾城的晋文公都城遗址有瓦，瓦当为云头纹。燕下都的瓦上有贴上的花纹，瓦当有饕餮及兽的花纹，至秦汉的瓦当已有文字，多吉利语，如“长乐来央”、“长生无极”等。瓦上有麻布印纹，至六朝尚然。砖在燕都尚未发现，汉汾阴后土祠已有，但薄而大，上有花纹及“千秋万岁”字样，类似现在的瓷砖，专为装饰墙壁之用。不过在汉汾阴后土祠遗址中有砖坯(北方名为土基，现在尚用)发现，为砖的初形。南京栖霞山发掘，墓砖有“大泉五百”钱纹，是在三国时已有大形的砖。此外有一种宽过一尺，厚过五寸，长逾五尺的大砖，中空而面上有花纹，花纹有极细的，有人物鸟兽车马，名此为琴砖，以为弹琴的台架。时代在秦汉，产地于河南、陕西、山西为多。余在山西见有数十，询之，从墓中出，一墓有如此多，或非专为琴用。明建都南京及北京，由各地贡砖，砖上各地官吏监造字样，砖甚重大。而普通所用的砖，小于一倍或四分之一。

氏族社会俘人为奴，酋长死了杀奴为殉，以便奴随酋至阴府中为侍。至春秋时人道主义发生，乃舍人为殉，用陶人替代名俑。秦汉时俑小而皆陶质本色，六朝至唐，因北部落后民族移居中原，尚存迷信，故俑大而涂色。时有以昆仑以西之人为奴，名昆仑奴，俑仿其形，故有高鼻深目，西装革履，俨似欧洲人者。宋元以后俑渐少，而用纸糊成人马状，于殡时焚烧。此外有墓志，系记载及颂扬死者，富用石刻，已列入石类，而贫者用砖刻或砖写的，由六朝至明为多。

瓷与陶之分，在质与釉。金山奄城等处新石器遗址几何花纹陶器上已涂有薄釉，殷墟陶器已有薄釉。山西出土汉虎口衔环陶器上亦有薄釉，但已加入绿色。南京栖霞山吴墓中，掘得完整的瓷数件（现存南京古物保存所中），质白而坚，上有浅绿色釉，其坯上先刻有花纹后涂釉的。陈万里在杭州得的晋瓷亦精。厦门大学在厦门发掘唐贞观三年墓，得瓷器多种，质釉亦好。余姚出土的“太平戊寅”（北宋初年）瓷及杭州凤凰山的官窑瓷甚精，南京明故宫发掘出永乐瓷亦好，时亦有五彩瓷，绘画人物，书“长命富贵”字样。

著录陶器的书，在宋时瓦当已为著录。其专书自清始，其要者如严福基的《严氏古砖存》二册，吴廷康的《慕陶轩古砖图录》四册，陆心源的《千甓亭古砖图释》二十卷，程敦的《秦汉瓦当文字》二卷续一卷，王福田的《竹里瓦当文存》，刘鹗的《铁云藏陶》四册，宋经畲的《砖文考略》四卷。民国以来有邹安的《广仓专录》三集，罗振玉的《古明器图录》四卷，黄文弼的《高昌陶集》一册；陈志良、金祖同的《奄城金山访古记》一册。

瓷的著录，在明有袁宏道的《瓶史》一卷，周高起的《阳羡茗壶系》一卷，清至现在以米琰的《陶说》六卷，程哲的《窑器说》一卷，蓝浦的《景德陶录》十卷，寂园叟的《陶雅》二卷为重要。

（四）钱币

古代是以物易物，时陶器尚未发明，以贝壳为饮具，故以贝为交易物。迨陶器发明贝壳失其效用，但因习惯已久，故择贝中名贝子的，先穿其洞，断磨平其背以为货币。后用蚌或骨仿刻，用铜仿铸，而齿纹尚存。后用铜铸蚁鼻钱(《抱朴子》以蚁鼻义为小)。新石器时代以石铲为农具,后为交换物,铜铲用时亦然,后用铜仿铜铲铸成空首布,后变为方足布尖足布圆足布。殷人用铜铸之刀名削,用以刻甲骨,周人用以刮削木简,秦汉时名为刀笔,士人用以交换,齐赵等地铸为货币名为刀。新石器时代已发明纺织,用石或陶为纺织轮,后用铜为之,妇女以之交换,名为环钱,因内外皆圆。至战国时,因环钱易转,互为摩擦,减轻其量,故为孔方,塞以木柱,以一百或五十为一铤。

这些古币,币面先铸铸地的地名,如“晋阳”,后加法定价值,如“安邑化一金”,即值一金。至秦统一乃废刀布蚁鼻而用环钱(王莽虽曾复用,但不久又废),只铸法定价值,名为“半两”,汉至隋多用“五铢”,六朝时已用纪年,唐以后为盛,宋以后每代必铸钱。清末则有无孔的当十铜元。

金在战国时已为货币,约为圆饼,上盖有印,如“郢爰”之类。爰同选,而选同万,是一爰等于一万,而梁正币当爰与安邑货一金,均当一金之用,因铸有地名,尚可作兑现(金)之用。以至蚁鼻钱上铸有“十化”字,当作十金,则为法币了。汉以后称为金饼,唐以后使用渐少。银在汉已为货币,后称银饼,元时铸成大块名为锭,后名为元宝。明清以银为本位,铜钱为辅币。清康熙及乾隆征服新疆,因其地已与欧人通商,铸成重一两如大洋形之货币,上有回汉二种文字。道光时各地行墨西哥大洋,因铸七钱二分之银币,并铸两角之银辅币。去年实行法币,现银归为国有,辅币有用镍铸二角、一角、五分,铜铸一分、半分的。此外则有用铁或铅铸钱的,但为数不多。

软币在周至西汉用皮币,东汉用布币,唐宋用纸币,元金明几舍铜钱而全用纸币,清除顺治及咸丰外,未发行纸币,但各处商人仍发行其兑换券。清末设立银行,乃发行纸币,去年实行法币,则纸币通行。

关于研究货币之书，梁有顾烜《钱谱》一卷，唐有封演《续钱谱》六卷。今存者为宋洪遵的《泉志》十五卷，明有《钱通》三十二卷，清则以金嘉采的《泉志校误》四卷，朱枫的《吉金待问录》四卷，初尚龄的《吉金所见录》十六卷，倪模的《古今钱略》三十四卷，戴熙的《古泉丛话》三卷，马昂的《货币文字考》四卷，唐与崑的《制钱通考》四卷，李佐贤的《古泉汇》及续补九十六卷，《续泉说》一卷，鲍康的《大钱图录》一卷，《观古阁泉说》一卷。民国以来，以方若的《药雨古化杂咏》二册，宗惟恭的《癖泉室所藏泉币书目》一卷，罗振玉的《四朝钞币图录》一卷，张家骧的《中华币制史》一册为重要。研究中国附近各民族的钱，《史记》《汉书》已言西域的钱为铸王面。《泉志》等已附录各外国品，只清陈其镳译述英文本而为《蒙古西域诸国钱谱》四卷，而西北科学考察团在新疆得西域古钱甚多，但未公布。

中国现藏古钱最富的，北方为方若，南方为张乃骥。本年(1936年)二月上海有古泉学会的成立，以丁福保、张乃骥为正副会长，吴稚晖、叶玉甫、卫聚贤等为评议，有《古泉学》刊物出版，现出至第四期。

(五)印玺

氏族社会是团体的举动，到了封建社会，因将一部分封于边地，彼此之间遣使往来，执符节以为信。但彼此有秘密事件而不能面议时，用书信往还，中途恐有泄漏，乃将木简捆在一起，于结绳处，用含胶质的泥封住，泥上由封者签名，轻轻以火使硬(如现在的火漆)。但签名者的字迹此次与彼次的大小不能相同，受者常有所疑，封者乃将签字刻为印章，盖在泥封上，使每次签名的字迹相同，彼此为信。迨纸发明，公文信件可用纸的封套，封口用朱泥盖印，公文之公布亦盖印章以取信(六朝至隋唐舍泥封而用蜡封。公文用印，金大定二年已有)。是印章在未有纸以前为封泥用，有纸以后泥封废而印章用途遂广。今者重在签字，将来恐多用指纹。印质有铜有石有玉有木的不同。

印的著录，据罗福颐的《印谱考》，列宋人如《宣和印谱》等四种，元人如《印史》等七种，明人如《集古印谱》等二十一种。清除由政府敕撰的《金薤留珍》二十五册，毓庆宫藏《汉铜印谱》一册外，私人著作在顺治时一种，康熙时二种，乾隆时十五种，嘉庆时十九种，道光时十六种，咸丰时一种，同治时六种，光绪时十八种，宣统时三十四种，清共一百一十二种，依《金石书目录》民国二十五种，共一百六十九种。

其重要的著作，如明《集古印谱》六卷，清以程从龙的《程荔江印谱》二册，陈介祺的《十钟山房印举》十二册，吴式芬的《双虞壶斋印存》八卷，吴大澂的《十六金符斋印存》三十册，高庆龄的《齐鲁古印攈》及续五卷，郭裕之的续十六卷，瞿中溶的《集古官印考》十七卷，桂馥的《缪篆分韵》及补十卷。民国以陈宝琛的《澄秋馆藏印》十册，陈汉第的《伏庐藏印》十二卷，续十册，附印椠二册。罗振玉的《贞松堂唐宋以来官印集存》一卷，《西夏官印集存》一卷，罗福颐的《印谱考》四卷。

泥封在清以吴式芬的《封泥考略》十卷，民国周明泰有续十卷，罗振玉有《齐鲁封泥集存》一卷，陈宝琛有《澄秋馆藏古封泥》五册。

(六)木简及绢纸

古人写字，除占卜因神秘的关系写刻在龟甲兽骨，因流传久远而铸刻在铜石外，大半写在木简上，在殷时已然。后因文字冗繁，长篇大著则写在绢上。迨纸发明，将贵重的绢、笨重的简弃而不用，但边地因造纸不易，至六朝时尚有沿用的。

木简的发现，第一次为晋太康二年(公元280年)在汲郡魏襄王墓中，发现木简书多种，如《穆天子传》《纪年》等，见于《晋书》《束皙传》《荀勗传》《卫恒传》《王接传》等。第二次亦于晋时在嵩山下发现汉明帝时木简一枚，见于《文选》任昉《荐士表注》。第三次于齐建元元年，在襄阳楚王墓中得木简，见于《齐书·文惠太子传》。第四次于宋政和中在陕西发现汉永初二年木简，见于《东观余论》《困学纪闻》。

清光绪三十四年，英人斯坦因(M.Aural Stein)在新疆甘肃得木简数百枚，罗振玉据以印为《流沙坠简》四卷，法人在新疆所得，张凤据以印为《汉晋西陲木简汇编》二编。敦煌石室中，多魏晋至唐用绢及纸写绘的书三万余卷，惜多被外人所有！而西北科学考察团在新疆得木简及绢纸甚多，但至今尚未印出！

字画的著录，宋有《宣和书画谱》，清有康熙时敕撰的《佩文斋书画谱》一百卷，卞永誉的《式古堂书画考》六十卷，方濬颐的《梦园书画录》二十四卷，现在以余绍宋的《书画书目解题》六卷为重要。

除纸绢而外，尚六朝至唐宋的壁画，新疆、甘肃、山西古庙中多有。

有金石等杂有的重要著作，不列于上列各类，如宋的《金石录》、《金石略》《集古录跋尾》《东观余论》《广川书跋》。清以吴式芬的《攈古录》二十卷，缪荃孙的《艺风堂金石文字目》十八卷，翁方纲的《两汉金石记》二十二卷，王昶的《金石萃编》一百六卷，陆耀遹的《金石续编》二十一卷，陆增祥的《八琼室金石补正》等一百三十九卷，顾炎武的《金石文字记》六卷，清潘耒的《金石文字记补遗》一卷，朱彝尊的《曝书亭金石文字跋尾》六卷，武亿的《金石跋》二十四卷，钱大昕的《潜研堂金石文跋尾》及续二十八卷，严可均的《铁桥金石跋》四卷，张廷济的《清仪阁金石题识》四卷，吴大澂的《说文古籀补》十五卷，郑业学的《独笑斋金石文考》十三卷。

以地域分类的，清则严观的《江宁金石待访目》二卷，程祖庆的《吴郡金石目》一卷，孙星衍的《京畿金石考》二卷，杨铎的《中州金石目录》八卷，段松苓的《山左碑目》四卷、《益都金石记》六卷，法伟堂的《山左访碑录》十三卷，夏宝晋的《山右金石录》二卷，胡聘之的《山右石刻丛编》四十卷，阮元的《两浙金石志》十八卷，杜春山的《越中金石记》十二卷，黄瑞的《台州金石录》等二十二卷，戴咸弼的《东瓯金石志》十二卷，李遇孙的《括仓金石志》十六卷，邹柏森补四卷，赵绍祖的《安徽金石略》十卷，冯登府的《闽中金石志》十四卷，翁方纲的《粤东金石略》等十二卷，谢启昆的《粤西金石略》十五卷，陈诗的《湖北金石存佚考》二十二卷，沈涛的《常山贞石志》二十四卷，毕沅的《中州金石记》五卷、《山左金石志》二十四卷，武亿的《安阳县金石录》十二卷、《偃师金石遗文补录》十六卷，熊象阶的《濬县金石录》二卷，冯云鹓 的《济南金石志》四卷，徐宗幹的《济州金石志》八卷，毛凤枝的《关中金石文字存逸考》十二卷，段嘉谟的《金石一隅录》一卷，王森文的《石门碑醳》一卷，蒋光煦补一卷，李文田的《和林金石录》一卷，刘喜海的《海东金石苑》八卷。民国则以叶昌炽的《邠州石室录》三卷，罗振玉的《昭陵碑录》四卷，关百益的《河南金石志图》第一集一册，顾燮光的《河朔新碑目》三卷为重要。

第五章
余论:考古的厄运与幸运

古物的厄运,分为毁坏与伪造:

一 毁坏

古物的毁坏,在春秋时已然。鲁季武子毁他人之器而自铸器:

季武子以所得于齐之兵,作林钟,而铭鲁功焉。(《左传·襄公十九年》)

季武子……入郓,取其钟以为公盘。(《左传·襄公十二年》)

战国时掘墓与焚书:

宋未亡而东冢扣(掘),齐未亡而庄公冢扣。(《吕氏春秋·安死》)

诸侯恶其害己也,而皆取其籍。(《孟子·万章下》)

秦始皇的销器与焚书:

收天下之兵,聚之咸阳,销以为钟鐻,金人十二,重各千石……非《秦纪》皆烧之,非博士官所职,天下敢有藏诗书百家语者,悉诣守尉杂烧之。(《史记·始皇本纪》)

王莽多毁汉碑:

宋尤袤谓“西汉石刻文，自昔好古之士，固尝博采，竟不之见，闻新莽恶称汉德，凡有石刻，皆令仆而磨之，仍严其禁”。（《砚北杂记》）

董卓的毁物与掘墓：

更铸小钱，悉取洛阳及长安铜人钟虡飞廉铜马之属，以充铸焉……又使吕布发诸陵及公卿已下冢墓，收其珍宝。（《后汉书·董卓传》）

卓发洛阳诸陵及大臣冢墓，坏洛阳城中钟虡以为钱。（《后汉书》）

焚烧洛阳宫室，悉发掘陵墓，取宝物……悉椎破铜人钟虡，及坏五铢钱，更铸为小钱。（《三国志·魏志·董卓传》）

吴时有掘墓以取物的：

吴景帝时戍将于江陵掘冢取版治城，后发一大冢，内有阁石扇，皆枢转开闭，四周徼道通车，且广高可乘马，又铸铜为人数十枚，长五尺，皆大冠衣，执剑列侍，灵坐皆刻，铜人，背后石壁言“殿中将”，或言“侍郎”，似王公冢也。破其棺，棺中有人鬓毛斑白鲜明，面体如生人。棺中有云母厚尺许，白玉璧三十双，以藉尸，兵人举出死人，以倚冢壁，一玉，长一尺，形似冬瓜，从死人怀中出堕地。两耳及鼻孔中，皆有黄金，大如枣许，此等有假物而不朽之效也。（《御览》五五八引《抱朴子》逸文）

晋时且知盗古物的方法：

以杂巨滕为烛，夜遍照地下，有金玉宝藏，则光变青而下垂。以插掘之可得也。（《抱朴子·内篇·仙药》）

隋文帝销毁古器：

以平陈所得古器，多为妖变，悉命毁之。（《隋书·高祖纪下》）

唐黄巢之乱，金石多毁：

咸宁为隋唐以来都会所在，吉金乐石之富甲于天下，更黄巢之乱，多所残毁。（《咸宁金石志》）

五代时后周销毁铜器：

周显德二年九月一日，敕除朝廷法物、军器、官物及镜并寺观内钟磬、钹、相轮、大珠、铃铎外，应两京诸送州府铜器物诸色，限五十日内并须毁废送官。（《五代会要》）

南唐后主焚毁文籍：

城中图籍万卷，尤多钟王墨迹……及城陷，文籍尽炀。（《南唐书》卷五）

宋徽宗时重价收买古物，使毁坏及盗发：

政和三年……安仁寺仙人山（有篆文），寺僧惮墨蜡之费，燎断而瘗之。（《游宦纪闻》）

宣和间内府尚古器……好事者复争寻求，不较重价，一器有值千缗者。（《游宦纪闻》云："砚……史君以百五十缗购得之。"）利之所趋，人竞搜剔山泽，发掘冢墓，无所不至。（《石林避暑录话》）

姜遵毁碑代砖：

宋姜遵知永兴军，太后诏营浮图，遵毁汉唐以来碑碣代砖甓，躬督成之。（《隆平集·枢密列传》）

人民苦应差而毁石：

宋王溥荐何拱为凤翔师。拱思所以报之,问溥所欲,溥曰:"长安故都,多前贤碑版,原悉得见之。"拱至,分遣使督匠摹打,凡得石本三千余以献溥,当拱访求石碑,成蹊害稼,村民深以为害,多镵凿其文字,或镌凿击折,为柱础帛砧。(《杨文公谈苑》)

南宋高宗销古物以铸钱:

敛民间铜器……至为发塚墓……出御府铜器千五百事付泉司。(《宋史·食货志》)

金人亦销毁古物:

靖康北徙,器亦并迁。金汴季年,钟鼎为祟,宫殿之玩,毁弃无余。(元冯子振序杨钩《增广钟鼎篆韵》)

海陵正隆三年,诏毁平辽宋所得古器。(《大金国志》)

元毁碑造塔:

元时西僧杨琏真珈,欲取宋高宗所书经石垒塔,赖申屠致远力争始止。然其他碑碣,为僧徒所毁者已不少矣。(《蠖斋闲话》)

明以碑铺路:

明太祖定鼎南都,取碑版治三山街官路,舍三段碑外,南朝遗刻,遂罕有存者。吴兴守某,以署后卑湿,取墨妙亭碑刻,尽填入污泥中,与此同一煞风景也。(《月池精舍日札》)

明思宗毁古物以铸钱:

上又将内库历朝诸铜器尽发宝源局铸钱。内有三代及宣德年间物，制造精巧绝伦，商人不忍旧器毁弃，每称千斤，愿纳铜二千斤。监督主事某不可，谓古器虽毁弃可惜，我何敢私为轻重。商人谓，宣铜下炉尚存其质，三代间物则质清轻之极，下炉后惟有青烟一缕尔，此则谁认其咎。监督谓，圣情猜疑甚重，若如公言，必增圣疑。如三代物不便下炉，则有监督内官公同验视，罪不在我。（《烈皇小识》卷六）

清至现在，毁坏古物，时有所闻，约分三类言之：

（甲）边疆古物被劫

边疆古物之被劫去，如敦煌石室之古物，经甘肃省政府封闭后，斯坦因（M·Aural Stein）于光绪三十二年到新疆，因闻敦煌发现古物，乃于次年五月二十一日至千佛洞，与该寺主持王道士勾结，以写本装了二十四箱，艺术品装了五箱，运到印度和英国去。第三次又到敦煌运去了写经五百七十卷。法人伯希和（Paul Pelliot）亦到敦煌运去写本六七千卷。

新疆、蒙古的古物，德人格路维德（Albert Grumwedel）于光绪二十八年至三十三年二次共得四十六箱古物，勒可克（Albert von lecoq）于光绪三十年至民国三年（1914年）共得三百九十七箱古物，俄人柯智录夫（Captain P.K.Kozlof，鄂登堡（S.Oidenburg）于光绪三十三年至民国十四年（1925年）在张掖诸颜山吐鲁番等处，掘去古物不少。美人安竹斯（Hapman Andrews）在蒙古搜集化石，共计六次，第六次为八十余箱，至张家口被扣留。此外如日人小牧实繁在张家口，驹井和爱于山东均发掘古物而去。详见我的《中国考古小史》。

（乙）各地有组织的盗掘

盗掘古物各时各地均有，但为法律所禁，不敢公开举动。到了民国十年（公元1921年）左右，古物因中外人之购买，价值最昂，盗发者愈多。民国十六年（公元1917年）革命军兴，洛阳为九朝建都之地，古物甚多，于是地痞呈请地方当局，设立古物征税机关，凡掘出古物,售出时许得纳税,于是成为公开的发掘。由数人组织公司,或单独一人出资,雇用工人若干名,用铁铲曲为多半圆洞形,置长木柄,在地上隔五尺凿一洞,因持铲凿地,土攒入铲中,用手将土取出,看土为活土死土。所谓死土即天然的地层,活土是地层混乱,地层混乱由于曾掘地埋人,将土翻过所致。遇见活土,凿能容身的大洞而下,十九必得古物。地主亦为股份之一,故各地不种农产物,专为从事发掘。每一处发掘,有数十百人,卖小食的亦随之而至,俨然如边地的集会。余于民国十七年(公元1928 年)大学院派余接受北平文化学术机关,事毕返晋,路过洛阳,目睹其事,返京始设法禁止其事。

洛阳既禁,寿州又起。于民国二十二年(公元 1933 年)春间,寿县朱家集李三孤堆,土人鸠工六十余人,掘地深五六丈,长约二丈,发现楚藏物库,见四周皆架以大木,木料坚致,排列数层,约有七八间房之大,其中铜器有鼎盘之属,玉器有圭璧之类。鼎有重七百余斤者,鼎盖刻有文字,花纹极精细。总计出共八百余件,安徽省政府仅收到少数,大部人于估人之手而散佚。

河南的安阳,陕西的宝鸡,以及山西至现在亦有同样的事在那里做着。民国十七年(公元 1928 年)孙殿英军队盗发清之东陵,民国二十年(公元 1931 年)又在山西长子县公然发掘春秋时潞国都城,得到不少古物。民国二十年石友三部在河南汲县亦掘取古物甚多。

学术团体不忠实的发掘,发掘出未陈列无报告,亦为考古上之损失。

(丙)监守自盗

清光绪二十六年(1900 年)庚子之役,八国联军入北京,焚圆明园,失去古物及《永乐大典》等,而宫内古物亦失去不少。迨至民国十五年(1926 年)故宫博物院由警察驻内守卫,其古物已有被盗。自民国十八年(1929 年)易培基为院长,乘二十二年(1933 年)华北紧急古物南运之际,盗去古物甚多。于二十三年(1934 年)十月由最高法院检举,交江宁地方法院侦察,于十月十三日起诉,其起诉书于二十三年(1934 年)十一月四、五两日登载于上海《新闻报》,以易培基、李宗侗、陈侑、萧瑜、崔燮邦、晏远怀、秦汉功、董琳、张浙稽九人为被告,其起诉书云:"陆续将保管之珠宝部分,盗取珍珠一千三百一十九粒,宝石五百二十六颗,以假珠调换珍珠者九千六百零六颗,以假宝石调换真宝石者三千二百五十一颗。其余原件内拆去珠宝配件者计一千四百九十六处。此外尚有将缉米珠流苏及翠花嵌珠宝手镯等类整件盗取者,为数甚巨。"于十一月二十九日开审时仅告发人尹起文到案,被告等均离职逃避,至今尚未结束。

二 伪造

考古为证实历史的真确性,但古物少考古多,考古者以不得目睹古物为憾,应有仿古的古物以补其缺。仿古之作,隋时何稠已精为之。唐天宝及南唐后主、宋宣和时均为之,(《格古要论补》卷六云:"唐天宝间至南唐后主时,于句容县置官场以铸之,故其上多有监官花押……宋句容县及台州铸者,多是小雷纹花。"王字多用为帝字。)明宣德时亦为仿造,(《宣德鼎彝谱》云:"宣德三年……上谕……可照博古考古诸书,并内库所藏汝官哥均定等窑,器皿款式典雅者,照式铸来……共计三千三百六十五件。")现在中央研究院陶瓷研究所亦可仿造宋瓷。不过有的以仿的误认为真,有的去仿而冒充真,(《宣炉汇释》云:"款曰:'大清巴格仿宣'……俗贾不知宝贵,冀以射明仿,乃将款中清字凿去。")怕的是向壁虚造,影响文化不少。

古物的伪造,春秋时已见其端倪:

齐攻鲁求岑鼎,鲁君载他鼎以往。齐侯弗信而反之,为非。使人告鲁侯曰:"柳下季以为是,请因受之。"鲁君请于柳下季,柳下季答曰:"君之赂以欲岑鼎也,以免国也;臣亦有国于此,破臣之国以免君之国,此臣所以难也。"于是鲁君乃以其岑鼎往也。(《吕氏春秋·审己》)

汉时新垣平伪造古鼎埋藏汾阴：

方士新垣平告汉文帝说："周鼎亡在泗水中，今河溢通泗，臣望东北汾阴直有金宝气，意周鼎其出乎？兆见不迎则不至。"汉文帝听其说，"于是使使治庙汾阴，南临河，欲祠出周鼎"。（《史记·封禅书》）至汉武帝元鼎元年"得鼎汾水上"，乃改元为"元鼎"。（《汉书·郊祀志》）

这明明新垣平的伪造，第一，周鼎是否亡在泗水中，不得而知；即使亡于泗水中，河溢通泗，但泗水距汾阴千余里，鼎乃重物，何能逆流而上？第二，即使汾阴有他鼎（汾城县有晋文公都城，因地震迁于曲沃，古物埋入地中，大水冲于汾水中，沿汾而下，至汾水入黄河处荣河县，陷入沙中，故荣河常出钟鼎），他何以能望见？第三于元鼎四年六月于汾阴后土祠旁得鼎，何以"天子使使验……得鼎无奸诈"（《史记·封禅书》）。这明是于元鼎元年得鼎被欺，第二次就不得不小心翼翼了。据此可知新垣平之伪造古物，目的在欺骗当局以取信。

唐时有伪铁盎：

《阙史》言，裴休"有亲表宰曲阜，耕人垦田得古铁盎，隐隐有古篆九字，带盎之腰。曲阜令不能辨。兖州有书生姓鲁，善八分书，召致于邑，出盎示之。曰：'此大篆也，非今之所行者，惟某颇尝学之，是九字曰：齐桓公会于葵邱岁铸。'令大奇其说，及以篆验，则字势存焉，乃辇致于休。休以为《麟经》（《春秋》）时物，得以为古矣，京辇亦声为至宝。休得士之后，生徒有以盎宝为请者。一日设食会门生，器出于庭，则杂立环观，造词以赞。独蜕（刘蜕系唐咸通时中书舍人）以为非当时之物，乃近世矫作也。休不悦，曰：'果有说乎？'蜕曰：'某幼专丘明（《左传》）之书，齐侯小白谥曰桓公，九合诸侯，取威定霸，葵邱之会是第八盟。又按《礼经》，诸侯五月而葬同盟至，既葬而后反虞，既虞然后卒哭，卒哭然后定谥。则葵邱之会，实在生前，不得以谥称之，此乃近世矫作也。'休恍然始悟，立命击碎，然后举爵尽欢而罢"。

按以“会于某某之岁作某”，《左传》本有其例，生前称谥，亦有先例，其物似不伪。但春秋初年为铜器的盛期，铁器的萌芽期，而即以铁铸盉，并有铭文九字，其物不古可知。

宋代伪物甚多，好古者多具鉴别之力：

今士大夫间论古器，以极薄为真。（《游宦纪闻》）

石刻亦有伪造者：

石鼓……五代之乱……而亡其一，并有伪为一鼓者。皇祐四年向传师搜访民间足之，盖至是真鼓始复。（《金石学杂》卷二司马池条）

元代造伪者为姜娘子与王吉：

元杭州姜娘子，平江路王吉，铸铜器皆得名，花纹却粗。姜铸胜于王吉，俱不甚值钱。（《格古要论》卷六《新铜器》）

明人伪造铜器的方法是：

用酽醋调硇砂末匀傅新铜器上，候成蜡茶色或漆色或绿色，入水浸后，用糯稻草烧烟薰之，以新布擦光，棕刷刷之，伪朱砂斑，以漆调朱为之。（《格古要论》卷六《伪古铜》）

伪造者则分南北派：

施家，万历天启间人，与学道（嘉靖时人）皆称北铸……蔡家，苏州人，称苏铸，与甘文堂同时（甘文堂金陵人，万历末年以鼓铸名，称南铸）。（《宣炉汇释》）

明末国初间，有周文富汤子祥二家……亦称好手。（秦东田《宣炉说》）

清代于乾嘉后，伪造者日多：

自乾隆后……苏州伪造起，花样翻新，多无所本……继打磨厂者，更有东大市（俱在北平）……（《宣炉汇释》）

时有黄仲则巴慰祖，善造翁覃溪字迹。而同光时陈簠斋收养精于伪造者，如胥芰泉、田雨帆、王西泉及何昆玉、何瑗玉兄弟于其门，毛公鼎即出其手。又如山东潍县伪造能手甚多。

近日作伪的，山东潍县有范寿轩屏书堂、赵允中、王荩臣、李玉彬、李玉堂、胡延贞、潘承霖、王海、李懋修，济南有胡麻子、胡世昌，陕西有苏亿年、苏兆年及凤眼张，苏州有顾湘舟等（见商承祚《古代彝器伪字研究》——《金陵学报》第三卷二期）。

近南京经古舍古玩店主张熙园，竟敢伪造“谓山窑”碑，呈请中央古物保管委员会得奖金六十元。后被人在报端揭发其伪，遂于四月六日令公安局第三局将张熙园捕获，送于法院。江宁地方法院于四月八日开庭审理，以古物保管委员会亦失于检点，乃宣告张熙园无罪。

古物既然伪造，而不古之物也有伪造者。太平天国起于广西，广西省政府于前年搜集太平天国史料，杭州古玩商人乘此，伪造大批太平天国铜钱以售。

考古的大厄运有二，为毁坏与伪造，上文已言之。尚有小厄运二，一为考古团体不能将考古材料及时公开，二为考古的书籍售价太贵。不过时贤尚在，希望过而能改，故存而不论。

考古的幸运有二，一为新材料时出，一为考古机关与博物馆之设立。

三 新材料时出

兹依时代列下：

《古物保存法》将古生物包括在内。我国注意古生物，在宋代已有，如《朱子语录》云："尝见高山有螺蚌壳，或生石中，此石即旧日之土，螺即水中之物，下者却变而为高，柔者却变而为刚。"清末以来外人在中国境内采集化石不少。民国三年(1914年)北平地质调查所成立，中国地质学家始有采集及研究之机，但当时对于发现的古生物多运至美国请外人鉴定。至民国十二年(1923年)始出版《中国古生物杂志》，分为四种，甲种为植物化石，乙种为无脊椎动物化石，丙种为脊椎动物化石，丁种为人类遗迹，今已出版数十册。其物先存于北平，现陈列于南京。

纯属于人类考古学的如下：

(一)始石器

始石器时代即猿人的采拾经济时代，世界发现最古为爪哇猿人，而中国于民国十一年(1922年)在北平房山县周口店发现"中国猿人"(Sinanthropus Pekinensis)，所用的石器系一部打尖的始石器，有椭圆形、菱形、肾形、长刀形、正方形、三角形、梯形，并有鹿角的骨锥，兽骨上有用石刀刮削的痕迹，有木炭及被烧过的骨，可知其时人类已会用火。并有犀牛、灵猫等化石，距今约四十万年，有《中国猿人化石之发现》等书。

(二)旧石器

天津博物馆馆长桑志华神父(Pere Licent)与巴黎自然历史博物馆德日进神父(Pere Teilhard de Chardin)于民国十二年(1923年)黄河河套鄂尔多斯附近，以及甘肃庆阳并宁夏榆林一带发现全打置的旧石器，并有火烧过的兽骨堆积在一处。

(三)新石器

新石器时代遗址，发现甚多：

(甲)仰韶

河南渑池县仰韶村及其附近，新石器时代遗址分布甚广，地质调查所于民国十年（1921年)前往发掘，得有石斧、石锛、石凿、石刀、石镞，骨锥、骨针、骨镞、贝镞，彩陶有红底的黑花、白花、深红花，粗陶有鼎、鬲之类。出版书有《中华远古之文化》及《河南石器时代之着色陶器》。

(乙)沙锅屯

辽宁锦西县沙锅屯山沟洞穴中有新石器时代遗址，地质调查所于民国十年(1921年)发掘，得有石斧、石镞、石环，骨针、骨锥、骨镞，彩陶亦有，粗陶有鬲、碗、盆、罐等，并有人骨及兽骨。出版书有《奉天锦西县沙锅屯洞穴层》。

(丙)西阴村

山西夏县西阴村，清华大学研究院于民国十五年(1926年)发掘，得有石斧、石刀、石镞、石纺织轮，骨镞、骨针、骨锥、骨簪，彩陶有红白二种，粗陶有陶纺织轮等，并有蚕茧发现。出版书有《西阴村史前遗存》。

(丁)荆村

山西万泉县荆村附近，沿涧沟两岸，南北长二十余里，东西宽约五里，均有遗址，北平师范大学研究院与山西图书馆合作，于民国二十年(1931年)四月发掘，余为师大代表。得有石斧、石刀、石镬、石锛、石凿、石铲、石镞、石环、石球，骨锥、骨针、骨簪、骨镞、贝镞，彩陶有黑、白、红三种，粗陶有鼎、鬲、甗、尊、灯、杯、洗、瓮、纺织轮等。

(戊)甘肃

甘肃贵德县、导河县、宁定县、镇番县及青海的沿岸，均有新石器遗址，地质调查所于民国十二年(1923年)至十三年(1924年)，因仰韶彩陶花纹，有与亚诺(Anau)脱里波留(Tripolje)花纹相同。欲求其交通之路，故往甘肃调查及试掘，所得石器不多，而彩陶绘为螺旋纹，有犬、羊、人、鸟、龙像形的花纹。出版书有《甘肃考古纪》。

(己)江浙

南京古物保存所于民国十九年(1930年)在栖霞山附近发掘三

国至六朝墓，时余主古物保存所事，在墓前遇到新石器时代遗址，得有石斧数件，几何形花纹数十块；民国二十四年(1935 年)在常州的奄城，金山的戚家墩，发现同样的几何形花纹陶器，又在苏州平湖绍兴均有发现。石器有杭州的古荡、湖州的钱山漾以及杭县第二区，均有大批石器发现，种类有石斧、石锛、石钺、石戈、石刀、石矛、石镞等。出版书有《奄城金山访古纪》，及吴越史地研究会与西湖博物馆合编的《杭州古荡新石器时代遗址之试探报告》。

(四)殷墟

殷人尚迷信，求卜于龟甲兽骨，卜后而弃，武王伐纣，殷都废为荒墟，甲骨埋藏其中，在今河南安阳小屯村附近。清光绪二十四年土人以为龙骨出售，王懿荣得之。王死归刘鹗。鹗号铁云，于光绪二十八年有《铁云藏龟》出版。罗振玉等因之有《殷墟书契》前编后编续编，以及《殷契佚存》等十余种，于是有孙诒让、王静安、罗振玉、叶玉森、郭沫若、商承祚、董作宾、金祖同等之研究。中央研究院自民国十七年(1928 年)多行发掘，至今未止，得有石器、铜器、陶器甚多，而甲骨近得有堆积成丘的，由破片之甲可拼合成整的不下百余。出版有《安阳发掘报告》四册。

(五)周汉至唐宋

(甲)城子崖

山东历城县城子崖有春秋时谭国遗址，中央研究院于民国十九年(1930 年)至二十年(1931 年)发掘，得有陶豆、陶鬲，一陶片内有刻字，文为“齐人获六鱼一小龟”。并有铜镞等。谭城之下有新石器末期之遗址，得有石斧、石锛、石刀、石镞，骨锥、骨针、骨簪，彩陶不多而黑陶甚广。出版书有《城子崖》。

(乙)燕都

河北易县练台村为战国时燕下都地。民国十九年 (1930 年)燕下都考古团去发掘，得有铜刀及货币的安阳布，铁斤铁叉，陶器有尊豆罐,豆有文字,而房屋上的扁瓦筒瓦均甚大,相当于现在故宫宫殿上之琉璃瓦。瓦上贴有几何形雷纹的花纹,瓦当有饕餮鸟兽及龙的花纹,并有炮弹状的瓦棺。

(丙)汾阴后土祠

山西万泉县古为汾阴,有汉文帝时所立后土祠,在柏林庙下西林村岩子圪塔。民国十九年(1930 年) 余代表北平女师大与山西图书馆合掘,得有铜五铢钱、铁刀、铁钉、骨镞,陶壶、陶釜、陶温器,有“千秋万岁”砖、“宫宜子孙”、“长生无极”、“长乐未央”的瓦当。

(丁)宁甘新

宁夏、甘肃、新疆因气候干燥,古物不易毁坏,外人在其地发掘甚多,民国十六年(1927 年)至二十二年(1933 年)有西北科学考察团与瑞典合作,沿途所得古物甚多,如木简、木牍。木简有黄龙、元延诸年号,并有梵文、龟兹文、畏兀儿文、蒙古文、土耳其文、西藏文等,画壁塑像,漆物,绢纸等。时代虽自石器时代至元明,但以汉晋六朝为多。

(戊)斗鸡台

陕西宝鸡县的斗鸡台,为周秦民族的发祥地。北平研究院于民国二十三年(1934 年)至二十四年(1935 年)发掘,得有石器时代之石器、陶器,并铜鼎、铜戈、铜镞、铜镜、铁剑,以及汉漆器与砖、泉水地、隋唐墓志。并在长安民政厅前院,掘得宋刻《唐宫图》。

(己)栖霞山

南京为三国六朝明之都城,栖霞山附近古墓甚多。余主南京古物保存所,于民国十九年(1930 年)共发掘三个墓。墓系砖砌成,形如无轮之汽车。砖上花纹甚多,有“大泉五百”钱纹,知系三国时吴墓。得有铜锅、铜钉、铁钉,瓷洗、瓷盂、瓷杯,陶质的俑如豕羊磨箕的冥器。

(庚)晋冢

广东广州市西郊大刀山下有晋墓,民国二十年(1931 年)黄花考古学院去发掘,得有铜镜、五铢钱、弩机、瓷洗、瓷盂、四耳瓿、破布、腐木，墓砖有“大宁二年岁甲申宜子孙”及“大宁二年甲申八月一日造”字样，知为晋代物。

(辛)唐墓

福建晋江(即泉州)中山公园北有唐墓。厦门大学文化陈列所，于民国二十五年(1936年)发掘唐墓四座，用砖砌成，得五铢钱及铜簪，陶瓷物有灶、溺器、杯、杯座、壶、碗、烛台，瓷有碧釉，墓砖有花纹，并有“贞观三年闰十二月二十五日葬”字样。

(壬)宋巨鹿城

河北巨鹿县于宋大观二年时被大水淹没的巨鹿城，北平历史博物馆于民国十年(1921年)发掘，得有木桌、木椅及木算珠、木梳、木梁、木门扇，有“长命富贵”铜镜，“崇宁重宝”铜钱，有瓷碟、瓷盏、瓷枕，枕上画有黑色草草人物，并有黑瓷及绿瓷白瓷。

(癸)明故宫

南京明故宫侯家塘于民国十八年(1929年)天旱时，池中露出砖木。时余主南京古物保存所事，乃为发掘。遗址为明工部后面燕雀湖中的楼阁，为工人俱乐部，得有长条木百余件，琉璃砖瓦、瓷器、铁钗等饭具，并有木质的腰牌。

以上详细应参考我的《中国考古小史》。

此外敦煌石室发现，甚为重要。

甘肃西部近于新疆处，敦煌县东南三十里，鸣沙山下有寺名莫高窟，唐时名三界寺，因沿山凿洞龛佛，故俗名千佛洞。其地处于中国与西域之交，故本地人及往来客商，求神保佑，写经若干卷献佛，故所写的经典，有中国的儒家道家，西域的佛教耶教等均有。宋初西夏为乱，寺僧将所写之经，藏于山洞石室中，密封其口。迨至清光绪二十六年，僧人修理石室，壁破而书出。因西北气候干燥，故所存有魏晋六朝隋唐之物而尚未损，僧人携至市以旧纸出售。事为甘肃政治当局所闻，估计运费太贵，乃下令封闭。后为斯坦因（M·Aurel

Stein)伯希和(Paul Pelliot)等,盗劫以去,始为国人所注意。共计约有三万余卷,其中佛典居百分之九十五。其中对于我国宋以后所佚之书,经部有未字改的《古文尚书》、《孔氏传》,未改字《尚书》、《释文》,糜信的《春秋穀梁》传解释,《论语》郑氏注,陆法言的《切韵》等。史部有孔衍的《春秋后语》、《唐西州沙州诸图经》等。子部有《老子化胡经》、《摩尼教经》等,集部有唐人词曲及通俗小说诗各若干种。并有古梵文古波斯文,以及突厥回鹘诸国文字,于考古上甚为重要。其书有中央研究院的《敦煌劫余录》,罗振玉的《敦煌零拾》。

四　古物保存及故宫开放并博物馆之成立

古物的保存

古物的保存,在战国时已有其意,如"秦攻齐,令有敢去柳下季垄五十步而樵采者,死不赦",但此为特殊的现象。而历代保存名贤之墓,亦以此始。

汉灵帝熹平四年三月"诏诸儒正五经文字,刻石立于太学门外(《后汉书·灵帝纪》)。此亦为保存书籍之举。后来魏正始、唐开元、五代时蜀、宋嘉祐及南宋高宗,以至清乾隆均有石经,亦同一用意。

后魏崔光于明帝神龟元年,以汉魏经石弥减文字增缺,表请遣国子博士一人,料阅碑牒,所失次第,量厥补缀。乃令国子博士李郁与助教韩神固刘燮等,勘校石经。其残缺者,计料石功,并字多少,欲补治之。后灵太后废,遂寝。

后魏末齐神武执政,将汉魏石经,自洛阳徙于邺都,行至河阳值崩岸,遂没于水,其得至邺者不盈大半。至隋开皇六年,又自邺东载入长安,置于秘书内省,意欲补辑,立于国学,乃敕刘焯与刘炫等考定,后以隋乱而止。

唐初魏徵收聚石经,十不存一,将蔡邕三字石经凡数十段,请于九成宫秘书监内置之。后武后移于著作院。

五代时唐开成二年郑覃勒石壁九经一百六十卷，天祐中筑新城石为韩建所弃，刘守长安，其幕吏尹王羽请辇入城，遂移置于尚书旧省。

宋徽宗取石鼓以金填其文。又取吉日癸巳石刻及定武兰亭皆置之禁中。（上采自《金石学录》）

孙觉守吴兴时，作墨妙亭于府第之北，取自汉以来古文遗刻以实之，凡三十余通，苏轼为作记，蒋灿书之。（清张鉴有《墨妙亭碑目考》）

吕大忠领漕陕右，时命学官黎持，将尹玉宇所移之唐石经，徙置于府学之北墉，分列东西而陈列焉。明皇注孝经，及建学碑，则立之于中央，欧阳褚颜徐柳之书，下逌《说文》偏傍字原之类，则分布于庭之左右。元祐五年，黎持为作记（是为西安府学《碑林》之始。元明以后，芜秽不治，至乾隆中，毕沅巡抚陕西，始为修复，今年政府又拨巨款修理碑林）。

史祁，淳熙癸卯知棉州，聪明而勇于举事，以其暇日博采近郊石刻置之集古堂，秦汉隋唐，以至于宋，其碑凡十。（《蜀中名胜记》）

伪齐赵忭，阜昌中，重置饶益寺石刻，命僮仆搜抉于荆榛瓦砾之间，即其稍完者，萃而置之于藏春坞壁，为文记之。（《朝邑县志》）

清马怒官洛阳知县，以旧志仅载石刻四百八十八种，疑有脱略，更加搜访，自晋至宋，计得一千三百余种，除龙门题名造象暨散藏于好古之家者，止存拓本，其得于荒塍野寺间，如梵幢墓碣等石，因就东门外千祥寺隙地建存古阁贮之，凡贮石六十八种，其最古者为晋韩寿墓石。（《马怒存古阁记》）

案此为今日保存古物所之所防。

（一）故宫开放

清自高宗注意考古，是以宫中收藏古物甚多，但此项古物只供帝王之欣赏，于学术上无价值之可言。及至开放设为故宫博物院，关于考古上的材料，分为图书、档案、古物三部分：

宣统元年,大库屋坏,从事修理,乃将内阁所藏之书(多明文渊阁之遗),移于文华殿两庑,时张之洞管学部,乃奏请以阁中所藏四朝书籍,设为京师图书馆。此为一部分开放之始。

宣统元年修大库时,其档案亦堆积于文华殿之两庑,余者堆置于端门之门洞中。民国二年(1913年)午门历史博物馆成立,端门之档案归保管,民国十年(1921年)乃以档案售故纸商人,数九千麻袋,价约四千元,罗振玉从商人手中购得,择要印为《史料丛刊》十册,将其余售于李盛铎。午门所余之档案,民国十一年(1922年)北京大学接收整理。

民国十三年(1924年)十一月五日,溥仪出宫,摄阁议组织办理清室善后委员会,开始点查故宫物品,公开报告,于民国十四年(1925年)双十节,正式成立故宫博物院,设文献、古物、图书三馆。

文献部集宫中档案,于外东路辟陈列室。民国十五年(1926年)接收清军机处档案,十七年(1928年)接收旧清史馆档案,十八年(1929年)接收清刑部档案,二十年(1931年)整理内阁大库档案,二十二年(1933年)南运,存于上海四川路及天主堂街。

其出版书有《掌故丛编》《文献丛编》《史料旬刊》《清三藩史料》《清代文字狱档》《康熙与罗马使节关系文书》《清代外交史料》《清季各国照会目录》《清代实录总目》《故宫博物院文献馆一览》《文献馆南迁文物清册》,民国二十四年(1935年)双十节《文献特刊》等三十余种。

古物馆于民国十四年(1925年)成立,在乾清宫前后周廊房屋,设陈列室数处,十五年(1926年)传拓古铜器,十六年(1927年)设建设、编录、流传、事务四课,十七年(1928年)设照相室。二十二年(1933年)古物南运,存上海天主堂街。现在南京朝天宫所建的古物保管库已竣工,现已将存于上海的古物,运往南京存于保管库中。

于民国二十四年(1935年)十一月将古物一部分运英国伦敦展览三个月。在未运出口之前,于二十四年(1935年)四月在上海展览过六个星期。自伦敦运回于二十五年(1936 年)六月在南京展览了四个星期。

出版书有《故宫书画集》,已出四十二册,《宋元画粹》《宋元书翰》《钤拓金薤留珍印谱》《钤拓毓庆宫藏清印谱》《影印散盘》《故宫书画名信片》等。

(二)博物馆之成立

教育部于民国二年(1913 年)在午门成立历史博物馆,十七年(1928 年)划归于中央研究院。二十二年(1933 年)南迁,归中央博物馆筹备处。

内务部于民国三年(1914 年)将太和殿、中和殿、保和殿三殿设立古物陈列所,三殿中陈列宫中的陈设。同时,文华、武英两偏殿已开放,文华殿陈列书画,武英殿陈列铜、瓷、玉等。十二年(1923 年)古物南运,文华殿改陈福开森所捐之物品。出有《宝蕴楼彝器图录》及《武英殿彝器图录》等。

南京古物保存所于民国六年(1917 年)成立,属江宁,十七年(1928 年)改归教育部,二十五年(1936 年)改归南京市政府。旧存古物除井圈碑等南京附近出土外,外来之物多伪。余于十七年(1928 年)主古物保存所事,除搜集外,发掘明故宫栖霞山,古物较旧增三分之二,但发掘报告一部分交商务即毁于日火,一部分未及编,余于十九年(1930 年)离职,今无继作。

河北第一博物院设于天津,于民国五年(1916 年)筹备,至民国十二年(1923 年)开幕,十四年(1925 年)王襄的《簠室殷契》征文,至二十年(1931 年)始全部开放展览,于同年九月印有半月刊。

浙江于民国十八年(1929 年)开西湖博览会,以所征集之古物等未取还者,留于西湖,乃成立西湖博物馆。于民国二十五年(1936 年)五月三十一日与吴越史地研究会合作,发掘古荡新石器时代遗址,有《杭州古荡新石器时代遗址之试探报告》出版。

河南博物馆在开封,内陈列有新郑出土的铜器及洛阳出土的墓志,而城隍庙于民国十七年(1928 年)改为民族博物馆。

上海市博物馆,现正在筹备中,以叶恭绰为董事长,卫聚贤等为购选委员,于二十六年(1937 年)一月十日开幕。

地质调查所陈列仰韶及甘肃出土之石器陶器,先在北平,二十二年(1933 年)运于南京。

其他如山西图书馆、山东图书馆、陕西图书馆、河南图书馆均附古物陈列室或博物馆。

(三)考古机关及博物馆协会之成立

民国以来古迹古物之保管归内务部,国民政府成立,设有古物保管委员会,办事处设于北平,属教育部管辖,民国二十四年(1935 年)改组归行政院,未几又改组归内政部,其组织法等见后附录二。

中国考古会于民国二十二年(1933 年)成立,考古学社于二十三年(1934 年)成立,出有《考古学》已四期。

吴越史地研究会于民国二十五年(1936 年)八月三十日在上海成立,蔡元培为会长,吴稚晖、钮永建为副会长,于右任等为评议,董作宾等为理事,卫聚贤为总干事,有《奄城金山访古纪》及《杭州古荡新石器时代遗址之试探报告》出版。

博物馆协会于去年(1935 年)成立,于七月二日在青岛与图书馆协会开联合年会,出席马衡、叶恭绰、董聿茂等三十八人,其议案如下:

(1)拟请设立博物馆人员训练所,造就专门人才,并呈请教育部立案案;

(2)应速设立博物馆馆员养成所案;

(3)呈请教育部指定国立大学若干所,添设博物馆学系课程以期造就专门人才案;

(4)请在英庚款留学名额及清华公费生名额内设立博物馆考古学艺术史专科,以宏造就案;

(5)拟请提出文化(庚款)基金协助设立中华全国美术(绘画雕刻建筑工艺)调查所案;

(6)请各文化基金会承认博物馆与其他文化机关同受补助案;

(7)各地博物馆应切实与当地学校及各学术团体联络合作案;

(8)应即设立古代美术工艺传习所养成传艺与修理人才案;

(9)各博物馆应编印周年报告案;

(10)各博物馆重复出品交换陈列案;

(11)合作发掘或采集案;

(12)请教育部设立西北及西南博物馆,搜集边防资料,以资宣扬文化案;

(13)请政府明令奖励收藏家凡捐赠艺术品于国家者,特殊奖励案;

(14)采用新式陈列方法,俾能引人入胜,而推销国货案;

(15)请政府通令各省市应利用旷闲公署庙宇,延请专家,设立保存史迹处所案;

(16)请中央古物保管委员会,对于古建筑物切实保护案;

(17)拟请国府令各省,所有省市县各级政府档案,应分别就地保管不得毁弃案;

(18)拟请政府令各部院,将北政府时代及前清旧档案,就近拨归故宫博物院整理案;

(19)拟请政府令驻外各使领,将已失时效之旧档案,运缴国内,整理保存案;

(20)博物馆名词,应加审定,以便统一案;

(21)每省设一普通公立博物馆案;

(22)请文化基金保管委员会,于全国已成立之公立博物馆中,择成绩优良者,每年酌予补助费,俾资发展而示鼓励案;

(23)各省内散在各地之公有古物,应集中保管,以便保护而免散失损坏案。

附　录

一　各地发现古物志

考古上第一等材料，是亲自发掘所得的；第二等材料，是确知其出土地点，并略知其出土时形状；第三等材料，是只知其出土地而不明其出土情形；第四等材料，连出土地也不知道。

宋时已注意到第三等材料，如《考古图》《博古图》已有注明出土地，已注意到第三等材料。最近数年来因考古之发达，新闻记者已知注意古物出土时情形，故报纸所载每一古物出土消息，不是只载得有古物若干件就算完事，并详述其发现及出土的情形，是就报纸所载古物出土消息，已有第二等材料之可能。

由报纸所载，可以知道某处在无意中遇到某时代某种古物；某地有意盗掘出某时代某种古物。物与时关，以某时已有某物，某时且多某物，知某时某物为最盛，其物可以代表某时之文化；物与地关，以某地已有某物，某地且多某物，知某物分布之广狭，可以明了其民族迁徙与文化传播之情形。

有的考古机关，虽报告一时不能出来，借报纸之记载，可以知某考古机关工作之大概，此考古史中各地发现古物消息不得不为附录。

各地发现，向不注意，报纸亦少记载，有载亦不确，近十年来，报纸始多披露，而为剪此项报纸者尚少。自民国二十年(1931 年)至二十三年(1934年),录自河北第一博物馆半月刊中,二十四年(1935年)至现在,有借抄中央古物保管委员会者,有自为剪留者,合五年之有,而为附录之一。

民国二十年(1931年)十二月十日以前各地发现古物消息:

中央研究院与山东省政府合组之山东古迹研究会,去冬发掘济南城东城子崖古谭国都城,获得骨、蚌、陶、石、器皿甚多。今年秋又继续发掘,自十月八日至三十一日,共工作二十日,掘坑四十五个,获得陶、骨、蚌、石等器六十箱,已运送该会整理研究,并经考察,知谭都城墙为不规则之形状。又就所掘陶器,可断为上下两文化层,下层属石器时代在前,上层属铜器时代在后。关于陶器之鉴别,铜器时代者式样少而笨拙,含砂少而表面粗色灰;石器时代者式样多灵巧含砂多而表面光滑色黑;年代晚者反笨拙而粗糙,亦最可惊异之事矣。(据北平《晨报》)

中央研究院与河南省政府合组一河南古迹研究会,于五六月间,在安阳得古物八十余箱,已运往北平研究。兹拟于十月间继续发掘,闻以濬县巨桥镇新村殷陵墓为试办区云。(据北平《晨报》)

日本帝室博物馆后藤守一在东省发现汉代古墓,取其贵重物品,于十月二十九日回抵下关东上。(据《大公报》)

香河北关外观音庵旧址,近掘得一铜犼,高三尺五寸,长五尺四寸,遍体绿黑色锈,闻系元明以上物,现已交该县文献委员会保存云。(据天津《益世报》)

民国二十一年(1932年)二月二十五日以前:

中央研究院与豫省府派员雇工发掘彰德古物,一在城西北小屯村后地,一在小屯村街东头,去年十二月十日,获得细白瓷大冰盘、瓮廨、豆绿色瓷罐、泥瓦、瓷轿车、马车、泥人、锅灶、火炉等等多件云。(据天津《益世报》)

中央研究院与豫省府自去年十一月七日，至十二月十九日，第五次在安阳小屯及后岗两处发掘古物，获陶片、兽骨、甲骨文字等物，共九十八箱，拟运北平中央研究院历史语言研究所研究云。(据天津《大公报》)

南昌进贤门外十二里许岗上墟地方，地面被牛踏穿一穴，其土坠下，陷成两丈余深坑。村人探视，俨然房屋一栋，中庭摆陈一席，杯箸齐整，获盌盏花瓶金盘玉盖等物。烛见内有一门固塞，不易掘开，有人于坑内拾取石碑一角，认为系秦二昌公墓云。(据天津《大公报》)

山东益都县苏埠屯农民掘地，一再发现古器。去秋九月中旬，又续出古铜器九件，为该县民众教育馆购藏。省立图书馆馆长王献唐氏，定为周器，并著有《玑巫鼎盉款识考解》云。(据北平《晨报》)

元氏韩召村左近，近掘得一形如蜂腰形之金属圆锤，底径不足三寸，高约五寸，重十八斤六两，赭色锈光彩夺目。(天津《益世报》)

民国二十一年(1933年)五月二十五日以前：

民国十一年(1922年)间，山西浑源县恒麓西北，村民穆某赴田耕作，掘得古铜器数十件，经县绅迫其交出者十六件，即分藏各绅家中。去冬复由本县旅外同学联名追出，由各法团选出委员九人办理善后，现正议保管办法云。(据北平《晨报》)

三河县属葛庄村大庙，有木质古佛三尊，重量逾于金属，雕镌玲璃奇巧，于旧历二月初三日夜被盗云。(据《新天津报》)

中央研究院与豫省府及河南大学合组之河南古迹研究会，本年春秋工作计划，先就豫东商丘及豫西洛阳一带调查，以濬县为试办区，在最早可能时期，从事发掘云。(据天津《大公报》)

徐州南乡银山南麓，场地一片，约十余亩，相传为古代墓道，当去秋被水冲成水沟一道，沟边露出整齐砖墙。樵者除去泥土，现出一极大石窗，嵌于砖上，砖有精细花纹，寻有破碎模糊墓碑一方，辨认

不清。据传为汉墓。附近某小学拟从事发掘云。（据天津《益世报》）

海州东门外，有张士林者，前在岭头耕地踏陷一洞。内系用砖砌成。去其水，两端为圆门。中间底下有板。再下有砖洞，高约四丈，长六丈。燃灯入洞，搜出瓷碗、瓷壶各一件。花纹颇细，壶底有字，斑驳不辨。又筷子一双，杯一件，似铜质。拟送图书馆保存云。（据天津《大公报》）

北平中国营造学社于四月三日举行李明仲先生纪念会，展览清雍正十二年所制清朝工程做法则例（经该社补图），圆明园各种模型地图，及最近所得明李文忠家传十七代尊容，及其历代所得赐物，如盔甲、珍宝等类五十六种。系经朱桂莘氏与李氏二十一世孙李国寿商洽，以重价购得者。（据天津《大公报》及北平《晨报》）

唐山东南五十里会集镇住户孙庆春于四月三十日晨，至田中锄地，忽发现石匣一只。打开之后，尚有铁匣一只，用铁锁封口。打破，见内贮有金色盔甲一副，令箭三枝，古瓶一对，黄金二十条，没字书一本云。（据天津《益世报》）

六月二十五日以前：

山东昌乐县城西梁家庄，农民梁太初于本年四月初，掘获石蛟，一腹面刻有“大汉建安岁次丙子牛文敬造石蛟一双，以避水穴异怪”字样，现已送该县民众教育馆陈列保存云。（据《大公报》）

滕县发现石刻画像十余方。内汉碑一长方形，二百余字，为东汉永元二年刻石，极精。

济南东乡十余里展村沟，发现刻画石门。门上横石各一。石门刻一兽含环，横石刻羊头，两旁鸟形，再两旁为二人，人首蛇身，花纹颇精。又商埠麟祥门外，出土石刻一块，刻羊头，两旁作鸟形阳文。

黄台车站附近，一破庙中，发现作神案用之石刻三块，花纹颇精。

曲阜发现石刻三，二石藏孔姓家，一在田野间。

鱼台金乡交界地方，发现石刻百余块，内一块有字二行，最精，花纹内有方形题字，阳文。

金乡郭良墓附近，又发现画石一大块，花纹精于前所出土者。诸城新出土石刻三块，阳文，花纹较粗。

以上均经山东省立图书馆搜罗，或已购藏，或在接洽中云。（据北平《晨报》）

北平朝阳门外吉市口七条，弥勒院住持志贤，于本月初旬间，率领徒弟在该院后院播种花草，由土中掘出铜质古佛像，铅质立佛像，铜碗，带座佛像，白玉瓷佛各一尊。又大小铜佛十五尊。铜佛上刻有"明万历年制"字样云。（据北平《晨报》）

西北科学考查团团长袁复礼，于民国十七年（1928年）由平往西北各地查考，历五年之久。于本年五月十日返平，带来采集品共四十二箱，外有零星成绩十余箱，内中以石箭头瓦片刀刻瓦片，及在新疆所得之侏罗纪恐龙化石为最有价值云。（据《大公报》）

七月二十五日以前：

中央研究院与豫省府合组之河南古迹研究会，前经指定濬县为发掘殷墟古物试办区，于四月底在濬掘出石斧、卜骨、龟版、瓦、鬲、铜、石、骨镞等物，与安阳小屯所出各物相似。其发掘处西南隅有版筑一段，旧已外露，可见者共四十余层。东西宽约四米，南北长十八米，高约六米。西南段为深厚黄土层所掩护，其中间分界显然，版筑之东为灰土所填，为发现上述物品之处。又北场中亦有版筑痕迹，长约十五米云。（据天津《庸报》）

山东长清县邱家庄近掘出刀币甚多。（据天津《大公报》）

徐州东关子房山下，李某购地筑屋起土时，发现一石洞，洞口向西，门高约四五英尺，宽丈余，内一尸骸，长丈余，外有瓮及瓦盆各一。又一陶器长方形，长五十二英寸，高二英寸斜角各有一屋，门窗俱全，高三英寸二分，重量二磅，器中雕有一象，被黄泥糊满，传为汉

代古墓云。(据天津《大公报》)

北平中国营造学社所搜集明岐阳王世家文物,于五月二十四日至六月五日,在北平中山公园公开展览。计有吴国公墨敕、明太祖御帕,及纪恩册、岐阳武靖王别传、李氏族谱、平番得胜图、李文忠所御残甲、张三丰画像、李氏历代画像、李氏地契、李氏先茔图等物品,共五十六种。按岐阳王李文忠为明太祖姊子,随同太祖起兵,佐成帝业,与中山开平诸王功勋并列。墓在南京钟山阴蒋王庙侧。朱桂莘氏曾往调查,文忠子景隆与于靖难之役得罪被锢。至明中叶,复封侯爵,裔孙宗城在万历中曾充日本册封使,入清编入旗籍。乾隆中复请出旗,改隶民籍,至今共传二十二世,世居北都。其家世在在与国史有关,深幸其历代文物之得不散佚也。(据北平《晨报》)

北平南锣鼓巷,有清初建筑洪承畴祠一所,已经历史博物馆与市府接洽购置。又经调查,洪氏冢在西直门外麦庄桥崇交门外金台书院,原为洪庄,本清帝赐园。因之历史博物馆将馆藏有关洪氏文物,与历史语言研究所所得明清洪氏奏报等多件,由六月十八日至二十六日在馆内作有系统之展览云。(据北平《晨报》)

八月十日以前:

中国营造学社梁思成氏,最近调查,在蓟县发现古木建筑物独乐寺观音阁及山门,皆辽圣宗统和二年(即宋太宗雍熙元年,公元984年)原物,较之东西建筑考古学者,前此所发现山西大同之下华严寺最古木构,尚早五十余年。阁为三层,巍阁立于石坛之上,距城十余里已可遥见,阁檐出挑颇远,斗栱尤为雄大云。(据北平《晨报》)

梁氏又在宝坻发现广济寺木建筑之三大士殿,亦辽建,年代较独乐寺后四十年,但其内部构造,特异寻常云。(据北平《晨报》)

赣省立科学馆,馆址建于南昌,拆毁城垣后山,近雇工挖土填筑沟濠,备将来建大讲演厅之用。六月二十二日,忽在该山发现古墓一座,建筑坚固,墓砖亦多完整,砖上镌有“永宁元年”等等字样。按永宁年号,历代各帝用者,一为东汉安帝,二为晋惠帝,三为后赵石祇。非经发掘后,不能确定其年代云。(据天津《大公报》)

浙江公路局赶筑嘉王段公路,俾与苏州至王家泾之公路衔接,沟通嘉苏大道。近已修至双桥附近地方。于吴姓田内掘土之时,发现汉玉甚多,初视如石灰块,又似尸骨,大小歪斜,攒之即碎,陷于土内者,软若丝棉,离土见风,即渐渐坚实。路工识浅,初亦弃之如遗。但愈向下挖掘发现愈多,且有成各种形状者,后有老于地方情形者,知为汉玉无疑,遂争拾取。计此次发掘所得均为路工所分。有玉之种类不同,约大小粒数必在三四百左右,惟毁碎者亦颇不少。其中珍贵者,有拱璧两个,一为圆钏形,红色斑斓,光芒夺目,其色蕴于内;一为鼎形,青色,成碎云片花纹。又玉枕一个,约长六寸,周围约尺五六,为长方形,两端有孔云。(据上海《晨报晚刊》)

十月二十五日以前:

平西路五台山附近之龙家村,清肃王豪格墓被盗。按肃王绰号神力王,在川一箭射死张献忠云。(据天津《大公报》)

甘肃省立民众教育馆,新莽权衡被盗。省主席令饬兰州公安局悬赏侦缉云。(据北平《晨报》)

吴桥县城西北莫家厂村,农夫王某在村北地内取土,掘至五尺深许,发现砖砌甬道,泥水甚深。在内获得古罐一,其质坚硬,形制甚奇;古瓦盆三个,亦非常精细。据该县考古家陈伯昂氏云,古罐系六朝时东光谭家窑所造者,闻已为古董家以八十元购去云。(据天津《益世报》)

安徽当涂县滨江采石镇农民,掘出古圹一穴,发现之物,经县府解送省政府保存,原圹亦即泥封。其古物堪作考据之用者,有圆盆古铜炉各二,瓦爵,破口瓦瓶,瓦质花瓶,样砖各一。古砖刻有“汉佐所

作壁”五字者一。现经发交省立图书馆展览。（据天津《大公报》）

胶济路青州站工人，在白杨河附近发掘石狮一对，运青保存。（据天津《益世报》）

十一月十日以前：

鲁潍县陈簠斋为国内著名收藏家，所藏除流落各方者外，现存潍县者有秦汉瓦当二百九十四件，汉魏六朝砖一百零八件，齐法货泥钱范二百二十八件，周秦有文字瓦片一千六百六十九件，汉代有文字瓮沿十四件，六朝瓦造像一件，周秦两汉陶器三十八件，六朝有文字造像座二十件，石磬二件，元瓷罐一件，共二千三百七十五件，分装十三箱。又由周秦至明古泉共一千四百八十九品，装一箱，进行出售，日人纷纷收买。鲁教厅派省立图书馆馆长王献唐往查属实，再三商洽，收归官有。议定砖瓦石刻给价二千七百元，泉币给价三百元，共三千元。经八月二十三日鲁省府会议议决，准教育厅何思源提案，由教育预备费项下拨三千元购买，现在起运云。（据《北平晨报》）

又陈氏所藏仍多，现正在继续出售者，一为万印楼，为全国最重视之珍藏，内有汉“赵飞燕印”“淮阳王印”及一古代兵器长印。前以之抵押五千元，现赎回，计画全部出卖。在津日人，曾出价八万万元，陈则非九万万元不卖。此数日人已允，但因经手人欲索三成介绍费，故尚未决定。陈氏声明如山东图书馆收留，只售八万万，以免流入日本，但图书馆无力购留。二为陈氏家藏秦汉砖瓦及元造像，又续有两批出售，其数量较前售者少一半，价高至五千元，图书馆只出九百元，所差甚多。（据北平《晨报》）

陈氏家藏毛公鼎，在清光绪二十八年时，为端方购去，端死后以八千元押于道胜银行，最近始为叶恭绰等集股赎回，本息共洋八万元，现在津收藏云。（据北平《晨报》）

聊城杨氏海源阁藏书，近以急于脱售，因初时书主杨敬夫与鲁省立图书馆馆长王献唐接洽，将宋版四经四史保留外，其余均半捐半卖归该馆收藏，约需款三十万元，即可办到。杨氏迭函王献唐催为办理，但巨款一时难筹云。（据北平《晨报》）

十二月十日以前：

鲁省图书馆收买潍县陈氏之古砖瓦，与造像二十件，已运济，内有大齐天保己卯年造像一，全体鎏金，为海内孤品云。（据天津《益世报》）

溥仪近在伪执政府前大兴筑墙掘挖地基。掘至地下约三尺许，忽发有异声，即由一小瓶中获得古钱一万枚，已尽数归顾问罗振玉。闻为金时所埋之物，以宋钱为最多，辽钱次之。（据北平《益世报》）

盐山旧县镇关帝庙前，无故塌陷。经人挖掘，发现晋碑一座。现经县政府令盖造碑楼珍藏。又农民杨某于某日见有长方砖暴露路旁，乃拾置筐内，向下连掘出六七枚，发现黑黝瓷罐一个，瓷碟十二个，负之归家。又农民挖掘田沟发现一屋，内一土炕，上置秤权宝剑古钱各一。宝剑无斑无锈，并发微光，钱则灿烂夺目。又一因掘土而发现一屋者，亦有炕上女尸二，炕头前置一白瓷碟，已被取去云。（据天津《益世报》）

山东馆陶县城北萧村，前因掘土发现"招抚使司之印"一颗，约二寸半见方，厚四五分，有小长方纽。（据天津《大公报》）

平湖新仓乡戚继光墓被盗，楠木棺被攒一洞。尸着红袍纱帽，仅存须骨。（据天津《大公报》）

民国二十二年(1933年)二月十日以前：

衡水县城西北北谢彰村，有学堂地一块，前因下雨冲塌，露出水缸少许。掘出，见系以二缸对口，用白灰坚封。破之，内有尸骨，其四周有木炭、瓷香炉、小瓶、念珠等物云。（据天津《益世报》）

苏州角直保圣寺罗汉，为唐塑像名手杨惠之所塑，业已损坏及半，现经成立古物馆，已于一九三三年十一月十二日开幕云。（据上海《申报》）

汉口湖北省建设厅近修沿江马路，在黄鹄矶旧城基下，发现瓦缸古铜佛像，重五十三磅之金质圆形物各一云。（据天津《大公报》）

国立中央研究院二十一年（1933年）十二月二十六日，在沪中国科学社明复图书馆举行第一次公开讲演。该院历史语言研究所考古组李济博士，讲河南考古最近之发现，并将濬县出土之西周古物陈列展览。节录如次：

安阳发掘，现已为第七次。最近四次发掘，皆有关殷代建筑之发现。殷代建筑，以版筑为基础，已发现者为长方形，及四方形之台基。方形台基为纯净黄土所成，前有石柱基础，四围有全副猪骨数架，大约为殷商祭祀所在地。此类遗址甚多，拟继续发掘。

濬县发掘，开始于今年春季，有铜器时代之陵墓甚多，已清理墓葬八处。前均经土豪盗掘，但仍残余。殉葬物多为车马装饰，及戈矛斧戟等。最可惊异者，多有马殉葬。墓葬之旁多另筑马坑。已发现之马坑，最大者有马骸六十余架，并有车马之装饰甚多，可以寻得古战车制度之一部。此类发掘物未清理者尚多，明春继续清理，曾有新发现报告云。（据天津《大公报》）

古迹研究会在溶县掘得古物共四十七箱，已于二十二年（1933年）十二月二十六日运汴，暂存博物馆内。（据天津《大公报》）

以上均无日期。

广西郁林抚康乡党州村开辟荒地。陈某夫妇曾于村边古城遗址南隅，掘出瓦瓮一，银数十锭，纹上印鉴楷书“良”或“伍”字。又梁某开辟茶山坡，四周掘濠沟，于去年十二月间在濠内捡获古钱三十二种，约六七千枚，多唐宋钱云。（据1933年1月9日天津《大公报》）

广东防城县前有陈姓乡民,伐已朽之榕树,掘至数尺处,发现一白大理石碑,长约一尺四寸有奇,阔约八寸许,文为隶书,大小不一,共分八行,碑左上角有指模四个。县长张敏将碑移于中山公园,公开展览,并将运至广州古物陈列馆陈列云。碑文如下:“五百六年见,泰山甲乙口沮利,揖周召,遗荫子,肇帝业。草冠木屐,中合三一,苍穹雷动,为君辅弼,古髦是独,作俑称德,轻重在握,功玄殊域。气运南方出君臣,应现辅星统沙音。先复铜轻后定县,水牛九转起前程。天运洪武六年,岁在癸丑三月谷旦,命讨蛮将军郭愈携往象郡瘗于交趾疆界,刘基占志。”(据 1933 年 1 月 29 日天津《大公报》)

青岛市属水灵山岛经市府委派倪鲁平组设救济办事处后,倪君常赴各村探询民隐。得悉该岛昔年常掘获大刀长枪及与今人全体等高之腿骨等古物,又尝抛出镌有金兀术字样之护心铜镜,及唐宋古钱、碎瓷壶、金钗、金条、酒杯等物。相传为金兀术由海路攻宋时所遗。惜岛人不知保存,均贱价售去。倪君为探求该岛历史计,特在昔年发掘之地试掘,未有所得。复经悬赏搜掘,竟有闸石子村民李克存等,在望海楼山西麓掘得古铜镜一枚,熙宁、崇宁、绍圣、元丰、咸平、嘉祐等古钱多种,已备文呈市府考核云。(据 1933 年 2 月 4 日《大公报》)

彰德西乡郝家店村有土冢高十五六尺,周围约四十八九尺。旧岁年终,附近民众发掘,内系石砌宅院,面南墓门八个,中为一男子墓,两旁均为其妻妾之棺。男椁未动,其余七棺俱启开,取出赤金凤冠顶人(女人帽上取下)镯坠、项圈、炉鼎、玉如意、翠指圈等物多件,尚有许多珍品,不悉为何物。此墓发掘后极秘密,后由乡村传出消息。据谓墓内有碑两块,就其记载,知为明太祖及其嫔妃之墓,掘出之物,已为掘者价卖均分云。

中央研究院地质研究员李捷、朱森、丘立我等,奉派赴湘桂研究南岭山脉之构造,及各地矿床之成因,沿途多有所得,日前抵桂林。十一日,在北门外某石洞中发现脊椎动物化石,及螺蚌化石甚多。据谈，此类化石为百万年前生物遗迹，与城周围红色黏土之沉积同一时期。按该红土层在我国南部分布极广，其生成之时期，历经中外地质学家之研究，迄未解决。今既得此化石，其年代即可推定云。（据 1933 年 2 月28 日北平《晨报》）

彰德西北乡一带，挖掘古物成为惯事，近复有多处发现古物。计城西王裕口村东北地，农人在地之深处掘出玉天官、玉人、小棒棰细花骨器等多件。城西北洹河南岸发现唐瓷人，及虎、豹、龙、象、牛、马、猪、狐等百余件，细花瓷杯盘五件，古铜弋头炉、鼎提炉各一，尚有多件，名目不详。城西八里台白家坟村后，某姓地内掘出古铜角杯、铜镜、铜器等多件。城西南四府坟村左近，有一土堆名二冢，近村农夫将土掘至二十余尺，现出方圆十五六尺之石砌墓门。下为十二层石阶，每层高尺许，长五尺许。石阶底即为一方四百余尺之墓宅，顶为半圆式，青石砌成，上刻二龙斗宝细花，四围为云雾刻花。宅墙为石垒，上画五色彩画。后面中枢安放白玉石椁，长八尺，高四尺，宽三尺，雕有花草，工极细。墓志二百余字，有“大明万历郭文简公之墓”。汉白玉石桌上放鎏金宝塔一座，高寸余七层，层有门户，玲珑奇巧，色黄。两旁有彭城瓷缸二，长三尺余。取出塔及瓷缸，即将墓门填封之。（据 1933 年 3 月 2 日天津《大公报》）

泰山为五岳之尊，历代帝王莫不封禅致祭，其所用一切金石祭器，于历史文化上有重大关系，惟自唐以来迄未发现。民国十七年（1928 年）革命军北伐之役，泰山下津浦路泰安车站北蒿里山上阎王庙及庙前之塔，均为摧毁。驻军扫除残破砖瓦，另筑纪念碑，于塔底下发现五色土，周为赤白青黑色，中为黄色。于上下掘获大批玉器，皆唐玄宗封禅泰山之祭品。又于中间黄色土中获一五尺见方之石盒，盒外雕刻细致。启之，内复有一刻花金盒，内平排白玉简十五块，长约一尺，宽二寸左右，皆刻隶书。原文如次：

维开元十三年，岁次乙丑，十一月辛巳朔，十一日辛卯，嗣天子臣隆基，敢昭告于皇地祇臣嗣守鸿名，膺兹丕运，率循地义，以为人极，夙夜祇若，讫未敢康。赖坤元降灵，锡之景祐，资植庶类，屡惟丰年。或展时巡，报功厚载。敢以玉帛牺齐粢盛庶品，备兹瘗礼，式表至诚。睿宗大圣真皇帝配神作主。尚飨。（据1933年3月10日、12日天津《大公报》）

山东滕县东安上村发现钟鼎盘彝十四件，商人争购。鲁教育厅电该县制止并保存。（据1933年4月1日北平《晨报》）

徐州萧县西榆庄发现地穴，宽亩余，深数丈，内有石门三。农民掘获古鼎一，传系周代物。县长王公玙已晋省呈报。（据4月5日天津《益世报》）

徐州南三堡西二十里，农人锄田发现天王墓，内有玉狮、玉人等，并院落一所。（据4月13日《大公报》）

鲁陆县县政府迤北空场土丘下，发现古代建筑。南向一砖门，砖重约十四五斤，至二十余斤。门高六尺，门内一圆亭，绘红黄色花纹，外有廊，夹道可行人。上下均为大方砖砌成。亭内有一石匣，长约三尺，高尺余。启视，内有僧帽，上缀银质佛像十余。像高二寸许，内空极薄，稍触即碎。匣侧挖出圆形铜牌二三方，大者约二尺许，著红绿锈，背各有鼻，并有开元祥符钱一二十枚。续掘出石一方，镌有字，云："维大宋国德州乾明院讲经论传戒，置大藏经修经藏，沙门云善为首化造金棺银椁安葬，传经，手炉内勇出，感应舍利。立石小师智度。"再下均系僧名。匣盖上刻大"宋国皇祐三年"字样。该处系白塔寺故址，此确为宋代僧人之墓无疑。陵县在宋称德州，明后始改为陵县云。

彰德城西城北各处，近日发掘极多，列述于后：

（1）城北四里豆腐营村老盐厂东北隅村民，掘出汉白玉碑两块，高一尺五六，宽八寸余，厚约二寸，镌有汉文，文词不详。黄金盌两个，金镖四枝，古铜罐两个，两耳垂有圆环。宋三彩瓷瓶二个，高二尺许。

（2）城西北侯家庄南里许之武官村，村民挖出古铜阁鼎炉刀各一，及零器多件。又该村沙土堆内挖出古铜人四，觥一盘一，均雕细花。又挖出白细瓷蓝花碗二，白釉古瓷花盆二，碧瓷桶二，铜笔架一。

（3）渔河南岸居民掘出碧玉小猴，碧玉古装美人，镶玉刀各一件。刀长约八寸许，宽四寸余，两面刻龙。铜镶玉小花鼓一个，骨质筒一个，镌有古文，铜轿顶一，铜马车全具。

（4）中山村西端，发掘翠玉铜镶杯一，铜镶戈头一，铜鼎、炉罐各一，小金人四。

（5）城外郭家湾沟西岸，掘出古瓷器多件，名目不详。

以上各物，价值均甚巨。尚有各处挖出较次之古物，约在数百件以上。现闻本县当局，及安阳保管委员会，正从事调查，呈请行政专员公署核办云。（据4月5日北平《晨报》）

柏乡城西十里赵村村西玉台寺，乃唐代所建，乾隆时重修。前年有本村王姓之子，掘出佛像一尊，高可五尺，大理石质。去冬曾有人出价三千元，因村人意见不一，未能售出。现本村智识阶级，均欲变卖作为教育基金云。（据4月8日天津《益世报》）

彰德城西北三十五里东灰营村，今正发现古墓二座，一为袁天罡墓，一为赵简王墓。袁墓在该村后岗岭最高处，周约五十九尺，墓垣以砖砌成。砖长二尺八寸，厚半尺，宽一尺二寸。内为清水，一池深无底，水内有锋利钢锥。相传有李家坡李某将墓掘开，由其中取出金冠金剑，并金具二十余件，更有一剑悬于墓顶。有二人因以利刃砍击剑之绳，落水而死，后将尸捞出，尸身均被锥尖穿烂。从此，虽人皆知墓中有宝物，然无敢往取者。距袁墓旁低处丈余之地，乃大明赵简王之墓，较袁墓大约一倍余。内亦有绿水一池。墓门东向，高五尺余。向南又有一门，高四尺余，墓垣以白石砌成，垣内外均有绿水绕环，水深不知几许。闻中央研究院驻彰挖掘安阳殷墟团，前往该村勘查，拍照墓像，预备开发云。（据4月10日北平《晨报》）

鲁南滕县安上村北里许，土阜隆起，俗呼为凸突顶，地主陈世法兄弟于本年废历二月十七日，掘得鼎、盘、匜、敦、鬲、罍等器，及古物附件，计共二十二件。内中仅有二敦盖上有字可辨者，有"孟攸父作白宝敦，其子子孙孙永宝用"等字，余器有无文字，现尚不知。该项古物，业由省立图书馆馆长王献唐君运济保存。据王氏称，当古物发现时，敦鼎之内，尚有鱼骨及兽齿，其旁有瓦之兽片及蚌壳等，惜均被乡人抛弃。若此物存在，则可断为西周时物，盖周时曾以贝壳为钱币也。又据推测，此项古物，当初系放置一箱内，且按次序排列，上面有盖。因所获鼎敦等物，皆敞口，而内中无土，证明上面之盖，虽已腐烂，而尚虚架，经发掘始毁者。据陈氏兄弟云，上面之土有木纹，又可以证明系木箱，而在底下铺席者，又证明古物出现之地为一台。台上当日有人居住，是以其下有井，有兽骨、陶片等物，故该处当中土系灰色，周皆黄土。又王献唐氏此次于安上村东十里曹王墓无意中发现汉代石室。该墓上有方口八个。口下为石室，四面皆墙，墙各有门，门各有屋。所有石柱，尽为汉代画像，精美异常。其上口为天窗，且有带槽石盖，可见天窗未露者，必数倍于此，各屋必互相连通。汉画当不下千余方，足证为汉代避乱人所筑。又发现滕县城西十里岗，汉墓石室一所，建筑形式，石刻花纹，与曹王墓同。又城南官桥津浦车站附近之薛城，有山名墓山，上有汉墓石室八九处，石上有花纹者，有无之者，官桥所用石料，亦多有汉画石。又县城东南四十里黄沟村附近，发现一古墓，内有石室，四面各有屋三栋，室门有锁已腐。启门入视，北东南各屋均有尸体二具，或六具八具不等，室内有墙，墙上有字曰"刘即之子"。砖之花纹与字体近似六朝，惟西屋门坚不可开云。（据4月12日至16日北平《晨报》及《大公报》）

鲁潍县陈簠斋收藏六朝以上古印三千六百余颗，尚存北平陈之长孙处，索价十万元，现鲁省立图书馆正接洽收买云。（据4月23日《大公报》）

青县西街牲畜市南，五月五日有近居民，在该处掘出大缸一，满装铜钱，多为开元钱。大缸系灰色陶器，质杂星点。钱由发掘人分取，缸破碎，为爱好者拾去。（据1933年5月10日天津《大公报》）

安阳第十区界内，发掘古碑，计齐碑二，明碑一，又碑头两方。由洪河屯区公所送县。开县府已转送古物保存所保存。（据1933年5月11日天津《大公报》）

玉田县东关住户何某，于日前雇薛文明等五人，在田内刨土制坯，挖得碑匣一段，长约数尺。内有有盖高罐四件，大碗一件，均为浅灰色，质细瓷润。古董家殷某，认系宋瓷，欲以三十元购之云。（据1933年5月11日天津《大公报》）

鲁北陵县为汉安德故郡，隋置德州，明后始改今名，古物甚多。月前北门外乾明寺故址发现宋代建筑，掘获石匣一件，石碑两方，银佛六个，铜镜六件，银钱一枚，铜钱十六枚，及僧帽顶等物。鲁省府韩主席电令该县派员运省，现已转由教育厅交省立图书馆保存云。（据1933年5月18日天津《大公报》）

安徽寿县九里沟附近，古墓颇多，前有孙多炜者挖出铜鼎、铜匜、铜斧、铜锯、瓦缸各一，又铜铎二具，花纹颇细，鼎刻尤工。惜识者尚少，现津沪等处，业经来人收买云。（据1933年6月10日天津《大公报》）

河北大名县第四区王夹河村梁某，有破庄地一所，于月前发掘，挖出玉带、虎头拐杖、乌金砖各一，金壶、古瓶各一对。金壶价卖，拐杖为伊舅冯某分去云。（据1933年6月16日天津《大公报》）

江西南昌近发现宋代古砚一方，为东乡丁一闻君所有。长约六寸，宽三寸，重达二十余斤，上镌“御赐之宝”，旁绕四龙盘护，栩栩如生，下面刻有米芾《砚叙》一篇，字极精细工整。惟因年代久远，略显模糊。据物主云，砚为景镇窑工挖泥时出土，以重价购得者。（据1933年6月25日天津《华北晚报》）

上海小北门内万竹街龚惠记木行隔壁，系刘姓古墓。刘姓雇工发掘，在正中主穴，发现一巨大石穴。掘开之后，另有巨椁。中系一赭色楠木棺，稍有损坏。打开见一女尸，年纪已迈，面不变色。珠冠蟒袍红裙缎靴。尸额上扎黄缎，中间一块白玉，并觅得翠玉赤金首饰数件。尸头旁置有瓷碗一对，满盛白饭，惟经风一吹，尸色变黑。该墓之碑，只有主穴前一块，字迹已剥蚀模糊。其尚可见者，为"勒建""荣应""明成化二十三年" "道光二年"等字，半截尚在泥土中。该尸已易棺重殓云。（据1933年6月30日北平《晨报》）

德州破仓廒内发现弃置唐代永庆寺古铜佛大小二十余尊，及魏朝高庆古碑。师长李汉章，将其保存于德州进德会分会云。（据本年7月10日天津《大公报》）

皖北寿县东乡朱家集近南，有俗称李家大孤堆一座。集绅朱鸿初最近发现，有重至百余斤之铜鼎十余对。鼎上均刻有篆字，惟"楚王"二字，尚可辨认，余均模糊。据云：乃春秋楚王墓，究系楚之何王，无从考查。据人云，该绅先后发掘之铜钟、鼎、锅、釜计重七千余斤，金、银、玉、翠各种古物数百件，现官府已派员驰往禁止开掘并予没收云。（据本年7月10日北平《晨报》，7月22日《大公报》）

同蒲铁路修筑中，发现陶瓷、古钱、金、银、锡等物。据考古家云，瓷器系宋代物，金银系唐代物。此项古物昨已交省立图书馆陈列云。（据本年8月4日《大公报》）

皖潜山县东乡冯家岗有一小洞，掘之，崩裂一约八平方尺巨洞。下见城郭显然，门户可四五人并行，建筑精美。稽之县史，为三国曹操屯兵地，五六年前，曾发现大刀一柄，重六百余斤云。（据1933年8月7日天津《大公报》）

山东省立图书馆近购得珍品数种：

（一）蔡邕书《一字石经》，洛阳搜掘出土者，计共九十块，以两千金购得。（二）敦煌石室唐人写本《鹖冠子》十六卷本。原物为一手卷，墨迹崭新，完好无缺，乃海内惟一孤本。（三）海源阁《经典释文》，聊城杨氏海源阁所藏，亦海内孤本，十七年被匪抢出，售于平津书肆，为该馆购得云。（据 1933 年 8 月 13 日北平《晨报》）

鲁北平原西关淳熙寺传建于宋，前寺后有古塔废址。本月上旬驻军及民团拆废砖应用，塔底发现井口一个，四围砖砌，深丈许，六角形，上层砌成花样。入内探视，见有长约二尺五寸石匣一，两盖，一仰一俯，深尺许，匣头刻披发持剑甲士，一旁有云头缭绕，雕龙虎各一，角鬣鳞甲极活，匣上刻有"宋淳熙寺众"等字样，惜多模糊。内有银镀金僧盔一顶，上镶小佛像，迎风碎烬。另有白瓷碗罐黑瓷小瓶等物，瓶罐内均盛五色小石子，已归民众教育馆保存。井底向南有隧道一处云。（据 1933 年 8 月 22 日天津《益世报》）

上海影印宋板藏经会，近在山西赵城广胜寺发现古藏经五千余卷，依千文编次，系手卷式。其禄字《传灯玉英》卷尾处，有宋景祐二年跋文。考其刻板之始，当起于五代。木板一面二十三行，一行十四字，为向所未见。（据 1933 年 9 月 3 日天津《大公报》）

泰山岱庙古物，前经孙良诚、陈调元设保管委员会，封存中山市场，计大小六十一件，皆系秦汉迄明珍品。十一日省府议决令民教两厅设法运济陈列。（据 1933 年 9 月 12 日北平《晨报》）

沈阳城内故宫博物馆仓库，于十日下午七时半左右失慎，至晚十时半仍在延烧中，起火原因不明。（北平《晨报》）

皖阜阳县第十区沈丘集北八里之连桥地方，某姓豆田陷落一洞，有入内者。约行数十步，发现圆石门一，再数步复有同形之小圆门。四旁有白骨一堆，小石狮一对，古剑一把。区长报告县府核

办。（据1933年9月15日天津《大公报》）

赣南昌建筑飞机场，掘土发现古瓷碗数十，瓦瓶一对，瓦香炉一只，形状皆奇古，质颇恶劣，约系宋元之物。又机场背后，挖土地点，17日发现古墓二穴，其一并无骷髅，有石屏四方竖立。两旁正中置古瓷版四块，有古瓷瓶二，分置上下两端，瓷质精细。内有一蛙，说者谓系古人疑墓。其二在最低层黄土内，尸首面目如生，似近葬者。该尸头枕一大彩龙瓷盘，盘内满盛茶叶，业已腐烂，衣冠均系古式。（据1933年9月13日北平《晨报》，18日天津《大公报》）

鲁滕县城北发现大规模汉代古墓，被附近乡民挖掘，内皆汉画石刻，获五六十方，均极完整，后经绅士黄复堂运家中暂存。据鲁图书馆馆长王献唐谈，系一整个公墓，足以考见古代建筑文化。能将画像仍挂列成整个墓室，实考古史上之奇获。惜墓被挖毁，墓内尸棺陈列，画像位置已无可查考，且殡葬之附属器物珍宝，均已散失，实为大憾事。决运济保存，并请省府令禁再掘古墓。中央研究院山东古迹研究会，以该县为山东宝库，决先派员查勘，以便发掘。（据1933年9月30日天津《大公报》）

北平图书馆于“双十节”举行地图版画展览会三天。展览之地图，有宋元明各省区旧势图，清代经纬线图，明清边防图，河流水利及驿铺道理图，明代城市宫殿图，圆明园宫殿图，清内阁大库明清绘地图，及历史博物馆北平研究院地质调查所并私人所藏舆图等。版画除明清所刻小说戏剧山志画谱中之版画，及清初乾隆时西洋画法之铜版武功图外，尚有佛藏经版画多种云。（据1933年10月6日天津《大公报》）

苏淮阴县属东北乡古寨集田间，发现石板一块。续发现石板五块，每块宽可五尺，长约七尺。复深掘，深至六尺左右，发现玉枕一，长约尺许，高约二寸，碧色无瑕，为淮安富绅以五百元购去。（据1933年10月8日天津《大公报》）

皖北寿县东乡朱家寨今春发现大批古物。据该县来客谈，此次发掘之地名李三孤堆，自本年废历二月底至五月初间，乡民合作挖掘，掘土坑深六七丈，直径两丈有余。内共三层，以木为隔，层层均系古物。许已掘出古物被售出者，有铜鼎、玉牛、铜爵等五十一件。其余仍多，均散存当地绅士，及小学校内。现经寿县政府提回暂行保存者，共有七百八十七件。内尚有古鼎二十余及玉爵、玉砖、玉石诸大件。此外则杯、盉、锅、盆、石凳、铲、锯、刀、钩、斧、刨、剑、戈、箭头等。总计出土古物之名贵，数量之多，为数十年所未有。（据 1933 年 10 月 15 日北平《晨报》）

北平历史博物馆，于“双十国庆”展览西北古物，有敦煌泥比丘造像，梵藏婆罗门畏吾儿文字，写经拓本，自莫高窟以次，二十余种，西夏八思巴字泉币等。同时尚有吴辉山氏旧藏贝泉铲币，张景苏氏所藏图画陈列云。（据 1933 年 10 月 10 日天津《大公报》）

豫彰德西北乡沿洹河南北一带，埋藏古物甚多，农民时有私掘者。中央研究院驻彰考古处，现决定提前开工，发掘小屯村花园庄一带殷墟。据该处职员谈，二十日内准可开工。又云日前赴各处视察，发现私掘者甚多，曾在四盘碾村南挖古坑边，捡得古铁锥一把，汉瓷花碗片一块，今已严禁私掘。又西北乡掘古区内，农人在地掘出古铜炉一，高约四尺余，粗细与水桶相仿，上下均花纹，惜原已两断。坑内尚掘出零星铜玉器不下二十件。又王裕村及洹河南岸亦先后掘出古物。又本县城内东大街府署东，有高约六七丈之古建筑物，打更楼一座。当局驱工拆除，拆至二层东墙壁内，发现白玉石地藏王佛像一座，高二尺余，雕工极细云。（据 1933 年 10 月 21日天津《大公报》）

豫洛阳县属西南金村地方，发现深不可测之穴窟。经人探视，确系古墓。掘出石钻、石斧、大理石、犬形雕刻物、陶器、人骨等物。（据 1933 年 10 月 24 日北平《晨报》）

中央研究院及山东古迹研究会合作发掘鲁南邹、滕、峄三县古迹，近由中央研究院董作宾与山东省立图书馆馆长王献唐氏商决办法，先掘滕县，再及邹、峄，预定明春竣事，现滕县已着手发掘。据董氏谈：(A)安上村北工作地，俗名谷堆顶，故名曰安上遗址，由二十四日起工作。(一)遗址之范围，东西三十公尺，南北十公尺。(二)遗址之寻求，三日内共开十七坑之结果，可以推知者：(甲)当日地面约在今下七至八寸；(乙)地面上有直径六七公寸，深四五公寸之小圆，坑中实黑灰木炭，甚似炉灶；(丙)炉灶旁有直径四五公尺，深一公尺以上之大圆坑；(丁) 耕土下二三寸处发现有近似屋墓之土台。(三) 遗物多在灰土层内，散乱弃置，以残碎陶片为多。已出古物：(甲)陶类……鬲足颇多，豆、罍、尊、彝残器皆有，亦有近似城子崖出品之黑光陶片，惟形质较粗，而花纹简略，为特异之点；(乙)骨器有镞、锥、带孔之扁针等；(丙)石器有镞、带孔镰、釜、刀，皆类殷墟出土者；(丁)蚌器有镰刀，刀口作锯齿形，极似城子崖下层黑陶；(戊)铜器，仅见铜镞及残铜屑；(己)兽骨不甚多，亦有鹿角、野猪牙之类。此处工作已告一段落。在该地中部十七坑中，发现春间出土十四件周代铜器处，确为墓葬地。该地尚余棺椁形迹，人骨下得刀币一，原殉葬铜器下席纹宛在。(B)发现曹王墓，于二十六日开工。工作地址，为久已被人揭发之三个石块，仅掏取碎石及淤土。所开三穴，一、二在丘之正顶，第三在其北，第一日达掘一米深。以电棒向墓道探照，均已见底。第二日，掘一米达半，发现有花纹陶片及不完整铜钱残片，并无字迹。现墓中石上花纹并无极细致者，有方块纹牛马形鱼形及蜿蜒之花纹等云。 (据 1933 年 10 月 17 日、31 日、11 月 1 日天津《大公报》)

湖南湘阴县凤凰山有人掘地，发现方石一块，下有五坛，内实泥土。惟一坛内藏银质凤雏一枚，又铜镜一个，雕刻工细，颇似汉海马葡萄镜，被人以五十元购去。(据 1933年 11 月 6 日北平《晨报》)

安徽寿县朱家集李三孤堆发现古物，前各报所载，多非实际情形。据探悉，此项古物，确系春秋之物，掘得大小古物七百四十余件。除去零星小件无法命名者外，其完整者仅三四十件，经组织古物保管会保管云。（据1933年11月8日天津《大公报》）

山东曲阜城东十二里道旁，为雨水浸注，塌见古墓一所，墓为二圹合葬。墓中完全为石刻画像。两圹中间以石壁隔开，宽六七尺，长丈许，石壁上镌有篆文十："山鲁匜东安汉里禺石也"，山字作双钩。发现之后，县长往察，墓内破坏无所有，仅存石刻。而好事者往拓收藏，县府令用土填平。鲁省立图书馆拟将运济保存。（据1933年11月9日、10日北平《晨报》）

中央研究院与鲁省府合组古迹研究会，近在峄县城北峨山口村迤西小郭家庄发现古墓两道，系平地现出地穴，约深五六尺。穴内向东开一石屋，外面皆用巨石镶之。门上以长约丈余之青石为梁，花纹古雅精致，室内黑暗无人敢进。其西南约半里之处，另有一墓，形状相似，据考古家鉴定，系鄫国古墓。（据1933年11月11日天津《大公报》）

圆明园故址，移交清华大学为兴建农事试验场之用，原有古迹及石刻，亦交该大学保管，教育部已有令到平。（据1933年11月17日北平《晨报》）

中央研究院与山东古迹研究会合并发掘滕县古迹，近又有山东大学人类学教授刘咸率高年级学生八人参加工作：（一）安上遗址已开三十三坑，各坑仍多陶片骨骼，并多井灶柱基遗址，新发现者，有贞卜龟腹甲四块，其三有镌灼痕迹，似已用过者。此外铜箭镞、骨针、牛羊头额腿骨、鹿角等，亦有发现。在今春出周铜器处获周陶器豆鬲敦等九件。（二）曹王墓开至第十二圹，各圹乱石黄土填满，深度均在一二米突之间。获有石匣四个，并多汉通用铢及无缘之小五铢。第七圹因发掘甚浅，得有铜条片数块，类铜器破碎者，又铁环一，只与现在女子做针凿所戴顶针相同。尚有刻画石二十七方，一在开第一圹时所得，为瓦陇形之房脊一块；一在山下庙中所得，为孔子见老子之画像，与嘉祥武梁及肥城孝堂山汉画石刻作风大致相同。其余二十五块，在墓山下三官庙门墙中拆出，人物雕刻精致，原系土人拆取墓上之食堂，杂乱堆砌者。现工作人等为彻底研究起见，决广开沟道，搜寻地下隐圹，以穷其蕴藏云。（据1933年11月各日北平《晨报》，天津《大公报》）

江苏泗阳县属众兴镇汰黄堤畔，农民在堤陂掘出石碗一，洁白如玉；陶瓶三，色褐，瓶身不平；赭赤色玉狮一座，高约六寸，长约七寸，晶光耀目，神态毕肖；最后掘获玉人一，色白，高约七寸，触手即化灰粉，现暂由该镇区所保存云。（据1933年12月8日天津《大公报》）

江苏沭阳第一区农人掘土，发现朽棺一具，旁列古瓶、铜镜各一，古钱十数枚，铜镜圆形，背面满铸花纹，并有一凤，中有横鼻两个。瓶为砂质，长六七寸，上口与瓶底相同，瓶腹特大，有凹纹作螺旋形，现存区公所云。（据1933年12月14日天津《大公报》）

山东教育厅督学冯光荣赴历城县南乡视察教育，在千佛崖发现唐造像五六百座，高者过人，小者亦二三尺不等。该地万山重垒，知者甚鲜。又在章丘、济阳两县发现明佛经多卷云。（据1933年12月17日天津《大公报》）

安徽芜湖东门外铁路埂出世庵附近，农民邵某掘地，发现地窖一。上覆青石版，四周砌有厚砖，内列大小菩萨十二尊，其质甚重。乡人轰传金菩萨，抢夺一空。经公安某分局陆续于附近民家起获八尊。（据1933年12月21日天津《大公报》）

山西浑源属六郎城乡人掘出宝剑二口，金鼎王帽香炉各一。该处民国十四年（1925年）曾发现周鼎、金牛等物。（据1933年1月6日北平《晨报》）

行唐县城南十五里北协神村西南有土丘一座，下有砖洞，俗称王子坟。经村人发掘，洞为东西向，高宽各丈许，共有石门五道。其居中之一进，上为亭形，下系石桥。大洞内每进，各有南北向小洞门二

个,俨如大街小巷。洞壁石上刻有麟凤等像,刻工古拙,惜无字迹可考。(据1934年1月7日天津《大公报》)

鲁图书馆以二百五十元购得汉石羊一双，闻系安徽寿县出土，为墓道外陈列物。羊身各有八九字,土锈浸蚀,不能辨认。(据1934年1月8日北平《晨报》)

北平古玩行汪某家藏翡翠塔一座,高三尺,七级,传系明大雕刻家十余人费时五年雕成者，近被美国人以美金二十万元购去云。(据1934年1月11日北平《晨报》)

鲁省立图书馆近据日照县政府报告，该县城西十里许古城村，为汉海曲故城,历代发现古物甚多。近村有古墓数处,年久淹没。村民某发掘古墓一座,先见石门横梁及门框,均为汉石画像。继续发掘,于墓前获一铁人头,大如斗。掘之竟日,及入土丈许,仅及半身。县府闻讯，禁止发掘，省图书馆据报拟定于三月间前往发掘云。(据1934年1月25日天津《大公报》)

国立北平研究院因拟在陕收集周秦史料,特与陕西省政府合组陕西考古会,会址设于长安,并在发掘处设办事处。发掘地点,暂以宝鸡县为试验区。第一次会议定于二月一日在西安举行。(据1934年1月27日天津《大公报》)

安徽寿县朱家集李三孤堆，去春土人曾发现春秋时代大批古物,约三千余件,为战国时楚国之物。其物当出土时,土人攫取损毁甚多,嗣经寿县县长将古物没收一部分,约七百余件,有为铜制,有为玉制,且多缺破,完整者仅三四十件。刻经省府派员运省。一俟运到,再请专家鉴别名称,陈列省图书馆公开展览。(据1934年2月1日北平《晨报》)

晋南曲沃县上西关有齐姜及晋恭世子墓。墓中古物甚多。本月中旬齐姜墓被盗,所有宝物被盗一空。旋经县府派警由墓旁土中寻出古铜大盘三件,古色古香,颇足珍贵。此项古盘业经带至县府云。

(据 1934 年 2 月 5 日北平《晨报》)

山东日照县东海峪发现周代骨钱一罐,尚穿连完好。据鲁图书馆馆长王献唐谈,可证日照莒县一带为周东夷地。当时商业繁茂,并与海外通贸易。已派员往购骨钱,以便研究。(据 1934 年 2月 22日天津《大公报》)

陕西考古会工作主任徐炳昶返平,述该会工作情形。略云:本会现设陕西民政厅旁院,原即唐中书省故址。该处已数次发现唐碑,民国十一年(1922 年)曾发现《颜勤礼碑》。本年二月本人离西安时,令人发掘。现得报告,已得一残碑,为大明宫(小部分)与兴庆宫全图,以与旧志中所绘图相较,颇多异点,固有比例尺颇精。至刻石时期,尚待考证。又得唐代碑头、碑座及带纹碑边,唐独孤氏墓志盖,宣和、大观、正隆钱,宋瓷,明成化瓷片等,唐长安城内宫殿,共分三处:(一)西内太极宫在今城内偏北处,(二)东内大明宫在今城外西北隅,(三)南内兴庆宫,今金花落村即其东界。又据报告,西内太极宫之一部残碑,亦于城内小湘子庙道旁寻得。似此,则唐宫之研究,当有新进步云。(据1934年 3 月 12 日天津《大公报》)

山西太原天龙山圣寿寺石窟,雕凿于北齐时代,其风格与北魏隋唐间之千佛岩云冈、龙门相较,别树一帜。寺为皇建元年建,志称内有石室二十四龛,统计大小造像约及百数。不意去岁被人铲凿一空,大批运售外人。现在山寺所存者,为一高约二十四尺,毁去双目之石像,并垣民众教育馆存一石佛头,北平历史博物馆存有石刻拓本及影片若干帧而已。(据 1934年 3月 21 日《大公报》)

北平西郊五塔寺之塔与印度伽耶寺塔相同,此式建筑世界仅此两处,极为研究建筑学及研究教典者所重视。民国二十一年(1932年)夏曾被军人强登塔顶折毁一角,日前又有人结伙将塔上残留铜顶全部盗去云。(据 1934 年 3 月 21 日北平《晨报》)

山东淄川县城北贾平乡乡民掘得砖石甚多,乡长报告民众教育馆，经与古物保管委员会查勘，石共六方，上刻车马人兽，且镌有“此马皆上食天泰仓”九字，系完整之汉墓门。（据1934年4月4日北平《晨报》）

江苏淮阴、淮安两县交界处之七里墩，农民掘获“汉王林墓”碑。又在距地面一丈左右处掘得玉狮一对，古铜碗、紫铜鹤各一只，已为古玩家购去云。（据1934年4月8日天津大公报》）

安徽寿县出土古物，业经运省陈列于图书馆，惟一部分被人运平转售，现正追究。（据1934年4月14日北平《晨报》）

苏联科学研究院远东分院图书馆，收藏丰富，有蒲留仙《聊斋志异》原稿四十六卷。（据1934年4月17日北平《晨报》）

陕西考古会在西安城东北十余里陇海铁路沿线，发现古物之米家崖，考察发现该处为三代以前石器时代之地层，灰层褐色，断定为当时人民造饭之遗迹，且证明与民国八年（1919年）在豫省所掘之地质为同一时代。当起土时，曾发现六朝及汉唐时代大批古物二百余件。其中不少珍品，已交考古会保存。（据1934年4月20日天津《大公报》）

山东临淄县城北二里许之刘家寨阚家寨古城一带，发现封泥。（据1934年4月27日北平《晨报》）

京孝陵卫因辟操场，发现古墓，掘得古瓶瓷、牛、羊等物。已请中央研究院派员视察。（据1934年4月30日天津《大公报》）

导淮委员会建造淮阴邵伯两船闸，在淮阴马头镇旧江西会馆旧址，掘出金砖一块，计重三十二.二五公斤，上刻“甲午年冻护贵西道史”九字，经将污泥洗去，金光闪烁。同时发现之金镯、铁箱等物，被人携去。闻金砖将送南京古物陈列所陈列云。（据1934年5月11日上海《新闻报》）

湖北樊城西北七里桥，当地人民，因筑碉楼围寨，掘出一石门隧道，深五尺，高六尺，宽丈余。其内为古墓一座，石门两扇，现已掘至地脚，每扇宽二尺六，厚三寸，高六尺，一扇微起，外表仿佛有字，笔迹断续莫辨究竟。另一大半，深陷土中，细察出土部分，现凤头凤颈花纹。后因互争管辖问题，遂停止发掘。（据1934年5月16日上海《新闻报》）

本省磁县岳城镇东二里许，古墓被人掘开。该冢内其形如洞，深可二丈，高七尺，宽九尺，长丈余，中贮铁棺一具，洞底为五尺余之方砖所砌。（据1934年5月17日上海《时报》）

河南彰德西北乡距城六里垣南李姓地内，掘出铜方炉一只，高约七尺余，周围二尺见方，通身镌有细花；铜虎头鱼两条，长约四尺，身镌鳞甲；铜瓶四个，高一尺五寸，如茶杯粗细，上刊龙纹；铜提壶两个，高二尺五六寸，粗一尺五寸；铜爵杯五个；铜花插五个；均有细花，刻已经售出一批。（据1934年5月22日南京《中央日报》）

北平学术团体为赞助燕大百万基金运动，于五月二十五日至二十七日联合举行西北文物展览会，开放团城，北平图书馆，历史博物馆，古物保管委员会，西北科学考古团，北平研究院等机关，均出品与会。其中以甘肃之莽衡及附陈安徽寿县出土之罍、簠、盘、勺、豆、剑等楚器为首，在平公开展览之物云。

江苏涟水陈家港吴家庄刘得标四日晨，因修房子治地脚，突发现石室，高方各有丈余，类似古墓，而中无尸骸。屋顶覆以尺余厚之长大石板，牢不可破。东壁有一洞门，他壁无窗牖。入内搜索，获水晶牛马各一，并铜质轿车两乘，长约四尺。以手推之，车轮如旋风，毫无锈毁。水晶牛马上花纹极精巧。（据1934年6月7日南京《中央日报》）

山西沁县王必村修葺庙宇，在旧基下掘出石碑一块，精凿佛像，惟字迹模糊，被驻军购去。又发现石碑一块，上刊有“咸和二年”字样，余均不甚清晰，已呈县保存。（据1934年7月7日北平《晨报》）

苏俄中亚之塔吉克斯坦间，发现中国古代文书甚多，而以公元前七百零六年（约当周桓王时代），朝廷致西藏戍军之檄令为最有

价值云。(据1934年7月7日上海《新闻报》)

北平研究院与陕西省府合组之陕西考古会,发掘宝鸡斗鸡台古迹,两月有余,已暂告一段落。计此次在斗鸡台堡内及戴家港先后发掘农具颇多,次在沟东发现古墓亦多,以周秦汉诸代居多。此外百分之九十以上均为陶片,俱三代前物。最后发现汉"泉水池"遗址,掘出铁标枪、铁矛头、铁箭等兵器,并在墓中掘出三代朱壁画、唐宋画、周漆器、朱红漆器,于七日九日起,至西安展览三日。十八日将所有在陕发掘之古物二十二箱,运北平研究院研究,并将在平展览。(据1934年7月《大公报》,北平《晨报》)

甘肃永昌县西区土喇庄农民,掘出古墓,发现瓷瓶一对,及陶器多种。(据1934年7月17日南京《中央日报》)

晋阮籍墓在京市区内发现,将与六朝胭脂井同时修理。(据1934年7月17日上海《新闻报》)

徐州卢山乡南涧西庄牧童陈某,于民国二十二年(1933年)六月在庄西柳山上牧牛,捡得铜镜一枚,一面两乳镂夔龙两条。又掘出一镜,背面为青龙、白虎、朱雀、玄武海兽四神像,并乳四个铭文,小篆,吉祥语四句,每句四字,第一句为"吾作明镜",余均辨认不清。五铢钱十二枚,破瓦器砖等物。经考古家鹿世典鉴识,定镜为汉镜,均送图书馆保存。鹿复至山下察看,见有大墓数座,多被山水冲坏,发现汉砖长二尺宽一尺厚数寸,一面花纹甚坚,纹形如半月两半月,中有双道十字形。瓦如屋盖形,中间高有道,长宽三寸许,堆积累累。又据土人指示,西山亦多此残砖。又卢山下被水冲之墓砖与此同,惟花纹系双格形。又距涧西庄北五里朱堂山村山下有墓道五,墓石刻有车马人物。(据1934年7月24日南京《中央日报》)

杭州东街路小营巷住户姜某,雇工开掘水井,发现铁箱一只,长约尺许,上有模糊不堪字迹"大唐天宝年藏",箱上猴形式样锁一把。拨开,内藏玉佛金炉各一,荷花瓣式蜡烛台各一对,共约十余件。

（据1934年8月24日《东南日报》）

嘉定地滨东海，在南宋时名将韩世忠曾驻重兵以御金人。据传当时军中盛水均用陶制瓶器，一说乃当时战捷朝廷犒赏兵士盛酒者，事后遗弃而埋藏于地下者甚多。昔年浏河一带有人在河中捞获，好古者视为珍玩，谓之韩瓶。现又在县府西梅园发现，为数盈千，完整者七十余，瓶高尺余，径宽二寸，小者高八寸弱，径宽四寸，外色油绿微光。形微扁下圆，颈有四耳，或上下微扁。（据1934年8月29日上海《新闻报》）

察哈尔蔚县第三区张家庄于上月发现古墓，古物保管委员会北平分会曾派职员两人前往调查，已于二十四日返平。据云该墓先后掘获陶器约共五十余件，有完整者残缺者，又有五铢钱十枚，棺板一块，考定确为汉代古墓古器云。（据1934年8月29日天津《大公报》）

豫北新乡东南四十余里与延津、卫辉交界处，发现乾隆时被流沙埋没全城人无一幸免之胙城，现西门及街道一部尽暴露地面。（据1934年9月4日天津《大公报》）

甘肃兰州制革厂前因修理厂所，掘现石坛两口，质重，高二尺余，口径一尺五寸余，色灰白，微有光泽，因无人识别，仍置该处。（据1934年9月16日南京《中央日报》）

河北省抚宁县属徐各庄王某，前垦地下种，发现地道一段，长约二丈余，尽处为一小庙式之石屋，共有四屋。掘开石板，内有香炉、瓷瓶各一，均甚精细。又城东北平台村有翁姓建筑新屋，发现一孔，有砖瓦无数，但皆破碎，于其中得铁钟一，上有不识之文字，并有瓦无数，均排列整齐，县府已令翁某送县展览。（据1934年9月26日天津《大公报》）

抚宁农民发现石庙九处，最后一处最大，古物亦较多，现已掘开三庙，共得铁香炉四只，铁钟二只，古瓦二十一片。（据1934年10月5日南京《中央日报》）

驻彰中央研究院发掘安阳殷墟团，自夏季停工后，今已三月余，业于五日在城西北洹北侯家庄正式开工，做第十九次发掘。洹南小屯村之殷墟遗址，不日亦将开工发掘云。（据1934年10月10日天津《大公报》）

广东南海县属湖州乡，相传南汉曾建离宫于此，宋代改为寺观，年湮代远，无迹可寻。近有人在该处发现石佛塔，长约四尺，阔六寸许，塔顶四周均佛像，下有文字，多难辨识，可见者有“宋至和二年岁次乙未正月一日庚申，立塔，□□□主缘何化祐州，合村共舍塔一座，永充供养，永新合村无灾口，万代年康”。（据1934年10月31日北平《晨报》）

河南滑县天主堂内，日前掘出古钱甚多，县长派人点验，约有一万九千五百余枚。

安阳薛家庄花地内，近有史某、李某掘出商彝12件。经县府搜出，送古物保管委员会保存。（据1934年11月12日北平《晨报》）

安徽宿县第七区蔡里集南农民孙某耕地，掘出一石匣，已被犁毁一角。匣长尺许，宽约六寸，内藏铜猴一，高约七寸，左膝下跪，右膝曲立，右手置膝上，左手持灯座，即携回珍藏。（据1934年11月20日南京《中央日报》）

陕西省考古会二期继续发掘斗鸡台工作，所有工作人员，决定于十二月十九日起程。（据1934年11月21日北平《晨报》）

唐山市西十里许东葛庄乡长发掘大铁箱一，高约四尺，长丈许，宽五尺。未及开启，继续挖掘。当又发现以石条砌成之方屋，约二丈见方，高约五尺。启视，内皆瓶鼎等物，秩序井然，由小而大。继启铁箱，内大瓶一只，高达五公尺，径二尺余。此外尚有文房四宝、瓷盘，统计各项物品共三十八件，另古钱一盒。（据1934年11月22日天津《大公报》）

教育部前派黄文弼赴新疆视察教育，并令就近考察新疆古代文化。黄于十九日返京,据谈:新疆南部马耆罗布淖尔为古之楼兰国,余于民国十九年(1930年)抵该处,发现汉之烽火台;此次前往复发现一西汉木简,上写西汉《论语》;并发现烽火台古道,为汉通西域中道,及汉五铢钱八百余,与瓷器、骨器、丝制品等件。(据1934年11月22日上海《新闻报》)

山东大汶口东门北外里许地中,地主侯姓雇工掘土打坯,发现古墓穴口,经人掘出古瓷器12件,铜器一件,鲁图书馆函公安局接洽收买。(据1934年11月28日天津《大公报》)

中央为保存古代文化,决定将鲁省海源阁杨氏藏书,收归国有,已数度派员与杨氏后裔接洽。杨氏后裔亦极表同情,惟代价尚未谈妥。中央定于本月十四日召集各关系部会,讨论收买及估价办法。(据1934年11月11日上海《新闻报》)

距敦煌县城四十里之千佛洞,发现汉时古佛数尊,高丈余,通身金黄,极为美观。(据1934年11月17日上海《申报》)

皖北寿县朱家集去春发现大批古物,经县府派员挖掘,先后出土者共三千余件,全部均运往省垣,陈列图书馆中。最近中央研究院古物系特派委员赴朱家集实地考察。闻该员已于昨日过寿前往,以期有所发现,继续开掘云。(据1934年12月1日天津《大公报》)

中央研究院驻彰发掘殷墟团,今秋在洹河北岸侯家庄发掘,工作进行颇为顺利,所掘陶器、铜片、铜器、甲骨文古物甚多,现在编号整理。前日该团在殷墟内掘获"饕餮"一件,兽头人身,兽尾,高约一尺余,乃石制,值价甚昂。据谓系大理石所造成,为古代无上珍贵宝物,入夜光彩耀目,现存放于侯家庄,日内即将该古物运至城内云。(据1934年12月8日天津《大公报》)

郓城南第五区农民掘菜窖,发现古船长八丈余,舱内有古式三耳瓦罐十余个,有大中、天祐、崇宁年号古钱多枚。大中为唐宣宗年号,距今已一千零八十七年,惜船一部已被掘毁,木质尚未烂。(据

1934年12月11日《中央日报》)

距共和县二十余里许黄河南岸，日前有乡民掘得枯骨一具，大体尚全，长丈余，每节骨骼长常人一倍，旁有殉葬小马，大不盈握，雕刻精致，呈青黄色，或系金质。发掘者因畏官取索，将骨骼重埋原地，携小马远扬。有谓此系西汉赵充国平匈奴时遗迹。当时赵氏兵锋所及甚广，此或为其战死之将士骨骼。(据1934年12月15日《中央日报》)

济南东乡，及青州之东南山，各发现周代铜器十余件。(据1934年12月17日北平《晨报》)

本县城东前各庄村北，日前经居民挖土，挖出宜兴佛龛一个，泥土人三个，马蹬钱数十枚，铜香炉一个，古砖瓦无数，瓦上并镌有“十间房”字样。又有附近发现一房，方砖铺地，并有东南西北大门各一，附近居民多争往参观云。(据1934年12月17日天津《大公报》)

山东为古代青兖徐豫四州之地，圣贤桑梓之邦，数千年来，因沧海桑田，环境变迁，古物湮没地下，不可胜计，年来迭有所获，率多攸关中国历史文化甚巨，引起考古家之注意。历城(即济南)东乡为周代谭国故址，近有居民掘获铜器十余件，质色均好，为周末时代之物，惜未有镌字，为美中不足。发现之人，恐引起纠纷，已运往天津，待价售卖。又青州为古九州之一，名胜古迹，亦足称道，最近在青州西南山亦发现周代铜器十余件，惜亦无字迹云。(据1934年12月19日《中央日报》)

平市崇外天历寺，为辽永泰时之古刹，内有古代澡堂一座，建造极精，与武英殿后浴德堂之建筑类似，相传为元代建筑。日前经古物保管委员会北平分会发现后，函请市政府设法保存。市府查明属实，令饬工务局设计将浴室恢复旧观。该局已遵令派员实地勘查，并拟具“工程说明”招商投标，结果广和木厂开价最廉，昨已呈请市政府，俟批准后，即将动工兴修。(据1934年12月18日北平《晨报》)

陕考古会工作主任徐炳昶返陕，率领工作人员，赴宝鸡继续发掘斗鸡台后,工作进展,甚为迅速。其掘得之古物,大多为周秦等朝物件,对于历史文化,价值甚巨。近该会又掘得古物多件,以带钩一件,证明确系秦汉时之遗物,其余如瓦鬲、瓦罐、铜铃等古物,亦极珍贵。现该会第一期开掘工作,即将告竣,第二期工作范围,亟待早日指定,以便继续发掘。其原定范围,在姜城堡,但为得周秦古代之古物起见,决在汧渭两河上游开掘,并拟即着手先行调查。又该会分组研究工作,业经开始,并已着手调查各县古物,以供参考。惟社会多数人对于古物之认识尚少,故决于下年在该会筹办一民众学校,除教授普通课本外,特别注重灌输古物研究之常识,期利考古工作之推进云。(据 1934 年 12 月 19 日天津《大公报》)

寿县隋以后曰寿州,古寿春也。七国时楚逼于秦,三迁至寿春,命曰郢,其治所无可考。今县东南三十里朱家集,朱氏聚族而居,距集约四里,有四阜,俗呼李三孤堆(《说文》𠂤,小阜也,俗作堆)。民国二十年(1931 年)大水,乡人取孤堆土以筑堤,得古铜器,秘之。次年朱氏醵赀鸠工,掘孤堆深至四丈,见木格无数,排比如药橱,占地宽约五丈,格中分庋金石器,以类相从,不相杂,亦有空无所庋者。格四周有木壁,木为土产之青红槓,今其种殆绝矣。朱氏怨家告密于县,县遣役禁止。役未至,掘者平其坑,各匿其所得器。一鼎绝大而重,不及舁藏,忿而折其一足,权之,七十余斤,盖重二百余斤,即今安徽图书馆陈列之鼎也。器初出土,软如泥,易残破,传闻积其残可半屋,辞似过甚。然图书馆提取铜器仅十件,一失盖,一粘足,是损坏之多,已可想见。石器由朱家集运入城,未启封运省,亦未陈列,或谓宜用科学研究。按楚地尽南海,又多灭人国,所得宝器或杂庋于石器中,亦未可知。朱家集南三十里庄墓桥,以楚庄王墓得名,寿春为楚境东鄙,楚旧都在今荆州,伍员入郢,鞭平王尸,王翦取郢,烧楚先王墓,楚墓皆在荆郢,庄王何独远葬寿春?考庄王当伐陈伐郑伐宋,勤于远略,或东至寿春,死即葬焉。古者君行师从,况霸王欲威东方新附诸侯，必以重兵屯守，屯兵必有垒，朱家集李三孤堆或即其地。厥后楚为秦逼，不能再东，乃由巨阳折而入寿，因故垒为城垣，倚屯兵为捍卫。及国势危迫，乃先窖藏其重器。乡亲父老相传，朱家集古为某府，岂即楚都之讹欤？县禁既申，私掘遂息，教育局继之而起，工皆新募，又无专家监视，毁器亦不少。闻其所掘得及勒缴朱氏所藏者，共八百余件，先存天后宫，县教育局见者，谓残缺甚多，文字更少，其石器两箱，各题曰石器两百若干件，及省委守，提运至蚌埠，因款竭，久置车站月台。有人数其封识，共六百数十件云。朱家集出土楚器，鼎为称首，余所知除皖图书馆之铊鼎外，其在民间者一，重九十余斤，铭十二字；在皖一，重五十余斤者，铭四十二字，惜折一足；在沪一，在余处重八十三斤，铭六十六字，精好异于他器。余所存之鼎，姑定为楚幽王时物。考幽王即位于秦始皇十年，卒于十九年，楚灭于二十四年，此鼎由铸成至入土最多不过十四年。中华民国二十一年（1932年）秋出土，辗转至次年十月到津。别有豆二，簠二，勺二，匜一，敦二，与鼎同在一坑，同日到津。鼎初到时色褐暗，腹泥甚厚，次年春去其泥，见朱砂锈上半部，有周围如带之水纹，又有无数水点纹，盖为当时烹物之渍痕，腹底皆黑灰，疑是入土时爨余所化。今夏偶置鼎于日光中，满盖呈青绿色，腰际绿亦渐吐，腹现白色，约椭圆二寸许，或谓是水银之精。豆二，铭各九字，朱砂锈，碗大而深，柱长而上略肥，足圆小，似上下不称，然置物盈之，绝不攲倾，重心之说，古人知之久矣。簠二，铭各九字，成长方偏体，花纹朱砂绣。勺二，铭各七字，其一别有二字，似误刻朱砂绣，膪后敷以绿，口薄如刃，两勺形制同。其柄一为圆柱体，一为不等边体，而柄未有花纹，到津时銎内各有一楔。询知原为木柄，其材即青红樌，长约三尺，运者截之，以就缄縢。而銎内之一段未去，犹存告朔之饩羊。因思此是挹取鼎实者。鼎大且深，故须长柄，口薄，欲其能切物。民国二十三年（1934年）夏，金陵大学商君借勺摄影，勺返而銎内失一楔。两千余年胶漆相附之伴侣，俄顷而离，数固有定哉。匜一，铭七字，式扁而圆，薄平有环一，流及口有花纹。敦二，无铭，上圆下方，四足卧蚕纹，他楚器铜质厚，此独薄，锈亦不类，或称非战国时器。然与上述诸器，实同出一坑。武英殿有敦，其数偶与此绝相似。楚器各铭，多冠以“铸客”二字，似有物勒工名遗意。战国废周世禄世官之别，四公子竞养士，而客之名乃盛。春申君门下客三千余人，或当时各就所长，分别立号，铸客当是其一。楚末不能备官，故铸物多出客手，余谓凡楚器有“铸客”二字者，皆春申时铸物。案寿县近年出土楚器约千余件，有铭者予仅见三十余器。庐江刘氏善斋藏曾姬无恤台二铭，各四十字，有格，系铸款，其形与新郑所出之壶式绝相似。勺二，铭各七字。又沪上某氏藏一鼎，铭十二字，盖面花纹中刻四字，盖内刻二字，甚奇特。南皮张氏藏一楚王戈，错金字绝精，惜不能拓。又闻有一虎符，大逾汉建初尺八寸许，文为“王命惠赁”四字，与龙节文同，为南中某氏所藏。又江夏黄氏尊古斋藏十器，酓章剑，一铭为锈掩，仅能辨识者十四字；簠三，铭各十二字，底外刻乙、戊、寅、辛等字；盘一，铭二段，共二十九字；罍一，铭九字；豆二，铭各九字；勺二，铭各七字（其一归容氏颂斋）。系得之潍县范估申之者。经予为介，归于北平研究院，现存北平图书馆金石部，正在拓传。又皖图书馆获十器，铭仅铸客之名而不记楚王名。其最大之鼒重七百斤，铭十二字，除冠首“铸客为秦”四字，及末“为之”二字外，多不可考。又铊鼎一，铭十二字（即李估质彬运平之鼎，为古物保管会拘去，以廉价购归者）。鼎二，铭各九字。鬲一，铭七字；鬲一，仅两耳，分别五字；簠二，铭四字，一铭九字；鉴一，铭六字；镐一，铭六字。其一部分运津者即宝楚斋所藏，今由周君希丁制形精拓，以广其传。计鼎一，铭七段，共六十六字，为南北所见楚器之冠，置二铭各九字，惟底外无干支字；豆二，铭各九字；勺二，铭各七字，一刻废二字，均有木柄，惜去其一。匜一，铭七字；敦二，有方座而无铭，以花纹考之，似非楚时所铸器。予初由方君希白处见此拓本，假归影存，分赠同好，颇有以为异乎秦汉时之凿款，必系伪刻。后以发现日多，又经鉴古家考证，始定为真品，足见考古之不易也。至所载王名除惠王酓章外，尚有盒肯、酓忎二人，忎即悍，楚幽王名，宝楚斋所藏者，即幽王时所铸，其铭已经诸家考释，见于著录，尚属可信，故不复赘。惟出土之历史不如宝楚斋主人所记之详尽，故为印行，以供考古家之参考。

甲戌岁暮北平孙壮附记于雪园（据1934年12月20日北平《晨报》）

中央古物保管委员会委员滕固、黄文弼，前由该会推派赴豫陕两省，视察盗掘古墓及古迹毁损，计划规复各情形，于本月五日出发，昨（二十六日）返京。记者访询视察情形，承作下列之谈话：殷代故都，均被盗掘。余等奉会中推派先赴开封，晤刘主席暨各厅长，接洽视察路线，即在开封城郊略加观览。旋由郑州转赴彰德。此地为殷代故都，古迹密布，近来被地痞奸商，盗发甚多，满望累累者，皆盗痕也。又赴该地善应附近，视察宝山西沟之北魏隋唐石窟，雕刻精美，而佛头多为奸商勾结土人斫去，尤属可惜，再赴洛阳视察金镛城遗址，汉太学遗址及白马寺龙门诸地，虽渐趋残毁，半成丘墟，而往昔文物盛况，犹令人徘徊景仰。周秦陵墓，宜加护惜。最后赴西安历咸阳、兴平、临潼诸县，视察周秦汉各代帝王功臣陵墓及城南一带隋唐古寺，当将历来被人忽略之古代雕塑，与省府商加护惜。豫陕两省古迹遍野，余等行经其地，见先民创造之伟大，低徊感奋，不能自已。此为吾国民族精神之所寄托，凡为国民一分子，皆有保护复兴之责。余等为时间所限，以安阳、洛阳、西安三地为中心，而视察其周围必要之区，然舟车劳劳，未有一刻之闲暇，故其详情，非片言可尽，日内当整理笔记，向中央古物保管委员会报告，并将具体办法，建议于行政院。再此次所历各地，承地方官员招待协助，故工作得以顺利进行，余等深致谢意。（据1934年12月27日南京《朝报》）

陕西省为汉唐历代首都所在地，古物遗留，到处可见。自考古会成立后，如长安附近及宝鸡等处，古物之搜集及发现，已卓著成绩，所发现各种古物，尤以魏碑为最多，且最有价值。近耀县地方又发现大批魏碑，对于历史文化，关系甚巨，除以前继续发现有三宝造像、吴氏造像、魏荀造像、梁洪相、张僧妙、姚伯多等三十余种外，刻在距城四十余里之柏树垣，发现张安世北碑一座，距城三十余里之柏桑雷香造像一座，潦池之雷柳造像一座，共六七座，多系珍品，极为书家及考古家所重视。闻张家坡、桐花嘴、七里坡等处，亦均有魏碑发现，近该县地方人士正继续发掘。上述已发现之大批魏碑，实于文化关系至巨云。（据 1934 年 12 月 26 日《大公报》）

保定城南李家庄，住户李志怀，年五十六岁，务农，妻吴氏，二子，均吃苦耐劳，以李某房舍年久失修，形将倾圮，遂令乃子掘挖院旁泥土，以备制坯翻修。讵挖至深约五尺许，忽发现铁筒一只。破而视之，内贮玉瓶两座，高半尺许，面有人物花草，备极精致。究为何代古物，刻尚未悉。李知获得珍品，全家喜极欲狂云。（据 1934 年 12 月 29 日《华中日报》）

豫北获嘉县，屡次发现周代古物，现该县南乡中和镇又掘出古物十余件，但均系瓦器，兹将其经过录志于下：获嘉车站迤南中和镇士绅邓寿仙，诗书门第，家道小康，今夏曾在其南地建筑砖井一眼，以备天旱所需。不意上年秋雨连绵，此井因建筑不固，遂致塌陷。现在正值农暇之际，于上月二十九日雇集工人十余名，前赴该地，意欲将此井重新建筑，以备明春所需。该工人等照例下井掘挖泥土，惟甫经掘挖，即觉叮叮有声，视之乃瓦罐耳。经邓君检视，此种瓦器，实属古物，遂饬工人等小心继续挖掘，以免损坏。当即继续掘出瓦质花瓶大小五件，瓦质炉鼎四件，并大小瓦罐六件，总计十五件，现由邓君珍重保存。该项瓦器，既无字迹，又无花纹，但其中有瓦炉一件，上有银斑，恐为三代古物。是否确实，须俟考古家研究云。（据 1935 年 1 月 8 日《中央日报》）

中央古物保管委员会拟在西安或兰州设立西北办事处，管辖陕、甘、宁、新四省古物，经费及组织，照北平办事处办理。（据 1935 年 19 日《新民报》）

中央研究院历史语言研究所，在河南安阳等处考古历有年余。安阳殷墟为商朝建都地，濬县复为周代文物汇集之所，故该所在该两处从事考古工作，发现古物甚多。为便于研究起见，特分别装箱，运至京平两地研究。该所考古组主任李济之，于去年底亲赴河南监视装运，前悉运京者计一百余箱，业已到达，运平者五十余箱，亦已由豫启运。该项古物，大部分系陶片、兽骨，均系商周两朝之物，铜器占少数，为戈矛之类，有完整者，有残缺者。该所正分别整理，交熟谙商周两朝文字者研究，作古代历史之考证云。（据1935年1月13日《中央日报》）

中央古物保管委员会，为保存兴善寺古塑，函陕西省府，责成该寺寺僧及该区区保长加意保护，不得妄加涂饰，应将碑碣运至室内保护，其残破者更应设法修葺。（据1935年1月13日《中央日报》）

陕西省政府近准中央古物保管委员会函称，顷准国立中央研究院院长蔡元培函，以陕西肤施清凉山石佛，刀工秀致，宜酌定办法，以资保护等情。查肤施清凉山洞石佛，据原函所称，刀工秀致，罕与伦比，自应力加保护，即希贵政府令饬肤施县政府，一面妥为保管，一面将石佛摄具照片，连同该洞略史，及现状说明书，一并呈报本会以凭办理等语，当经令饬肤施县遵办矣。（据1935年1月16日《西京日报》）

南京调查古迹委员会，昨日下午三时，假内政部举行会议，由中央古物保管委员会科长裘善元主席，讨论发掘天玺纪功碑办法，经各委员商量先进行测量地势，然后雇工开始发掘。会议至六时始散。（据1935年1月19日《中央日报》）

陕西省考古会工作组主任徐炳昶，兹为扩大二期发掘工作计，故决定三组出发先行调查。现悉关于三组工作人员，业经由徐主任分配妥当；所需材料，亦经筹措完竣，定日内即由宝鸡县斗鸡台，分途出发工作。至该会分组研究工作，自前举行第一次分组研究会议后，作充分之参考。记者昨晤该会某负责者，据谈，现在人化石、陶瓷、货泉三组，所征集之研究材料，均甚丰富，刻各组正分别整理，俾利研究工作之进行。关于该会所刊印一年来之工作报告，本可早期工竣，嗣因有部分古物登记表格未能整出，故中途耽延，刻已完竣，全部草稿，正由委员长核阅中。（据 1935 年 1 月 18 日《西京日报》）

中央古物保管委员会以茂陵汉光武帝墓风景秀丽，现正计划辟为公园，又对秦始皇墓及白马寺、兴善寺均将拨款修葺。（据 1935 年 1 月 19 日《大公报》）

天发神谶碑，文为篆书，起笔为方浑形，落笔颇尖削，其书法挺劲雄健，较之他篆书犹为特异，系立于天玺元年八月吴纪功德段石冈之碣也。于天祐六年三月二十六日，转运副使胡宗师，游天禧寺而发现。该残碑三截，故今俗称之曰三段碑。后自嘉庆十年乙丑毁于火，由是不复见矣。拓本矜贵，不易得之，而多翻刻者。其翻刻为佳者，为曙生东云本，在北平以黄泥墙刻之，未拓数份即毁，故称之曰黄泥本，近已不易得也。阮元督两江时，曾召桐城刻家姚金寿，摹刻一幢，置于督署内，西花园石舫旁，即今之国民政府。其最次为四川、山东所翻刻者。予临摹该碑有年，然所购者，皆翻刻本。因昨阅报载原石发现，则有同嗜者，不胜雀跃焉。（据 1935 年 1 月 21 日南京《朝报》）

教育部为征集参加伦敦艺展物品，派唐兰、容庚来鲁与教育厅接洽，决定以省立图书馆所藏之汉画像，秦代碑瓦，及在滕县出土之西周铜器，参加陈列，因运送不便，初拓印拓片，或摄影送陈。而教育部以此次运伦敦艺术品虽多，周代铜器绝少，拓片或摄影，不足供彼邦人士之观赏研究，乃令将该原铜器送京。教育厅奉命后，与省图书馆馆长王献唐相商，该铜器共十三件，原系古人全套供器，故每器多系双件，因运送不便，拟相同者各择送一件，共得七件，鼎、敦、盘、彝、壶、罍、鬲等。妥为装箱，不日启运。其余之汉画像石刻，秦砖汉瓦有文字者，各拓送拓片，教育部之艺展专员唐兰、容庚二人，现已由济赴开封征选云。（据 1935 年 1 月 21 日北平《晨报》）

上海龙华寺住持僧性空，在地方法院以刑事告诉前住持僧元照侵占庙产，并附带民诉要求追还被卖地产一百一十五亩。判令仍由龙华寺照常管业，至价值至贵之梵文《贝叶经》七篇，古铜佛一尊（俗称太子佛，来自西竺，距今二千余年），则请求判令元照赔偿原告损害洋十万元，而维古刹云云。该被告元照，自经市公安局获案后，连同证物，移送法院侦察，继而又据僧人敏丰亦向地方法院检察处告诉元照擅将洪善寺（中华路大南门西首民立学校对门）庙宇拆毁，改建住房出赁收租。将一切佛像，移于龙华寺供奉。查此项庙产，为师父光监老和尚敲木鱼每年募化建造。其时城头尚未拆除，所有庙基方单，历来由老和尚交与大南门口莫子经施主处保存。迨老和尚圆寂后，其方单被元照向莫家取回。民国十九年（1930 年）间，我从山上进香而归，则见庙中菩萨，已经搬运一空。我当向诘问，据元照答称，因市面不景气，所以改造住房出租。我聆言大为反对，乃诉诸林康侯施主将元照唤至林宅诘问，据元照仍称，市面不好，因此改建房屋二十余幢。现在此项房屋，由元照之侄婿严望隆经收房租（严住新造之福安里二号），要求恢复原状，将菩萨迁回云云。曾奉吴德莹检察官侦查明确，起诉刑庭，一度开庭，审讯未结。昨日下午二时，仍由邵钦植推事特开第三法庭续审，性空因病未到，由代理律师潘振声出庭陈述前情，敏丰则偕所延之陆起律师相继到庭，问官命提在押之元照至案，问曰："你之民事上诉案现至如何程度？"元照答称，苏州高院开庭结果，上诉驳回，仍照第一审判决定。问："严望隆究住何处？"答："严住大南门民立学校对门福安里二号（即洪善寺旧址）。"问："龙华寺古铜佛究有几尊？"答："仅一尊毗卢佛，并无太子佛。"官曰："这万年簿上注明两尊，是否你将太子佛已经卖掉了？"答："实是一尊。"讯至此，潘律师起称，教育局登记时，该局曾经派员莅寺证明古铜佛确有两尊，岂容狡辩。问官乃向敏丰略讯数语，论曰，候定期饬传严望隆及陆明照、性空等到庭再核。元照当庭请求交保，奉谕不准，着还押候示。（据1935年1月22日《申报》）

前年运故宫古物南下时，曾有北平各坛庙古乐器多件，连同封箱南运，共八十八箱，初寄存于行政院，去年移至陵园保存。现故宫博物院已会同内政部，今日上午八时，派员前往陵园启箱检查，届时行政院亦派员前往监视。（据1935年1月24日《朝报》）

陕西省考古委员会，前于长安市莲湖公园西北角，发现古代遗物。据考察所得，此次所发现之古物，谓系唐代太极宫院之南正门之一部，俟发掘后，即可决定究系何代遗物。闻该会现正筹备发掘工具，待齐全时，即行试掘云。（据1935年1月23日《西京日报》）

陕西省茂陵，旧为汉唐名胜之区，附近古迹埋藏甚夥，尤以西汉石刻为最。南京考古会为保存古物起见，拟于今岁派员来陕，护茂陵，筹设茂陵公园，俾资罗置珍藏，并于昨日致函西京筹备委员会，事前商洽及协助。现悉该会委员长张继据函后，深表赞同，拟即函复前来筹设云。（据1935年1月22日《西京日报》）

内政部以大同云冈石佛，及延长清凉山石佛，在艺术上有重大价值，迩来迭遭盗窃，流失堪虞。特转请中央古物保管委员会酌定保护办法，并分咨该省各府，转饬县府查明，妥筹保护办法。（据1935年1月23日《大公报》）

陕西省考古会工作组，自去岁11月间由主任徐炳昶率领工作人员赴宝鸡斗鸡台发掘古物以来，所获三代及汉唐遗物为数颇多。最近考古会据该组报告，除所发掘之陶片瓦器外，并有瓦当一个，虽已残缺，但古字尚存。此外并有破玻璃鼎一个，最有价值者则为宝剑一口，长约一米十一生的，铜镜一个，镜上有十余字，因生锈不甚清晰，无法辨识，径大十一生的。其余尚有铁环、瓦片，玻璃罐、碗、鼎类甚多，现正在继续发掘中云。（据1935年1月26日《大公报》）

陕西省褒谷汉魏碣碑崖，漫山遍野，其中最为世所珍贵，列为神品者，厥为石门铭，其他石门颂、鄐君碑、山河堰，以及大字之玉盆、衮雪、石门、石虎等，则共称为汉魏十三种。然考其实在，往昔传世者，已达四十余种之多，而究其全数尚不知其若干。只因阁道废弛，悬崖绝壁，人目不睹，又或荒草蒙蔽，苔藓封隐，遂使玲珑宝物，湮没无闻，达人名士甚为惋惜。彭县长莅任后，开扩大县政会议之时，教育助理员米雪堂，即提议保存，以免一般渔利之徒，不分冬夏，漫事拓捶，寒暑骤变，大伤石身，将稀世珍品，渐就剥落。此议提出后，当经大会表决，一致赞成，决议在案。于上月中旬，县府明令委任米雪堂为保存石门文献事务所主任。闻米奉委后，即拟具详细办法请核示云。（据 1935 年 1 月 25 日《西京日报》）

陕西省考古会于昨（1935 年 1 月 24 日）仍由罗懋德君领导工力前往莲湖公园西北边继续试掘。掘获古砖甚夥，陶器瓦片，绘有五色彩图。究系何代所遗，仍待研究。惟掘出之古墙脚于东西两端，已有间断，北端尚有痕迹。据罗君语记者，该处以年代颇久，不无有沧海之变，仍当向东西两端及北端继续试掘，最后或可再有发现云。（据 1935 年 1 月 25 日《西京日报》）

陕西省考古会在西安墟内莲湖公园，发现汉代古墓一座。发掘一周以来，二十九日获殉葬物甚夥，陶器尤多。有汉碑一块，上镌“长乐未央”等字，清晰可辨。现正继续发掘中。（据 1935 年 1 月 31 日《中央日报》）

陕西省考古会工作组主任徐旭生氏，日前偕该会罗懋德君，往宝鸡斗鸡台发掘古物。闻徐氏到宝鸡后，即与罗君共同着手发掘，连日以来，发现古代彩色陶器甚夥。且此次得罗君之帮助，进行甚速。预料该处发掘工作，至远于本年五月间，即可全部竣事云。（据 1935 年 1 月 31 日《中央日报》）

两年来之考古发掘事业及其贡献：

按中国之考古发掘工作，由“北平人”发现后，已成为中国学术界之重要贡献。年来各地发掘古墓之消息，时有披露，惟断片零星，阅者殊难得其端绪。《申报》民国二十二年(1933年)《年鉴》，曾特请李济之君为综合的记述，今又约郑君编写此有系统之文，特先发表，以供研究此问题者之快睹。

我国考古事业，近两年来，确有显著之进展，及切实之贡献。即以中央研究院所主持之发掘工作而论，两年间已达至十三次之多，兹以时次列为简表如下：

(一)民国二十二年(1933年)四月一日至五月二十八日——河南濬县辛村第三次发掘；

(二)民国二十二年十月二十日至十二月二十五日——第八次殷墟发掘；

(三)民国二十二年十月二十日至十二月十日——第四次濬县辛村发掘；

(四)民国二十二年十月二十四日至十一月三十日——山东滕县安上村第一次发掘；

(五)民国二十二年十月二十六日至十一月三十日——安上村东曹王墓第一次发掘；

(六)民国二十二年十一月十五日至二十三年(1934年)一月二十四日——第三次安阳后岗发掘；

(七)民国二十三年(1934年)三月九日至三十一日——第九次殷墟发掘；

(八)民国二十三年三月十五日至五月二十二日——第四次后岗发掘；

(九)民国二十三年四月二日至六月二日——第二次安阳侯家庄发掘——武官村发掘；

（十）民国二十三年五月二日至十七日——河南巩县马峪沟塌坡村第一次发掘；

（十一）民国二十三年五月二十一日至二十九日——河南广武县陈沟村暾王顶第一次发掘；

（十二）民国二十三年十月二日——第十次殷墟发掘侯家庄发掘，是年底尚未讫工；

（十三）民国二十三年十月十五日至十一月十五日——第二次广武县发掘。

在此两年内之发掘，虽半为赓绩旧日工作，然为探检黑陶与彩陶文化分布，及接触地域起见，主持者乃有沿黄河南岸调查发掘之计划。河南巩县广武县之试掘，即为其工作之第一步。而年来其他各方对考古工作之兴趣，亦因以引起。如河南之古迹研究会，山东大学教授及实习生等皆起而参加工作也研发掘结果，其所贡献于我国古史者，亦颇有可述，约略言之可得三项：

一、殷商建筑文化之明了　商代建筑基础，在第七次发掘时，已有发现，第八次发掘，复得版筑房屋基址两座，除石础之外，并得铜铸基础十个，版筑之下，复发现黑陶时代穴居之大圆坑，与连年发掘者得相当之联络；第二次侯家庄发掘时，复发现殷人居住之大圆穴洞、建筑基址、板筑、石础、土阶、地窖，与小屯殷墟无异，殷代建筑文化得以明了。

二、殷商文化程度之测定　商代文化为自石器时代进入铜器时代之一关键，征之历次出土器物已无疑义。惟于殷墟文化层内又时时有未曾冶炼过之铜矿石、红烧土碎块、木炭，及可供炼锡用者“将军”盔发现，即可推定殷人冶铸铜器之方法也。

三、殷商文化分布实况之证实　商代文化区域为自黄河以南，东迄山东一带。昔年王国维已有此假定。在此两年来发掘之结果，尤足证明此说不谬。甲骨文字为殷墟所独有，而城子崖之陶器文字字体与之相近，至于卜用甲骨则山东城子崖安上村等地亦屡有发现，均经钻灼，与殷墟出土者大同小异，确受有殷商文化之影响。又黑陶文化，最初为城子崖所发现，为山东一带所独有，今则濬县辛村安阳后岗侯家庄、巩县塌坡村等均有之。其出土器物，又与城子崖下层文化期同。第三次濬县发掘时并得陶窑一座，甚为完全，此可见两地文化交流分布之大概矣。

此外，则北平研究院史学研究会与陕西省考古会，于民国二十三年（1934年）二三月间主持发掘陕西民政府厅内之唐代兴庆宫及大明宫遗址，所得两宫图石，附比例尺颇精，所裨益于考古学界者，亦匪浅少。

其因发掘结果，而印行报告之专集，在民国二十二年（1933年）时有西北科学考察团印行之《高昌陶集》，而中央研究院之《城子崖发掘报告》已有出版预告，《殷墟发掘报告》则正在整理编辑中。

同时考古团体，除前时已成立之西北科学考察团、广州黄花考古学院等外，民国二十二年（1933年）五月十四日上海成立中国考古会，民国二十三年（1934年）春间西安成立陕西省考古会，民国二十三年（1934年）九月一日北平成立考古学社等。考古学社为南北考古学者所发起组织，已发行社刊一种，考古专集三种，《考古丛书》甲编一种、乙编三种，专为研究上之工作。

此外有必须记述者二事：一为考试院院长戴传贤电请保护古墓之议；一为行政院院长汪兆铭与军事委员会委员长蒋中正通电保护之令。关于反对发掘古墓之往复函电，详见《燕京学报》第十五期中，至汪、蒋通电则申述中央古物保管委员会工作大纲，望全国协助进行，发扬民族精神，并于民国二十三年（1934年）七月十二日在行政院设立中央古物保管委员会，于十一月十七日通过《采掘古物规则》。《采掘古物申请事项表》《古物出境申请事项表》等，此于开发中复寓保护之意，可谓双方兼顾。意者今后盗墓之风及偷运古物出口之事可以止息,凡此皆可以促我考古事业之进展者也。

修理云冈石佛:

平绥路沿线有代表人类创造能力之两大名工, 一为万里长城, 次即云冈石刻, 前者足以显示我民族爱护国家抵御侵略之伟大精神,后者足以显示我国古代艺术之造作能力。惜工程过于伟大,致补苴修葺均感不易。近者政府当局颇致力于保护文化古物,八达岭之长城一部已由北平市府拨款修葺。大同之云冈石刻,自平绥路特开游览专车后,中外游者日多,导倡修理之声浪亦与日俱高。最近由平绥路局长沈昌氏奔走提倡,大同地方人士又组织大同建设委员会负责筹划,何应钦部长首先捐款一万元,何竞武氏及大同矿业公司亦各捐五千元。据地方估计,修葺之费,约需四万五千元,除何氏等已捐之二万元外,不足之数,则由地方筹集。最近期内,即将着手施工,行见此一千五百年前之造作,修理之后,日臻完美,在保存民族文化上,固具有重大意义也。兹觅得修建云冈石窟寺初步施工计划书,特志于此,借觇异日工竣后之规模。

施工计划:

(一)建筑云冈新村。云冈堡居民百数十户,窑舍错杂,接近石窟佛像,易于损毁,保管殊感困难,且小农多半穷苦,非为另筹庐舍,难饬迁徙。拟于堡南空地建筑新村,需地六十五亩。除原有民房地址十五亩外,需添购民地五十亩,每亩价洋二十五元,需洋一千二百五十元,建筑石窑五百孔,每孔工料洋四十元,需洋二万元,共计洋二万一千二百五十元。

(二)石窟四周建筑围墙,石窟面积辽阔,须四周建筑围墙,庶免损失,而便管理。拟于北面崖顶建筑石墙三百丈,东西各建筑石墙五十丈,南面东西各建筑石墙五十丈,中间建筑石墓碑砌墙二百丈,高均八尺,围墙内地亩系腾移民房地基,无须购买。石墙每丈工料洋四元，需洋二千元，花墙每丈工料八元，需洋一千六百元，共计洋三千六百元。

（三）建筑石坝，以防水患。云冈西南南面紧靠大河，夏秋多雨，泛滥堪虞，拟于西面建筑石坝三十丈，以防水患。需工料洋二千元。

（四）石窟安设门窗，或顶棚。拟于各石窟一律安设门窗，所有露天石佛，安设顶棚，以免风雨侵蚀，需工料洋五千元。

（五）开渠引水。围墙内原有民房地基一律修治平坦，栽种树木花草，藉资点缀，拟从西部山根开一小渠，引水入墙内，以便浇灌，需洋六百五十元。

（六）修筑公路。由县城至云冈计程三十里，原有大车道直达。左云驮炭牲车来往甚众，游览车马诸感不便，拟另辟汽车路以利交通，估计需洋一万二千五百元。

以上初步修建计划，总计需洋四万五千元。（据 1935 年 4 月 16 日《大公报》）

陕西省政府，前奉行政院令，以古物保存委员会与名胜古迹保存会之职权，有所抵触，应将各地之古物保存机关，除直隶于中央古物保管委员会者外，其他一律停止活动，听候中央古物保管委员会通盘筹划等情，当经分别遵照。兹又奉到院令，饬在各地古物保管机关，停止活动期间，各地原有古物，应由教育主管机关，暂为保护，以免散佚。（据 1935 年 4 月 20日《西京日报》）

故都紫禁城内外廷一石库，在南薰殿之西，即前御书处，原有房屋四十余间，因年久失修，陆续倒塌者约七八间。此石库中储有石刻千余件，大部分在砖瓦堆中，闻共有三大部分：（一）《懋勤殿法帖》。（二）《渊鉴斋法帖》。（三）《清芬阁米帖》，即米南宫。帖均系晋唐名家书法，有王羲之、李北海等多人之遗墨，因清雍正、乾隆时代，收藏名家真迹甚多，为久远流传起见，故均刻石存入石库，多年来无人过问。古物陈列所近年始派员整理，惟整理出者仅《清芬阁米帖》一部分，余尚在继续整理中。按米帖真迹，闻故宫只有一张，此处石刻全系清高宗时代王亶望所藏。王因独喜米帖，故收藏甚多。为永久保存起见，曾先后四次将米字石刻，所费不赀。后因事犯罪，全部财产充公，此石刻亦在没收之列，始辗转运入石库。此次经整理后已移于弘义阁，石刻共三百余块，完整者只二百七十五块，每块大小所差无几，长约是三尺，宽二尺，厚六寸，均为白大理石，文字内容有《拟古诗》《汉十八侯铭》《昨日帖》《龙井记》《阿房宫赋》等，一百四十余种云。（据 1935 年 4 月 23 日《大公报》）

陕省韩城南乡芝川镇有司马坡，坡左高阜为汉代太史公司马迁墓址，墓前有庙，巍峨壮观，古物苍秀，为韩原八景之一，历代名人经此访谒者，题石留咏，四壁殆满。民元以来，屡经兵燹，庙渐损毁，顷该县地方官绅，发起重修。经费已呈请省府拨款五千元，并由当地筹募五千元，俾观厥成。关于太史庙及墓之沿革原呈所述甚详，呈中略谓：太史公司马子长为古龙门人，即今韩城。韩人追念先哲，建庙至祭，祀典独尊。庙后即公墓所在，古柏苍劲，碧苔参差，数千年来，传为胜迹。庙前俯临芝水，江山图画，尤饶风光。窃以史公在我中华，文章才识，旷绝千古，文化之所系，关系至巨。清乾隆间毕公秋帆抚陕，倡导文教，首将公庙而新之，风声所树，仕林景仰。鼎革以还，国家多故，墓陇荒废，追念前徽，为之感慨云云。（据 1935 年 4 月 23 日《大公报》）

豫省地处腹心，先民文化遗产甲于他省，二十年来，我国古物流出海外，其中亦以豫省为多。国立中央研究院及河南省政府鉴于古物之丧失，为我国文化上之重大损失，特于民国二十一年（1932 年）春合组河南古迹研究会，从事调查、发掘、研究等项工作，既足以杜私人之发掘，尤便考古研究。成立迄今，已有三载，兹该会特乘成立三周年纪念之期，在龙亭西偏院会址内举行第二次成绩展览会，借将三年来工作成绩公诸社会，并借以促进社会对古物之重视，冀由参观古物之感发，以达于民族之复兴。此项展览会会期定为七日，自四月二十八日起至五月四日止。兹将各项情形分志于后：

工作概况，河南古迹研究会，以委员会为最高机关，由中央研究院推荐李济、张嘉谋、郭宝钧、董作宾，豫省府推荐王幼桥、杜襄、关百益、王公度为委员，并由委员中互推张嘉谋为委员长，李济为工作主任，关百益为秘书，主持常务。此外另设文牍技术员等分任务项。事务经费由河南教育专款项下开支，每月三百零六元，临时费用由院府双方各拨二千元。关于工作方面，研究工作，由研究院委派专员驻会从事研究，至发掘工作，则以濬县为试办区。该会前二年工作，皆集中于濬县。民国二十一年（1932年）春举行第一次发掘。是役得辛村黑陶文化遗址一，大赉店彩陶文化遗址一，卫侯残墓二。同年秋举行第二次发掘，是役清理卫残墓十一座。民国二十二年（1933年）春举行第三次发掘，是役得刘庄彩陶遗址一处，清理卫残墓二十一座，汉墓一座。同年秋举行第四次发掘，是役清理卫残墓五十一所，得遗物：计铜器一千零七件（此次展览者即其一部），马骨四十箱（共七十二架），陶石器八十箱，均在分别整理中。该会以濬县试办成绩尚不恶，乃小作结束，移工作重心于豫西。民国二十三年（1934年）春举广武第一次发掘，得陈沟彩陶遗址一，同时分队发掘巩县塌坡彩陶遗址一。秋季举行广武第二次发掘，得青台彩陶遗址一。同时分支发掘黑陶遗址之一部。四处所获遗物，计共陶器七十余箱，大部尚未取出。又民国二十三年（1934年）夏南阳草店地方暴露汉墓，亦会分支前往量度。以上即该会三年来工作之情形也。

遗址概述：（一）刘庄彩陶遗址。在平汉路淇桥河之西，刘庄之南，正当淇河南湾处。遗物颇丰，得陶窑一座，六囱一门，及石斧等，并得瓦槽葬一，藏物土穴一，与仰韶发现者相同。遗物三十箱，已着手整理。（二）大赉店彩陶遗址。大赉店为一土寨，相传为武王克商大赉诸侯之地。遗址在寨西南，距淇河桥东约一里。地下蕴藏，以彩陶为主，又有黑陶、灰陶及秦汉以后遗物，此址自史前期至历史期，常有人类居住，堆积情形极复杂。（三）陈沟彩陶遗址，距广武西北十八里，在沟东山峰上，遗物有彩陶、石器、房基、瓦棺葬等，彩陶图案精美，皆与器形有一定关系。据此材料颇使人感悟中国古代礼制与许多故事传说，皆为山居习惯之遗蜕。（四）青台彩陶遗址，在广武高村镇之东，彩陶图案与陈沟同风，而尤进步。（五）场坡彩陶遗址，在巩县西北二十里，紧濒黄河南岸，址在村东半里半场河中，彩陶花纹简单，与大赉店略同。（六）辛村黑陶遗址，在平汉路濬县站之西约六里，得土穴八，穴内出鼎、鬲、盎、盆等器，尚有其他骨石器甚多。（七）辛村卫侯残墓，在辛村村舍下及其迤东，分二种：甲种为公侯夫人之墓，形制伟大；乙种为公侯侍从之墓，形制较小。遗珍因被盗掘，十不存一，仅得残遗，于古车制古兵制古方相制等，可得大部之解决。（八）刘庄汉代残墓。残墓系破刘庄彩陶遗址而葬者，仅存陶钟、陶仓等三十余件，并有五铢钱。（九）青台唐代葬墓，系破青台彩陶遗址，而葬者形制甚小，出陶俑、陶车、陶马等。（十）南阳汉代残墓。南阳为光武故都，汉代大墓颇多。民国二十二年（1933年）草店地方塌陷其一，明器星散，亭堂犹存，梁柱门楣，皆有画像，该会派人前往量度拓抚，借费研究。

会场布置：该会在龙亭西偏院，院落尚不过于狭小，惟房屋甚少，仅西屋一所，及尾后外屋一排，展览会即以西屋及院中正北之屋为陈列室，共计三室，外表布置极为简单。该会门首及龙亭间前扎有牌坊两座，上悬红布横额，负有重大意义之展览会，即在此中举行也。

陈列古物：展览会中所陈列者，均系古迹研究会年来发掘之收获，计分三室陈列：计第一陈列室，系濬县辛村大赉店卫庄出土之黑陶、彩陶，及卫墓出土物，广武陈沟巩县塌坡之黑陶、彩陶，及广武青台彩陶并唐墓出土物。各物均置桌上，并加注说明。虽多残破不全，然古代文化进步之征象，已足以此中略观一二。此外四壁悬人拓印之南阳草店汉墓享堂梁柱门楣图样，亦颇珍贵。第二陈列室所陈者为：（一）史前期遗物，有骨器、兽骨、石斧、铁刀环、蚌蛤等物，均置室中间三柜中。(二)辛村卫墓出土物,有松石、金、玉、龟甲、象牙、骨角之属,有数品雕镂精工,不让今人,可见卫人艺术程度之高;玉瑱、象揥、副笄、六珈,《卫风》所咏,非尽夸也。尚有贝蛤螺钿之属,磨刻亦颇费功。此外有西周时代之假面具,殉葬甲胄、戈戟、礼器等,以及殉葬之鱼,或系玉制,或系蚌制,或系铜制,不下数百尾。各物分置玻璃盒玻璃橱中。(三)四壁悬南阳草店汉墓中之画像。第三陈列室在第二陈列室之后,所陈者均系卫墓所出之车器,分置玻璃柜橱中。

观众情形:龙亭在此春光明媚之际,本为士女游屐汇集之所,惟参观展览会者,则寥若晨星,谅系残铜碎瓦不能引起一般人兴趣之故云。(据 1935 年 4 月 29 日《新闻报》)

北平图书馆前为赞助读书运动起见,曾举行图书展览多日。兹又为表现中国古代文化起见,特将殷墟书契之甲骨多片,古瓦铭文,宋元明椠之古本图书,及闽县何氏捐赠之古玉斧、北齐造象、唐代古瓷等,在图书陈列室陈列,俾众观览。其中有苏文忠公手批古文,及王安石、朱晦庵等人文集,弥足珍贵。又该馆门内东首之文源阁记为乾隆三十年御笔,满文与汉字并列,该馆亦将鸠工拓印,以广流传。惜原碑中有断文数道,用灰黏合,文字未能完好,殊为美中不足云。(据 1935 年 5 月 3 日《晨报》)

中央为保存各地古物以作历代文化之考证,特经规定,所有古物保存机关组织,悉直隶于中央古物保管委员会。蒋介石曾会衔通电各省,饬各地古物保存机关,停止活动,听候中央古物保管委员会通盘筹划,予以改组或裁撤。兹悉该会以是项机关散处各省,无确切统计,亟待详为调查,加以整理。除已向内教两部调阅各地古物保存机关案卷,凭考核外,并制定各地古物保存机关调查表,呈由行政院通令各省机关按照详查具报,俾便统一管理。(据 1935 年 5 月 8 日《朝报》)

北平古物陈列所前奉内部第三百六十二号令开据英使馆称英

国上校Colandol F.Y.Feffreys 曾于庚子之役，在废清皇宫内取得《开国方略》一册。现为敦睦两国邦谊，特将该书交还我外交部，转由内部交北平古物陈列所保存。兹悉该书已于昨日运抵北平，日内即公开展览。据该馆第一科科长李仁俊晤记者，庚子之役，八国联军攻陷北京，慈禧皇太后携德宗远走西安，各国驻军遂进驻皇宫，此书即系此役遗失。该书为清初印本，内容对于经国策略，包括异常完备，举凡军事政治等计划，应有尽有，诚为经略国家之重要册籍。该书定于本周内在武英殿公开展览云。（据 1935 年 5 月 19 日《朝报》）

幕府山为京市郊外名胜之一，山西有晋王导及温太真墓，惟因年代久迁，湮没障闻。中央古物保管会同人有鉴及此，特于日前专往调查该山一带古迹。此行除访得疑似温峤之古墓及一无名古墓外，并发现古洞一座，系属古代墓门之遗迹。墓上之拱门颇堪供建筑学士之研究。该会拟立石碣布告居民，勿使损坏，以期清理后，借以考证古代丧葬之制，并访求左近有无温氏遗裔，责成按时祭扫。另函请江宁县政府令饬该地区保长及警察就近保管，勿使湮没。尚有无名古墓五对石刻，亦同时立一石橛，禁止摧毁，以存古迹。（据 1935 年 5 月 29 日《中央日报》）

新郑县西北二十余里顺晓地方，最近忽发现一地洞，每日往观者络绎不绝，曾约友数人前往观察。到达后，见村民围观者如堵，有入内者，有外出者。余等乃相携进洞，黑暗异常，对面不见掌。入内者，多持灯火照路。余等直过第一门、第二门而至第三门。该门宽七八尺，完全以石砌成。过第三门，有一小河。河水宽三四丈，深可半尺，余等涉水而过。过第四门，又一小河，深二三尺。再前行过第五门，又一河，宽四丈，有人以绳测之，深四丈余。见对面一大房，方石铺地。房中间，为一大墓，墓旁皆由石板方石砌成。游人至此路绝，不能再进，故其墓间情形，不得而知。据观者云，此为明朱元璋墓（按：朱元璋在南京，此说或不可靠），确否待证。又传初入洞者，获一小瓦

壶，注冷水后，能变为沸水。至此壶落于何人之手，则尚待调查云。（据 1935 年 4 月 21 日南京《朝报》）

潍县织布业发达，故与布业有关系之工业亦甚重要。有信丰压布印花工厂者，规模甚大。去年冯玉祥至潍县，曾参观该工厂。最近该厂在潍县城东南角，建造房屋，掘地取土时，发现古墓三座。其一系土坑，内有人骨，获瓦器五件，内有一甬紫色，粗砂陶器，已破其一边。其一系砖墓，墓道内墙上刻有花纹，有马形等等。第一门略低，入第一门后二三步，又一石门，门内有大圆屋一处。据闻当初发现时，内有石刻墓志，为工人取去。又有铜镜二枚，一镜背后，镌有文字。另有旌一，尚完好，其文云"刘公之柩"。另一墓则系沙墓，发现之后，经该县人士将瓦甬及铜镜拓片寄省立图书馆，请馆长王献唐评阅。闻经阅之后，断定有瓦甬之墓系汉代。因汉代以后，已无用甬殉葬者。其铜镜则确为六朝时物，就中以汉墓为最有价值。拟日内派人赴潍调查，以凭研究汉时礼葬习俗云。（据1935 年 4 月 21 日《朝报》）

清河县去年曾出土大批宋瓷，天寒地冻，即停掘挖，今春解冻，城南一带农民，遂又纷纷挖掘，惟出土多粗件，无甚珍贵者。近日城西南田家村及孟官庄一带，亦发现大批宋瓷，较上年城郊出土者尤佳。连日掘出甚夥，城内坐庄之平津古玩商均争往收买。前往参观者，亦络绎不绝云。（据 1935 年 4 月 19 日《大公报》）

皖北宿县，昔为楚地，境内古物甚多，大都湮没土中，近年迭有发现，颇惹好古者之注意，最近又发现古物十四件。顷据宿邑来人谈，谓县之第一区东二铺地方，有土沟一道，当地人称为嫁女沟。该处有居民李家瑞者，日前在沟中挖地取土，无意之间，掘获古物多件。计有古铜器镜二面，一尚完整，一已损坏，镜面生有绿锈，背面刻有花纹。陶器八件，其中有古盆二，一为圆形，盆底有孔；一为方形，盆侧有孔，形状奇特，与现代人类所用之盆，迥不相类。其他六件，为古人所用之器皿，形状特别，俱不识为何物。此外有蚌属器物一件，形状极小。又有金属器三件，一为圆形，两为长形，体积甚小，人亦不识作何用。大小十四件，古色古香，斑斓可爱。掘获者李家瑞，以是项古物关系文献，颇有考证价值，不愿认为私有，拟决送交区公所，转呈县政府，保存归公，以资考古。（据1935年4月20日《大公报》）

余姚县明文渊阁，大学士孙如游公古墓，及明光禄寺大夫孙志峰公古墓先后被盗殉葬珍物。省教育厅以二公为舜水儒宗，遗学行世，特于日前令饬县教育局调查被掘经过。教育局奉命后，已将调查所得呈报教育厅云。（据1935年4月21日《东南日报》）

杭市自凤凰山发现古铜器后，颇引起古董家之注意，且最近有西人探得在杭市闸口南星桥之间，有山一座，名乌龟山，有大批古代瓷器在山中。日前有英国某威爵士，曾由沪乘车来杭，前往该山发掘瓷器，其古代瓷器之珍贵，已可知也。记者昨在棚滨见一西人，乘黄包车一辆，车中置有一大蒲包碎瓷。询问车夫，始悉该西人由乌龟山挖掘而来。该车夫称已拉该西人同往山间挖掘二日，每日必携归一大包。今日起山间农民因看外国人发掘，知有古董，亦在山间扒挖。蒲包中有小古碗一只，据该西人称在五百年前之物，系向山间挖掘之农民出洋二元购来。彼所挖掘所得大多碎瓷，拟归去著《中国之瓷器》一书。该西人并称浙江许多名山有古董，惟无人研究，但是偶有发现，即作古董卖去云。（据1935年4月28日《东南日报》）

唐代名将相裴度以讨平淮蔡，封晋国公，正色立朝，言无不尽，权奸虽忌之，无敢谤者，时人目为马上相公，以身系天下安危者三十年。罢官后治第洛都，在午桥镇作墅，名“绿野堂”，与文人白居易等觞咏其间。卒后谥文忠。其墓在伊川境，日前被人盗发，掘获墓志一方，闻对裴生平事迹记载极详云。（据1935年5月4日《中央日报》）

国立中央研究院驻豫北彰德殷墟发掘团，自民国十七年（1928年）在该县西北小屯村发掘以来，每年分春秋两季发掘，迭有所获，颇为中外注意。该团职员详述发掘殷墟之概况，兹将各情录之于后，以供关心古迹者之研究。驻彰殷墟发掘团在彰发掘,此次总称为第十一次(在侯家庄北岗发掘单称为第一次,殷墟发掘为第二次),由今春三月十五日开始工作,仍由梁思永氏为主任,督率石璋如、刘兆林等职员十人,在城西十里侯家庄北岗发掘。该职员等常川驻侯家庄村内,设立临时办公处,每日督工发掘,所招工人不下三百余人,每人工资大洋四角。所招之工人多数系洹河南岸殷墟附近各村住民,工作时间每早六点半上工,十一点半放工进餐,下午一时仍行工作,至六时半停止。此次所掘该处殷墟遗址,系殷代东西两陵,工作只分为东西两所,发掘面积约占地十余亩之多,墓室内形式,与房舍大致无异。惟此次殷陵遗墓,多数早已被盗掘,内中殉葬珍贵遗物被盗一空。墓室土墙被盗掘之洞显然可见,诚足令人浩叹。此次所掘之殷陵,内中出土之古物,最足宝贵者,其一即为"人头",掘出之数约有六百余个,此项"人头"与现代人头无异,大小及形状皆同,人头骨上间有字迹,殊有研究之价值。其次即为"饕餮",出土者数亦颇多;再次者即为三代铜器、甲骨文、陶片等甚多。"饕餮"者据传为上等珍贵白玉石凿成类人形,高低大小一尺至三尺者不等。据闻该团此次在侯家庄发掘殷陵墓地,掘获之人头、饕餮纯系殉葬遗物,较其余出土物实不及也。该团拟定六月中旬停止工作云。(据1935年5月12日《东南日报》)

豫北辉县、汲县、获嘉等县,屡次发现古物,兹悉获嘉东南乡农民徐某,因修理房屋需土筑墙,于日前率领子侄在自己田地挖土,忽掘出大批瓦器。计有:(一)"人面洗"。此物为长圆形,两边有耳,分大中小三号,最大者约四五寸,最小者如鹅蛋形,共计三十余件。按此物为古时凡人死后家属亲友各执其一,用棉蘸水洗面之需,故名"人面洗"。(二)炉。该炉有圆形,有方形,并有长方形大小不一,虽无字迹,但有花纹。其花纹为镌阴文,共计十一个。(三)"长命灯"。一个有三腿,并有虎头柄,惜因保护不周,致将该柄打落,但原柄尚存。此外并有"大花瓶"一,高约三尺;圆形"瓦盆"一,均有刻花。以上各物质地一律。最可贵者，该瓦器上均现星星铁片，颇有价值。据考古家言，凡瓦器能现出金银片者，皆为秦汉以上之物。按该县为古殷州，据闻周武王伐纣各诸侯多葬于此，是否可靠，仍待专家研讨云。（据1935年5月21日《循环报》）

我国古代器具，最初为石器陶器、商始用铜，至于铁器虽始见于《管子·轻重篇》，但只文字记载，并未见实在器具。吴大澂曾得周代一铁钱范，已为稀世之珍，其他铁器发现之最早者，首推秦之铁券。秦以上之铁器则极不易获。铁器究竟何时发明，因佐证太少，迄今为考古家之一大疑案。讵最近在济市东南向八十里之小南营地方，竟发现周代铁器四件，实为我国考古史上空前之大收获，特志其详情如下：

济南市东南80里之小南营，古名蟠龙庄，今名小南营。村北四里有大南营，土人相传宋杨业驻营于此，故名小南营庄。该庄农民日前在村西南角约半里地方，发现古墓一座，掘深二米后，发现人骨多块，似有头骨、肋骨、胫骨等，并有铜器多件，分类排列，戈与戈同处，剑与剑同处。最奇特者有枪形战器二具，为前所未见，每具有柄，均铜质。在铜器西北偏约半公尺，得锄形铁器三四件，铡形铁器一件，极厚大，柄上有穿孔。并有一石器，如茶杯形。农民见铁已锈烂，以为并无价值，故只将铜器持来省垣求售。省立图书馆长王献唐购得之，见为周代铜器，一再详询有无其他物品，该农民始称尚有上述之铁器。王闻言如获奇珍，又细询之，始知为一古墓，盖乡人初恐掘墓有罪，坚不肯说也。王当嘱该农民将铁器一并送图书馆，以供研究，该农民以一堆烂铁并不值钱，慨然应允。按铜器铁器同处，在殷墟并未发现，此尚为第一次，而铁器周代已有，就该铜器之为周代铜器，已可证明，实我国考古史上之重要发现也。（据1935年5月13日《申报》）

山西浑源县前发现商周古物，近有为人卖给外商之讯，古物保管委员会北平办事处乃函该县士绅，探询真相。原函云：（上略）"前接北平故宫博物院转来呈文一件，俱悉浑源出土之商周铜器，确为稀世珍宝，如任其分散，殊属可惜。现本处职司保管，不能听贪官劣绅等之自由处置，惟不审是否仍在国内。前县长袁兴华之现在住址，可否代为探明，并将出土之年月及盗卖之经过，据实呈报。如能来平面呈，则更善矣。"（下略）先是，民国十二年（1923年）旧历正月十三日晚间，有浑源县西南十五里东峪村乡民高凤山于其山田内发现古物，遂尽力发掘，除金、珠等物以外，尽系古代铜器。高凤山以一农人，初不知此为值钱古物，遂随时分散殆尽，仅留其易于出售者藏之。旋有铜器一事，为一于姓购去，因此轰动。其时浑源县长谢恩承闻知此事，即饬县衙警士佐成伟赴东峪调查。除高凤山收存不计外，大小共得三十六件，暂时陈列于县立图书馆内。至民国十三四年间平津古物商得讯，纷往估价，有法国商人拟以四万元成交。旋以阎冯之役，因以搁置。此时一般金石家尚不能断为何代古物。至民国十五年（1926年）县绅某以四万元购去，但款项则当时只付一小部分，约定至民国十八年（1929年）归清，讵次年该士绅即行故世，其子即行停付。直至民国二十一年（1933年）始由县中绅董交涉，将原物取出，由一麻姓鉴定，系商周时代之祭器，价值甚巨。旋又有北平古物商愿出十万元购买未果。于是经该县绅学各界议定，非出价五十万元者绝不脱手，以至有人出价至三十万，亦未成议。现古物保管委员会正在注意此事之进展。因闻该项古物有运赴太原，且有被人出卖之说，一面浑源县绅正向各方呼吁中。（据1935年5月17日《申报》）

皖北太和县东关纺织娘庙附近，有居民张某日前在该处掘地取土，无意中发现砖墓一座。墓作长方形，全系砖砌。墓中积水深尺许，经张将水汲出，从事挖掘。当掘出古镜一面，古碗一只，古钱一枚，钱上有"崇宁通宝"四字。经考古家辨证，知系宋徽宗时代之钱币，三物古色古香斑驳可爱,惜碗质较粗,且已残缺不整,殊为可惜。墓虽无碑,以古钱证之,大约为宋代之墓。此外发现零碎之人骨,亦较今人之骨骼为大云。（据1935年5月23日《中央日报》)

陕西省韩城县北城门外之高阜,为赳赳寨。环筑以城垛,形势险峻,为县城重要之地,民国以来历经军队驻守,城房破坏无余,近年来为保卫总团派队轮流驻扎。前日总团王团长因陕北匪讯不宁,为严慎城防起见,特饬令该寨所驻队丁修治寨城,增筑碉楼。该队队长当即督丁做工。乃正在寨之西北城下取土之际,砰然一响,土内忽发现一瓦罐,形甚老古,惜已破烂,不能细考,该队长急严令审慎挖掘。入内尺许,又发现铜器数事,幸都全好,遂即抬送团部,计共大小五件:（一)铜鼎一件。(二)鼎盖一件。(三)铜锅一件。(四)锅座一件(已断为二)。(五)有铜顶一个(不详何用)。总团收存此物,对其时代作风尚未研究真确;前日由各方人士参观鉴别,亦莫知其名。幸呼延参议由宜来韩,记者亦往参观,王团长乃供陈几上。见该物内外均古色斑驳五彩,霉锈殆满,煞是奇观,遂由呼延参议用其自带快镜拍照数片,次日携往省垣以资识者之研考。(据1935罕5月27日《西京日报》)

陕西省政府近据宝鸡县长呈报,与考古会拟定换取保存该县东岳庙戏楼天花板办法,当经指令准如所拟办理,著录其原呈于次:奉命饬与考古会研究保存本县东岳庙戏楼天花板办法,当即函建研究会。据该会意见,以该庙天花板为有价值之古物,据调查只存二十余块,若任其悬置,必将损失净尽,殊失保存古物之意,故决定换取保存,并议定办法二项:(一)此二十余块中多有花纹同样者,仍可分为两份:其一份送去省城交学术机关保存陈列,以便全省学术界之欣赏研究,其他一份可由宝鸡县政府交由本地学术机关保存陈列,以便地方人之欣赏研究。(二)必须将陈列保存机关之名称地点及天花板之数量花纹样式详细登记于中央古物保管委员会之西安办事处,以免流弊。以上办法是否可行,请示遵,云云。(据1935年5

月24日《西京日报》）

中央监察委员张溥泉，前曾购置萧梁古墓，特赠与中央古物保管委员会加以建设，俾便保存古迹。该会承受后，对建设方面，即聘名工程师详密设计，造成伟大建筑。兹据该会负责人称，是项工程已于前日开始兴工，萧梁古墓围墙业已完成。至其他重要建设，正在慎重修造，俾期早日竣工，各界可资观瞻。（据1935年5月31日《中央日报》）

教育部准中央古物保管委员会函，以该会为古物保管总枢，挈领提纲，统筹全局，自属责无旁贷，但其保存意义之重大，要在各方共喻斯旨，协力推行，方克收事半功倍之效，况先民事物所垂示，前代名迹之留遗，或有助于文士之研求，或有益于艺事之改进，其嬗递之迹，无不与学术上有息息相通之关键。是故凡属教育机关，对于古物保管问题，尤应深切注意，同负提倡扶持之责。该会有鉴于此，经于第八次常务会议提出讨论，决议："函请教育部通令全国学校，尽量协助保存古物古迹事项，并设法于教科书内插入保存古物古迹之材料"，以此通力合作，共策进行，不特民族精神赖以兴起，行见固有文化日益昌明，且使青年学子其在求学时代，关于爱护古物要义，已咸具有相当之认识，推其所至，收效尤宏。教育部准函后，除饬司函知京沪各大书局于编辑教科书，应斟酌插入保存古物古迹之教材外，并于昨（七）日通令直辖各校院，及各省市教厅局遵照，对于保存古物古迹尽量协助。（据1935年6月8日《中央日报》）

兴平县西之马嵬坡，下有唐杨太真墓，清时建筑房舍，甚形宽敞，骚人墨客，题咏颇多，两厩檐下，嵌碣殆遍。今值灾荒之后，屋宇无存，一冢巍然，凄凉无限。闻邵主席前由凤翔返省，行经该处，不忍见千百年之名胜古迹，与荒烟蔓草同一萧条，遂嘱段县长路为修盖房舍，借以保存古迹，刻已召工估计，修理费约需洋二千余元，业经具文呈报省府，一俟奉到指令即行招工开始建筑云。（据1935年6

月11日《西京日报》)

中央古物保委会,以豫陕为历代帝都,遗址尤繁,皆先民遗迹,史料保存之所。近因各地建筑繁兴,遗址多被铲除,或土人擅自取土,致史迹日就湮灭。为保存古迹起见,拟将各地重要遗址,设法圈禁,不准在其上或五十公尺内有所建筑,并拟树立碑记以便识别。(据1935年9月10日《大公报》)

金陵大学福氏古物陈列馆,前既经校董会通过核准,以四万元建筑,特组建筑委员会,俾负专责,早日促其实现。该项委员会在京委员,暑假时特集议一次,对于陈列馆之建筑地点、经常维持费,以及古物由平运京办法,均有具体之决议。建筑工程,刻在准备中,日内即可着手云。(据1935年9月18日《中央日报》)

兰州市西园骆驼巷地方,发掘古代陶坛七只,泥黄斑烂,形式甚古。据云系明代之物,现政府已派人将该器运回,日内即将陈列于民众教育馆,俾众观览云。 (据1935年9月12日《中央日报》)

京市工务局,日前兴工开辟上海路时,发现古冢一处,当即呈报市府派员前往查勘,即将掘出之青砖一块,携回研究。兹经市府发交主管古物当局研究审核结果,认为此砖系为六朝古物,惟究为何人之墓,则尚未查出,乃即派人续往将此冢内之踏步砖四面围砖等等,完全掘出,以备继续考察,并拟日内函请行政院参事滕固等考古专家数人,共同开会考定云。(据1935年9月23日《中央日报》)

中央研究院驻彰发掘殷墟团,自本月七日,招考掘工四百名,在距彰西北十里侯家庄(洹河北岸距河道二里许),迄北一里许高岗,殷陵墓地发掘以来,初因无正式墓坑,工人亦未增加。近二三日内,忽掘出正式墓地遗坑四个,每坑约占地一亩七分,需有掘工一百六七十名,工作方可周转运用。四坑共用掘工,约需七百名左右。刻下所有工人,不敷工作之用。该团特定今(十八日)明(十九日)两日,再招挖夫三百名加入工作。又该发掘团主任梁思永氏,自侯家庄发掘工作开始以来,率领职员石璋如、刘兆林、李奇生等十余人,常川宿住于该庄村内,以便指导工作。惟因乡间土匪,出没无常,且恐不良分子,阻挠工作,将请专员公署派保安第七团第二大队第五中队士兵十二三人,由班长一人率领,移驻该庄,维护治安。梁氏为防患于未然计,并商同侯家庄,武官村之壮丁队十余人亦加入防匪,每至夜间,即与保安队联合巡防。另由该团每月津贴保安壮丁两队火食费洋若干元云。(据 1935 年 9 月 21 日《大公报》)

豫西巩县石窟寺石刻佛像,创及自北魏,与洛阳伊阙,大同云冈,同为宇内巨观,雕镂之精,论者谓为世界佛教艺术之模范,价值甚高,因启中外人士之觊觎,盗窃者时有所闻。前经该地士绅刘茂灿募款建屋,筑垣维护,不幸本年 6 月 8 日,洛水漫溢,寺被巨殃,墙垣房屋,概归乌有。因之近日被盗甚夥,倘不设法保护,不特被水淹蚀,抑恐遗失将尽。刘氏目睹此状,遂来汴与政学两界多人商讨保护办法。本省闻人胡石青等,亦不忍古迹毁灭,遂联合组织保管石窟寺古迹委员会,设于河南博物馆。今日已推定胡石青、张中孚等二十余人为筹备委员,关百益为委员长,积极进行讨论保存方案,筹募基金,从事建修,并拟于该寺内筹设图书馆与公共花园,以便游客于鉴赏古迹之余,兼有阅书畅怀之快云。(据 1935 年 9 月20 日《大公报》)

皋兰天德乡西津地方,有明肃王墓一座。墓广数十亩,围墙甚高,墓如小丘,距今已三百余年。近因保存古迹,责成当地民众保管,故该陵尚属完好。乃日前忽有河南口音盗匪五人,至该陵内踏勘,口称此处修建碉堡。附近农民,闻知其事,即报告保甲长,以备接洽。不料次日,即发现墓旁掘有深坑。该处民众,知为盗陵,遂加意防守,果于夜间发现陵墙上,有人往来,似系观风。该处保甲人员,当向前围捕,忽闻枪声乱响,于是村民群集,群盗放枪拒捕,其中二盗乘间免脱,余三盗因拒捕格斗,受伤被执,由王保长解送县府讯办。县府讯明确情后,于十五日送交法院法办。闻盗匪一姓林,一姓崔,年龄均

在三十左右，询其名字则皆坚不肯吐。（据 1935 年 9 月 22 日《西京日报》）

太原县境天龙山摩崖石佛像，为北齐时所造，其在我国艺术价值，不在云冈石佛之下，此年以来，屡经盗卖，几于损毁无遗。古物保管委员会北平分会，前曾派员来晋调查，归后呈报该会，转咨晋省府，请饬太原县限期查明，依法逮捕，追回已运各佛像，按律惩治，以儆将来。至已毁各佛像，除全躯无存者外，其残余一部者，应责成主犯缴认罚款，依法修补完整，仿照杭州灵隐寺飞来峰石洞佛像例，设铁制门栅，庶可保残余，并致函津海关监督公署，及佛教总会各机关，请协同该会根究一切。最近，盗运之主犯张兰亭、杜增全等二人，已在平被捕，并供出盗卖犯侯敦乡，特函本省查缉。但侯现已逃遁，省会公安局已将其弟缉获讯办。兹将古物保管委员会调查员调查报告采录如下：

该天龙山北朝石刻造像，共分东西两区。东区各洞，原有六小佛像，上下各层，悉被盗毁，或身完头失或全体残碎，洞顶云龙，亦悉然无存。洞外石壁原有碑刻，亦大半经人凿取，仅遗空穴，西区各洞，除最大座像，仅遭矐目，未损头身，余者亦皆被毁坏。总观各像被毁之处，凿痕极新，碎片石屑，散布满洞，决为最近所为，断非旧迹。又查造像所在，住于天龙寺之后山岭，登涉艰难，石刻坚重，断非一手一足所能盗凿，亦非一朝一夕所能为功，且运送下山，必经寺门，山静人稀，觉察甚易。寺中原有僧人净亮、普渡二人及太原派驻天龙山警二名，常川驻内。倘非同谋盗运，则截留禁止，只需举手之劳。复查天龙寺殿前置巨大佛头一枚，据言系被盗于山间所拾取，则造像被盗之事，当为寺人所熟悉。前后参详，此项石刻之盗凿私售，寺僧驻警，实有伙同勾结嫌疑，该管县政府亦难辞放任疏忽之责云云。（据 1935 年 9 月 25 日《大公报》）

修筑同蒲铁路工人，在山西永济县挖出唐朝古碑二块。阎主任为保存古迹起见,特令该段将发现之碑运送来省,现已运至绥靖公署,交由秘书处收管,并雇用工匠三名,连日赶拓碑文。闻拟拓印五百份,分送各机关及阎氏友好,印毕后即存交傅公祠保存。按该碑一块上载八卦,八卦圈外,刻有子鼠丑牛寅虎卯兔辰龙巳蛇午马未羊申猴酉鸡戌狗亥猪等12相,八卦圈内,刻有“大唐吕故谘议墓志铭”等字样;另一块上刻志铭及序,详述吕大夫谘议参军怀俊事实甚详云。(据1935年9月30日《大公报》)

京市工务局,日前开辟上海路,掘得古物一批,计二十余件,内有陶器、瓦罐、古剑、钱币、瓦俑等,均苍老古朴,类似六朝古物。当经工务局验收呈报市府,聘请考古专家滕固、裘善元等,前往市府将各古物详加鉴定,认为各件,均系六朝初期古墓之殉葬物品,其中一部分颇属名贵。现在决定送南京古物陈列所保存,供人浏览,并待专家研究云。(据1935年10月3日《朝报》)

北平阜城门外,距城八里许,地名八里庄,该处有古刹摩诃庵者。近发现该寺东偏院壁上,嵌有石刻,明陈万言等摹刻,五代高僧梦因法师,及宋僧道肯所书三十二体《金刚经》全部。北平市政府为保护古物起见,近除饬令公安局转饬西郊区署,及自治区公所,妥为保护外,并转饬文物整理实施处转函工务局查勘估修,以重古物。现闻所属奉令后,已开始进行云。(按)该项经帖,宋时极有名,不幸原本久佚,至明万历时,汪尚书可受,忽于浮箧中得之,刊以枣木版,携入旧京,经徐中丞、陈太史等分摹,□在六十方,现发现于摩诃庵。且查该经书于八百年前刻,亦距今四百余载,名贵堪与五塔寺金刚宝座像等,实为稀世奇珍。(据1935年10月3日《华中日报》)

考古家卫聚贤等,顷于江苏省金山,发现有一楚康王之故城。昨据参与考据之卫聚贤氏语记者,根据前次往金山之勘察,对斯古城微有发现。前次曾在斯处拾得瓦片,识其花纹,与栖霞山所得相同,是则此古城当为秦以上物。其西有秦皇驰道,北为金山,渡江即至金山，古城址会于北。本人及张凤、金祖同、陈志良诸君，定今日由沪乘汽车再度前往踏勘，并准备发掘之计划云。（据1935年10月3日《申报》）

国立中央研究院驻彰殷墟发掘团，自今秋开始在彰城西北乡，洹河北岸侯家庄村北殷陵墓地发掘以来，招募工人，工作情形，异常紧张。闻该团共已挖出殷陵遗墓五处。各墓坑内，近来掘殷代人头骷髅约有六七十个，并有一最大墓坑附近，发现若干向所未见之珍贵古物。闻其中有殷代之古铜提梁卣一件，高约三尺许，粗与水桶仿佛，周身遍凿极精致之细花纹。又铜盒一件，高约二尺许，方圆约四尺许，口盖分上下二层，底下有矗，较之周围大出一圈，盖上所镌之花纹及盒之形式，在彰德殷墟产古区内，从所未见。又玉石狸猫一只，其形式大小与现代之猫形无异，惟通身花样，及玉石颜色之洁净实所罕见。其余同时掘获古物，尚有二十余件，其名目及详情不悉。但此批贵重古物，乃在殷陵墓坑四周马道内出土，其正式墓中古物，尚未掘出。据传该坑深入水底，刻已掘至水面。据该团主持人推测，墓中最重要遗物仍在水底，拟自今日起开始，令工人入水挖掘，必须将水葬坑中之古物掘出方止。该团并以深秋冷冽，为体谅工人起见，特规定凡下水工作者，每日均发给双倍工资，现拟先行排水，再事挖掘，总期早日将坑中遗物掘获，完成研究文化历史之宗旨云。（据1935年10月17日《大公报》）

晋文献委员会自成立后，对历代名人佚著，力事寻访搜求，收获颇多，近又在平遥县搜得傅青主著《东汉书姓名韵》二十本，系传子侄手抄原本，极珍贵，现已交山西书局影印问世。又傅著《西汉书姓名韵》《左传姓名韵》及《地名韵》等，尚在访寻中。（据1935年10月6日《东南日报》）

修理曲阜孔子陵庙工程计划，现由行政院呈送中央审核，不久即可由财部拨款兴工。该项工程预算，计孔庙孔陵修理费九十八万八千零六十元；又修孔庙至孔陵道路需费一万七千三百元；又颜庙在曲阜城内，自民国二十年(1931年)经军队炮毁后，倒塌不堪，修复需洋六万七千八百元；又修理兖州至曲阜公路，长约三十里，需八万四千元。此次并拟在孔庙侧购地，建一房屋，名曰仰圣堂，专为招待来宾之所，计需三万元。以上共计一百一十八万七千一百六十元。（据1935年10月7日《大公报》）

中央古物保管委员会西安办事处，以陕西省碑林所有石刻之碑，累累陈列，约计有一千四百余种。排列面积，计有四千余方。各碑建立年代，自汉起迄清止，无代不有，在文化上，价值颇巨。最宝贵者为唐《开成石经》《大学》《论语》，以及《九成宫》等碑。惟近鉴于该碑林年久失修，房屋摧毁，破坏不堪，设若倒塌，则各瑰宝将埋没或破坏，故为维护俾资国人永久考据起见，即先着手整理，将各碑依年代排成次序，以资易于识别。至修筑工费，前经中央古物保管委员会全体委员会议议决，修建经费为十万元，刻正拟具施工计划，俟详细办法拟定，呈请行政院审核后，即可决定云。(据1935年10月19日《西京日报》)

杞县东北双塔社附近之村首，发现宋代名人宋郊古墓一座，碑文墓志，完整无缺，且有古物甚夥。此次发掘，系由该村农民张姓者因修筑房屋，使用土方，在村边隙地挖掘，偶尔发现，张遂视若至宝，隐匿不示他人。后为宋郊后裔族人得悉，群议向张索要，借尊先贤而重古物。奈张不允发还，现已向县府起诉，请求追还云。(据1935年10月31日《中央日报》)

河南安阳发掘工作，据言现正发掘殷商皇室古墓。该项工作，始于去秋。，在该县西北之侯家庄西北冈(距著名出甲骨文之小屯西北约五里)，发掘殷商皇室大墓及殉葬小墓，该地住居遗址甚少，除已发掘之十一座大墓外，尚有超过一千之小墓。大墓之面积最大者，约六百二十五公尺，最小者约七十公尺。墓室四周，均有墓道，全形如亚字。墓内曾施以经过之大压力硬土,墓之上口离现地面为一公尺左右。其底部则在十二公尺(水面)以下。因经过多次之翻掘(最早或在唐宋前),故出土物甚少。现所得之铜器、石器、骨蚌等,一部分系彼等未掘获之地所出,一部分则为彼等弃而不取者也。小墓百分之九十九系大墓之殉葬者,或杀人作祭之牺牲品。按其形状,可分为方坑长坑两种。内容则可分为人头葬、无头葬、俯身葬及动物葬等数种。人头葬均埋在方形坑内,每坑十具,间亦有三具,七、八、九及数十具者,特甚少耳。此类人头葬坑,现已掘出百余,无头葬则埋在长方形坑内,每坑十具或六七具不等,均为无人头之躯体,现共掘出四十余坑。俯身葬亦埋在长方坑内,每坑自一二三具至十一具不等。因其头骨躯体俱全,而头身向下,故名之曰俯身葬。此类墓葬,大约系活埋者,数目现尚未统计。至于动物葬之情形,与俯身葬相同。统观上述情形,古代帝王之专制残忍情形,可以概见矣。(据1935年10月31日《新闻报》)

内政部前据市民仇继恒等呈请,以陈可园及秦南岗两先生坟墓,在本市住宅区内,查两先生于文化上颇有贡献,其坟墓亟应保存以重古迹,请转咨南京市政府查照办理。内部据呈,当即咨请市府查照。市府得咨后,即将此案饬交社会局办理。当经社会局会同工务局,查明陈可园先生墓,事迹确实,准予保留。至于秦南岗先生墓,则俟住宅区正式划定后再行核办云。(据1935年10月29日《朝报》)

存放北平柏林寺之《释藏经版》,自内部接管后,各地自请领印者日多,该部特拟具规则,呈准政院公布施行。该规则规定领经者,须纳保证金,及限制不得私卖与损毁等项八十八条。(据1935年10月31日《东南日报》)

驻彰国立中央研究院殷墟发掘团,自今秋在城西北侯家庄开始挖掘以来,颇有成绩。该团日前又曾在小营村西地,掘出殷陵水葬墓坑。该坑建筑工程,甚为浩大,坑之深度,达水底四公尺余。因坑底深在水中，而殉葬遗物当在水内，该团为完成发掘工作，以窥古代建筑全豹起见，特由沪购买抽水机一架，运抵彰德，日前装设竣事，即使一部工人担任抽水工作，另挑选一部年轻力壮之工人，约六七十名，每日发给双资，均下坑底入水工作，一面挖泥，一面寻觅古物。二十九日午后，果在坑底水泥中，掘获殷商时代珍贵铜玉古物十余件。内有洁玉玲珑杯两只，式样精巧；又玉器戈头刀一柄，长不及尺，宽二三寸许，厚约寸余，细花垒垒，极其美妙。其余古物名目，尚未详知。刻下该团在侯家庄工作十分紧张，每逢星期假日，仍照常工作，拟在今岁隆冬大冻以前，将全部工作完成云。（据 1935 年 11 月 3 日《大公报》）

国立中央研究院，驻彰殷墟发掘团，自今秋在洹北侯家庄殷陵发掘以来，成绩甚佳，该团前曾在侯家庄北，发现水葬殷陵墓坑，特由沪运来抽水机器排除积水，加紧发掘。昨日果在墓坑中掘获遗物多件，内有白玉猴像人像各一，高均尺许，形式极为玲珑。此外并有金镶玉戈头三柄，长约一尺三四寸，宽三寸余，两面均有精细花纹，又铜镶玉戈头两柄，花纹亦甚精致云。（据 1935 年 11 月 10 日《大公报》）

同蒲铁路路基，自向晋南开始修筑以来，因挖土之处甚多，因之地下埋藏古物，屡有发现。兹晋南曲沃县境，于日前修筑路基，挖土时，由工作之陆军第三百九十团士兵，挖出瓦缶一具。指挥人员，当命小心起出，毫无损坏，当即送交团部。该缶系灰色，底小口大，叩之声锵锵然，高十七公分（约合市尺五寸半），口径三十五公分（合市尺一尺三寸），外底径十七公分（合市尺五寸半），内底径十五公分（合市尺五寸），缶内周围有朱色，红字仍甚鲜亮，尤为可贵，系草隶体，共二十三行，二百一十八字，惟一时尚难全识，只开首“熹平二年”四字尚易辨认（按：熹平为东汉灵帝年号）。词句之间，似系说明葬事，盖为当时殉葬物也。迭经名人考究，确为汉代之物无疑，与前者甘肃出土之汉人墨迹“流沙坠简”不相上下，实为至宝。该团已呈绥署，不日即行包装运省。

晋北怀仁县属大峪口村附近山上，日前忽塌下大石一块，并有石碑一块，随之而下。碑上有朱色一方，业经考古家鉴定，此碑系“李陵”碑。碑上之朱色，为杨业碰碑时之血迹，至今未退。此外晋北修筑路基时，亦不时有古陶器之发现，但均不甚名贵。（据1935年11月16日《中央日报》）

临沂县亭子村发现汉墓，内有五铢钱及衣上所用小铜器甚多，墓周围全汉画石，堪与嘉祥武梁祠画像媲美，浑厚伟大，足代表鲁东南汉代艺术作风。石甚大，已运济一块，存省图书馆，余石亦将运济保存。（据1935年11月24日《中央日报》）

永嘉太平岭义师地方山后，有宋朝兵部侍郎薛朝师公古墓一座。相传因被奸臣谗杀后，宋王觉其冤死，勅赐金头银脚配合殓葬等语，是以引起盗贼垂涎，突于前晚，被盗掘开坟圹毁损古迹而去。其后裔薛立夫等闻报后，业已呈请县当局，严行缉案究办。（据1935年11月23日《东南日报》）

鲁东诸城日照，有古城遗址一方，中央研究院前会派王湘、祁延霈等前往考察，拟于来年春季，开始发掘。又鲁南临沂亭子头村，于本年8月间，曾发现古墓。经该县民众教育馆长王毓珠前往考察，由其中取出古钱数枚，碑碣数件，呈送到省。经省立图书馆考察研究，该墓为东汉古墓。现已由该县民教馆长王毓珠，将所有物品全部送省立图书馆保存云。（据1935年11月25日《大公报》）

余姚道路头，上林湖湖边，本月十二日发现唐代古瓷碎片，发掘者为上林湖乡民陆佑三，瓷色晶莹如玉，一时哄传遐迩。时杭州古玩商秦立声适由甬回杭，途经余姚，闻讯急往访问，一见果系珍品，遂以廉价悉数购得。查《嘉靖志》载：“唐宋时置官监窑，寻废。”又《六研斋笔记》载：“南宋时余姚有秘色瓷，粗朴而耐久，今人卒以官窑目之，于柴世宗时始进御。"云云。按上两说,则此次上林湖发现之断残瓷片,确为唐代珍奇之秘色瓷也。(据 1935 年 11 月 25 日《新闻报》)

西京筹备委员会,在咸阳昭陵附近吴村,发掘石狮一对,体座完好,较昭陵六骏尤大,证为唐代遗物。(据 1935 年 12 月 2 日《朝报》)

成都闻人龚熙台、罗一士、林君墨等,自民国二十年(1931 年)间,呈奉省府令,准成立四川古物保存会以来,因频年大局多故,未能如豫陕各省就地发掘,多所供献,即耳目所及,亦有时碍于搜讨。近为南北两郊,因公平治古庙古墓,特约集同志,前往各处视察,并呈省府准该会遇有古物,特许运至古物保存会保存。(据 1935 年 12 月 4 日《华中日报》)

余姚南乡夏家山顶,有该地农民夏阿忠,于前日在山麓斜崖下发现一椭形小穴,以铁杆探之,深不可测。嗣邀得当地村人发掘达一日夜,未见其底,惟见烁耀绿光。翌晨继续发掘,果掘出长约三尺之古剑一柄,斑烂剥蚀,柄上有隶书"泰吉"二字,不知为何代物云。(据 1935 年 12 月 5 日《中央日报》)

乐亭县徐官屯农人徐亭雨十一月三十日,于园中掘挖菜窖,深甫三尺,见有石板一块,掀而视之,乃一石窟,内藏石狮、铜鼎、金瓶、玉砚等共十二件,村民传为奇谈,往观者甚众云。(据 1935 年 12 月 8 日《大公报》)

洛阳为历代故都,名胜古迹,遍地皆是,尤以帝王陵寝,先贤丘墓,丰碑高冢,远近相望,俗语云:"洛阳邙岭无卧牛之地。"其陵墓之多,可以想见。惟是大小陵寝,皆为先民遗迹,历史上之价值,何等伟大。乃近有不逞之徒,专以盗墓为事,昏夜聚众,列炬持械,任意发掘,冀获微利,不惟残及白骨,抑且影响治安,近更变本加厉,益肆披猖。入土新柩,亦遭盗发,抛露棺椁,残毁尸骸,倘系贫户茔葬,白骨尸身,辄扬晒墓外,以泄盗掘者徒劳无获之恨。似此残忍情况,死者固属难安,生者深为含恨。洛区专署,洞悉此等劣风,殊属穷凶极恶,若不严加制止，何以安幽魂而存遗迹，顷特剀切布告禁绝，并派员负责缉查，务祈彻底遏止。布告文最后有"望各界民众，严行禁止，勿得以身试法，乃恶风未缉，转相效尤，以漏网为可觊，置法令于不顾，灭绝人道，破坏治安，匪性既不可移，严刑当绳其后。本署为人心风俗计，为地方安宁计，为维持人道保存道德文化计，决不容此辈匪徒，侥幸漏网"等语。（据 1935 年 12 月 14 日《中央日报》）

无锡县属第五区刘潭桥乡沿河，据乡民传述，素有古墓一所，因沧海桑田之变迁，墓址已变河身，高年人士谈之津津有味，但对于相当考证，迄未发现，故仅供口头传述，未可做好古者之凭吊。日昨邑人俞雨三等便中经过该处，为好奇心所动，在河岸寻觅有无物证，作为墓址之探讨，残碑断碣，细加摩挲，无意中瞥见河畔小桥，其中有黄石条一方，两端架于岸上，系简单之桥梁。苔痕莎草，泯隐中发现该石上镌有"黄墓桥"三字。笔画虽经风霜剥落，全形尚可辨别。一时乡老闻讯，齐来观看，对于过去之谈助中，又多一有力证据。俞君是天津市前任市董，据其个人研究，认为该墓或即系三国时黄盖之墓。当时江东一带，为孙吴区域，黄盖乃吴国老将，字公覆，湖南零陵人，曹操八十三万大军东下，黄奉令与周瑜鲁肃等迎击于赤壁，以苦肉计诈降，乃实施火攻，大败曹兵，以功加偏将军。及葬处是否即今之刘潭桥，固未能武断，而退一步言，无名古墓，发现一种有姓氏之物证，未尝非考古之一助。现俞君等正将上述各节，继续研究，冀得有可恃之考证云。（据 1935 年 12 月 17 日《中央日报》）

陇海西咸段三桥附近，因掘土发现汉代五铢钱之模型及铜镜模型。按汉时造币厂，或即设于该处。又邻县筑碉堡，发现周姜嫄、公刘庙碑一方，字迹清楚，惟断为二，现存于县府。（据 1935 年 12 月 21 日《东南日报》）

晋南各县地下埋没古物甚多，兴筑同蒲铁路以来，因挖掘土方，迭有发现。前日南工十一段，在闻喜县境内之隘口镇，挖掘土方工作部队突又发现大宗古物，证明系汉代制造，为本省空前之大收获。计古缸一，色灰黄，长三尺许，高四五寸，宽尺余，底面书有“汉熹平制”等朱笔字样；瓦二十余个，各长三尺许，宽尺许，厚三四寸；砖五百余块，较普通大条砖略大，此项古砖，有识者谓系明朝遗物。以上各物，均完好无缺。尚有碎砖甚多，该工作部队挖出后，即送交该管工段，前日已由工段派员由同蒲路运抵太原，转用大车五辆送缴太原绥靖署。经绥靖署贾秘书长检视后，已令转送民众教育馆陈列，并供考古学家之研究。（据 1935年 12 月 23 日《东南日报》）

长安城西十五里许，即为汉代之故都未央宫，至今宫址仅存，巍然荒阜，上有石碑一块，上镌“当今皇帝万岁万岁万万岁”字样。宫南三里许，即为三桥镇，为长安咸阳间之重镇，今陇海路即由此通过。日来陇海土方工程积极进行之际，忽在镇西二里许之村庄掘土，发现汉代造币厂之遗址，其规模尚能辨识，并获汉代所使用之五铢钱模型甚多，皆为铁质。按此物已在地下埋没一千七百余年，又发现铜镜之模型数件，概为当时宫中嫔妃所用铜镜制造之处，洵为珍品。现此项古物，已由西安古物保管办事处派员前往查勘并收存。又邠县为古邠国之故都，在唐代亦极繁盛。县长日前呈报省府，谓在妨桓修建碉堡，检修姜嫄庙之残砖，发现唐代古碑一块，上书姜嫄公刘庙碑，记载甚详。该碑为高郢所撰，韦丹所建，张谊所书，张绾篆额，撰书绝佳，镌工尤美，惜碑已两断，残缺不全，惟字里行间尚能辨识，现已将该碑运到县府保存云。（12 月 24日《中央日报》）

内政部呈，为西安碑林多年失修，经中央古物保管委员会拟具整理计划及经费预算，请核定酌予补助案，决议，中央补助五万元。（据 1935 年 12 月 25 日《中央日报》）

浙江省立西湖博物馆于前月间将杭市凤凰山所发掘之南宋官窑瓷器十六件，函送河北博物院请为交换。兹得该院交换之物品有石器时代之用具，如渑池不招寨出土之骨针、骨尖头、石斧、石刀、石錾、石尖头，及西宁拉汉金出土之骨板、骨饰等九件，又巨鹿出土之宋代小碗及残瓷，与北平护国寺舍利塔下掘出之小泥塔二尊，及清代正红旗满洲都统奏稿二种，旗员龚官谱一幅，均为罕见之物，现已陈列于该馆历史文化部。（据1935年12月29日《东南日报》）

东阳举办国民劳动服役，民众工作颇为努力。兹有六都乡后里村，东北角后田坂，顾姓地上，被服役者，掘获石砖二块，上载有“元嘉二十年”字样。事闻于县府，为保全古迹起见，已令该乡乡长前往提取，送县以资研究云。（据1936年1月11日《东南日报》）

河北邢台县二区荆村铺农民李九成，昨日与其子在该村西北前湾地方掘土，深及三尺许，忽见有砖痕。李某随砖痕而掘之，将砖痕掘尽，即发现古墓一座。墓为砖砌成，宽约六尺，高约八尺，并由墓中掘出红瓦三个，绿瓦一个，瓷瓶二个，瓷碗一个。据谈，此墓系汉时某人之墓，一时轰动附近，观众络绎不绝。（据1936年2月14日《东南日报》）

内政部以与历史文化有关之碑版、造像、画壁等古迹古物，各地必多留存，特咨请各省府转饬所属各县，对于此项古迹古物，应认真保护，不得任意毁坏。又该项古迹古物，凡可拓印，无论是否完全，并需一律拓印二份，转送该部，以凭查考云。（据1936年1月18日《朝报》）

山东省民政教育两厅，遵奉行政院命令，会拟关于孔子奉祀官府与林庙应设职员名额，及设置警察机关，以管理攸关我国历史文化之遗物遗迹，并维持圣域内之治安，业经呈准实行。至关于孔圣林庙物品保存办法，据民教两厅所拟，应划清公有私有范围，分别登记保存，以垂永久，而便稽核。所有应需鉴定登记及摄制照片等款项，究由何款支用，迄未有着。四日，民政、教育两厅，以此举攸关古物古迹之保存，势在必行，特会衔拟具提案，呈请省府政务会议讨论。当经议决，准由修复孔庙存款利息项下开支。兹将原文抄录如后：民教两厅会呈称:前奉交行政院令,拟据内教两部会呈,关于孔奉祀官府与林庙应设职员名额,及设置警察机关等一案情形,应准照办。令仰遵照一案,业经分别函令遵办,并签呈鉴核在案。查会商记录第五项,关于山东省民教两厅所拟办法,第一项拟准如所拟办理;其第三项所称划分公有私有范围一节,虽可准予照办,但关于登记及摄制照片各项,拟应同时一律办理。惟鉴定、登记、摄制照片所用款项,应由何款开支,理应呈请核示等情,应如何办理,请公决。(据1936年2月6日《中央日报》)

金山奄城古物展览。年来江浙古物发现日多,如常州奄城遗址与金山陶片,以及上虞、苏州、嘉兴、海盐等处,亦有古物出土。由此可证古代吴越,已文物灿然,且因此项古物与北方发现者迥异,可知古代吴越,自有其本位文化。现常州奄城与金山之古物,经考古家卫聚贤、金祖同、陈志良等之整理,特于昨今两日(十五、十六)在上海文庙路民教馆举行金山奄城古物展览会,陈列古陶片等千余件。潘公展氏并拟计划呈苏省府,拟大事发掘各地古物,兹分志如次:

奄城遗址古物一斑。奄城遗址古物,为去岁所发现,其地在常州城南二十里,奄为殷末周初东方大国,距今已三千年。此次所陈列之奄城古物,计有陶片石物两种:(甲)陶片有面,有几何花纹之古代陶片,花纹有人字纹、回字纹、重格回字纹、田字纹、方格纹、席纹、麻布纹、波浪纹、蛇皮纹、指爪纹等三十四种。质料有红泥、白泥、紫泥、黄泥、黑泥、青泥、灰泥等。陶器以未敷釉彩者为多,器物有瓶、瓿、甑、盘、碗、缶、盆沙等,共数百件。(乙)石物共三四件,有上尖下巨如锥形者,有上下皆尖者,各器俱属未经凿磨而打成者。

金山古物陶片居多。金山古物发现于金山县金山卫戚家墩,以陶器为最多,计有:(一)石器二件。(二)鬲片数十件,其质为沙泥混合物,非铜质。(三)鼎足三件,颇完整,长十二英寸,质有白陶质,红色沙泥混合物,黄沙泥质等。(四)土器一件,只存口径,周围四英尺。（五）铁鎔渣一件。（六）古井陶圈。（七）汉瓦三张。（八）陶片数百斤，与奄城发现者相同。

古代吴越文化灿然。南方各地发现古物，足以证明古代吴越，已文物灿然。且从此种古物与北方发现者比较，则迥然不同，盖各有系统。卫聚贤并告记者，年来上虞、苏州、海盐、嘉兴及上海昆山等处，陆续发现者，花纹形式，均极相同，足以证实古代吴越，有其本位文化。

潘公展氏计划发掘。中委潘公展氏，鉴于南方古物发现虽多，但均零星，预料埋藏地下者，必极丰富。特拟定计划，呈江苏省政府，拟请苏省府将此次展览之古物，每县发给五套，分东南西北中五区陈列，陈列地点以民众教育馆或小学校为宜，倘当地有同样古物发现时，即可随时发掘，以便保存整理，借睹古代南方文化演进之痕迹云。（据1936年2月16日《东南日报》）

卫聚贤氏昨日应苏州的国学会及东吴大学讲演之余，往苏州西南十五里之石湖处游览。石湖北有大河名越来溪，河西有小山名磨盘山，高约十余丈，城迹尚有，其中有很多如金山奄城所见的陶片。山下有海潮寺，寺周有六朝瓦当及瓦发现。越来溪之东有土埠名黄壁山，高起约二丈，其中亦有陶片，卫氏携至苏州阅志书，始知磨盘山即吴城，黄壁山即越城。吴越战争时，夹河而设之营垒。海潮寺附近为梁天监时的秀峰寺。卫氏又与王佩诤氏游苏州公园，在公园土山上得到很多古瓦片。因土系从一丈以下掘出翻上来的，阅志书知公园为吴王夫差之宫。其陶片除捐赠东吴大学及苏州中学外，带了一批返沪。其花纹有较金山奄城为精致，不久将有论文发表云。（据1936年3月4日《时事新报》）

“莫谈国事，且食蛤蜊”，这个年头，还是谈谈古物，倒是桩八方无碍的事情。虽然伦敦“盘林顿”大厦里的中国美术展览会，已经闭了幕，远适英国的故宫瑰宝，还未运回国，南京朝天宫古物仓库的建筑，还未动工，而谓“山窑”的梁代遗物，又发现了。更加凑热闹的，考古家卫聚贤等，又在发起“吴越史地研究会”，在京征求社员，真所谓“漪欤盛哉”。

自从去年（1935年）夏秋之间，考古学者卫聚贤、陈志良、金祖同等，几次三番地到松江沿海的金山卫和常州乡间的奄城遗址去访古，而在地面上地层里，发现了前期遗物和有各种图案花纹的古陶片以后，并且加以多量的收集，分类研究，发表了《奄城金山访古记》，遂引起了一般学者的注意。最近，他们又把所得的古物、古陶片等，在上海文庙公园开了一次展览会，目下更进一步而有“吴越史地研究会”的组织。

“吴越史地研究会”是卫聚贤等约了叶恭绰、吴敬恒等，共同发起的。“他们的宗旨，是在研究吴越的前期文化，从《左氏春秋》《国语》《史记》《吴越春秋》《越绝书》等等，关于有吴越记载的书籍里，来考证吴越两国的地理，经调查确定后，如果认定地下有可以参证史料的古物，就请中央古物保管会发掘；假使地面上有历史价值的古物，就请江浙两省省政府，修理保存它。

他们研究的地域，以江苏浙江两省的地界为限。他们因为要使江浙两省的人士，普遍研究，并且引起大众的普遍注意起见，除掉在上海设“吴越史地研究会”总会以外，在江浙两省的各县各地设立分会，而把去年从奄城金山两处访古时搜集的古陶片，广为分送。他们已经大数量的陶片，分类分包，托江苏、浙江两省的教育厅，分送到所属各县去，每县可得五包。

这五包陶片，是指定陈列在每一县的县中，和东南西北各区的小学校，或者民众教育馆里的，要使大多数的民众，看到这些陶片，知道是吴越民族的前期古物。假使附近地方，有同样的陶片发现，就可以据此报告分会或总会，来从事古迹调查或发掘。

这样一来，可以使少数量史的记载以外的吴越古文化，因调查、发掘、研究以后，更可以发扬一点，而研究所得的成绩，将来打算编印刊物，公开的发表。

南京是个首都，在春秋战国之间，是吴国和楚国交通的孔道。这里当然埋藏着无限的史料。并且，首都是人文荟萃区，所以发起人陈志良，连日正努力在京征求会员。征求的结果，历史家柳翼谋、汉学家顾实、考古学者滕固、汪胡桢和本报记者顾蔗园等二十余同志，都很热心地加入。从此京中的学术团体中，又多了许多考古学者的集团，对于吴越古文化，一定有相当的发现收获，这是可以预卜将来的。（据 1936年 3 月 7 日《朝报》）

南京朝天宫，即古冶城遗址，前因故宫博物院在该处建筑古物保管仓库，已将冶山之南麓掘开一部分，当在地层中发现古代砖瓦及碎瓷、陶片甚多。不意昨日仍在继续开掘之际，突于土中发现古墓一所，并古井一口，其时适有考古专家卫聚贤、顾蔗园两君正在该处参观，比即拾取该古墓之断砖一方，细加鉴定。经就该砖之花纹详加研究，认定该墓决系三国时代之人物。又该古井上尚存有井栏一个，惟并非石质，乃系一整个之陶质品，是以弥觉可贵。该项井栏亦经卫君鉴定结果，认为较古墓时代尤早，大约尚系吴越春秋时代之物云。该古墓古井自昨日发现后，比由监工人谕令停止挖掘，一面并报告故宫博物院当局，闻该院当局已决定于今晨八时，会同中央研究院派员前往开掘，俾一窥墓中之究竟。（据 1936 年 3 月 13 日《朝报》）

彰德县西北乡洹河两岸，小屯村、花园庄、王峪口、中山村、武安村、东司官村、侯家庄等地，乃殷墟重要范围。时有该处村民盗掘古物，盗出后即售于本城各古玩商，转售于外人之手，大好古物，多数流于异域。专员公署近为维护吾国古代历史文物计，连日密派干员，侦查盗卖古物之人，及收买古物运送异域者，并于昨日将本城最著名之古物贩邢德山、尚茂林、孙五元、朱某等五人捕获，收押讯办云。（据 1936 年 2 月 24 日《大公报》）

陕西省考古会以渭惠渠所经区域如常兴、绛帐等镇，多属前代胜迹，值兹兴工之际，古物发现，随时皆有，故除派员前往调查外，并拟定调查发现古物办法八条，业经函商省水利局允即转示工地各工程人员遵守，俾发现古物，不致损失，或为他人盗买，兹将该处所拟之渭惠渠工程处调查发现古物办法志次：(一) 本办法依据陕西省政府公函，由陕西省考古会商同陕水利局拟定之。(二)渭惠渠兴工处，得由考古会派员随时调查有无古物发现。(三)渭惠渠兴工处，如有古物发现，应由发现人随即报告监工员，会同考古会派员妥为处理，运省保存。(四)考古会派员商同监工员，对报告者应按发现古物之价值及数量，酌予给奖，其奖金由考古会负担。(五)发现古物，如有珍贵品，得由考古会商同水利局函请省政府从优给奖参与发现人等，以资鼓励。(六)如发现古物隐匿不报者，经察觉后，依古物保存法，以私行发掘论罪；古物商以金钱诱惑工人私行购买，经发觉者，与隐匿不报者同科。(七)考古会派员赴兴工处调查，以持有会函，佩戴证章为凭。(八)本办法自函送陕西省政府备案之日施行云。(据 1936 年 3 月 24 日《大公报》)

徐州东关发现汉碑三方，刻有孔子周游图，雕工拙朴，被古董商王某运津出售，已售与日人一方。二十六日晨继运二方至站装车，被县府得悉，派员扣留，图书馆拟请留保管。(据 1936 年 3 月 27 日《中央日报》)

宿县迩来奉命修筑宿永路，由各保甲按户出夫修筑，闻沿路掘获古物多夥。昨西关陕某之表弟张姓，因系摊工筑路，掘出紫色古碗一对，为瓜形式，大口小底；又一为酒杯式，圆形小底；并有一盆，内黑外黄，及古铜钱等件，惟惜乡民做工，手持镢锹各物，用力掘土，不防将该古物击破，无完全者，殊为可惜云。又讯昨日城西十五里铺居民王某、陈某、张某等，在筑路之际，掘出似砖非砖之铜质物四块，外面业已风化生锈，击之铮铮有声。当时三人误认为金砖，私行藏匿，以便均分，不幸后来因未设法均分，张陈二姓携匿，王某不平，遂来县报告。经第一区派人前往索取，转送县府。并闻该姓等争分古物，曾互殴成伤，刻亦成讼在案。将来如何解决，容探再志。（据1936年6月29日《东南日报》）

睢宁劳动服务团督率人民开挖城河，在西城门侧挖出大船一艘，全长市尺三丈许，宽八尺，有四舱，船板已朽，船内有人骨多具，并有各种器物。考《睢宁县志》，睢宁古为睢河，淤积为城，建于北宋，是处沉船，适为旧睢河迹，当为千年以上之古舟。（据1936年4月3日《新闻报》）

南田县湾塘农民罗根木，上月底荷锄掘地，未及三尺，忽锵然作声，经审慎掘开，得古瓶八只。记者闻讯前往，见该项古瓶形如酒鳖，色若鹧鸪，忆《桐荫清话》中，曾有文述及，谓戚少保军中，当带此瓶，以贮茶水，亦犹今之军用热水瓶，不悉是否同属一物，用敢质之考古家，以明究竟。（据1936年4月3日《东南日报》）

中央研究院历史语言研究所，在河南安阳殷墟遗址考古，迄今已将八年，历年所获商周两代之铜器石器古物，为数甚多。该所原拟于去年底结束该项工作，兹因商代物件，尚须考证，故本年决定再派员前往，做第十三次之发掘，现已派定郭宝钧、石璋如、李景聃、祁延霈、高去寻等五人，前往工作。郭等已定本月十五日启程。（据1936年4月3日《中央日报》）

沛县虽偏僻小邑，但为汉高祖故里，历史上颇有名，若夷考古迹，则存在者已鲜。高祖《大风歌》，数千年来，脍炙人口，而歌风故址，早难确定。后人建歌风台以实之，至今尚在县立中学内。中植大风歌碑，乃汉末曹喜篆书，俗传蔡中郎书，恐非。碑四行，行八字，首行为汉高祖皇帝《大风歌》，下录全歌，不知何时中断，下段已湮没无寻处，仅存上段，剥蚀残缺，犹能窥见笔致，三分以前遗物无疑。更有元代摹刻一碑，清季于城东掘获，弃置郊原，三十寒暑。去岁好事者移立公园内，竟于碑阴元人题识间大书深刻，虽意在保存古物，难免貂续之讥，且仍置露天处，亦非所宜也。微子墓，在微山湖中之微山。山如一小岛，殷姓聚族而居，盖属微子后裔。墓前有碑，曾见拓本，中为径尺篆书"殷微子墓"四字，额横题"仁参箕比"四字，左旁署"大汉建始元年岁次己丑月日（数字残缺，'安乐候'，《汉书》为'安乐侯'），丞相匡鼎（即匡衡）立石，侍中殷仲题额，南昌尉梅福篆文"等字。建始为汉成帝年号，远在曹喜前百数十年，而碑完整胜大风碑。匡衡、梅福虽同时人，而爵里悬殊，何以共与碑事。且此种款识，汉碑中仅见，考冯氏《金石索》，孙氏《寰宇访碑录》皆未著录，恐当时已以为伪矣，甚望今世考据家加以探讨，但赴微山不必取道沛县。微山现属山东滕县，距沛六十余里。《辞源》微山条，微山在沛县东南三里，不无错误，附带指出之。（据 1936 年 4 月 3 日《朝报》）

黄帝陵及轩辕庙，历年失修，已多倾圮，前会由林主席发起组织培修委员会。现由该会与中央古物保管委员会及陕西省府共同设计培修，保管会西安办事处主任贾文弼，已偕建厅工程师抵中部开始勘测，绘图设计修筑，中央规定培修经费为三十万元。（据 1936 年 4 月 7 日《东南日报》）

南京市政府前接内政部咨请将京市有关历史文化碑版，拓印送部存查，市府当即令饬社会局遵办，兹悉已将各碑版拓印蒇事。市府日内咨复内部，兹将各该碑版之名称朝代及所在地觅志如下：（吴）天发神谶碑，在参谋本部内；（齐）孔子问礼图，在考试院内；（梁）萧宏墓画兽像及东西百柱，在仙鹤门旁；谓山窑题字，在中和门外草场圩出土；（宋）王德碑，在观音门附近伏家桥；卞壶墓阙，在朝天宫旁；虞长卿题名，何安时题名，宋可行题名，在下关三宿舍；刘季高题名，在愚园内；玉兔泉题名，在古物保存所内；秋风诗，在钟山；（元）加封孔子诏、加封四配诏，在夫子庙内；观音大士像，在石观音内，高昌道题名碑，在汉西门出土；（清）诸葛祠堂记，在清凉山；铜钩并题

字，在五洲公园；莫愁女像，在莫愁湖；杜茶村墓碑，在太平门外。（据1936年4月14日《中央日报》）

泉州城内中山公园，近扩筑公共体育场，掘土时，发现古墓多穴，当证系唐朝遗墓，但内并无棺，仅为墓穴。当发现时，晋江县政府，以有考古价值，乃致函厦门大学，由该校派文学院教授林惠祥、郑德坤、庄为玑等前往监督发掘。初掘，获一无棺穴，作十字形。穴壁以刻有花纹古砖砌成，顶如圆穹，而有三凹入之角落。墓坑长十五英尺，墓肩宽十二英尺一寸，另一端则四英尺十寸，砖长尺许，宽五六寸，厚三寸，边缘镌有龙、草、双鱼、龟、蛇、古钱六种花纹。十六日于近处再掘现一穴，深四英尺八寸余，一切与前同，惟砖花纹稍有不同，上有“岁次乙丑”字样，穴内得破瓶一（盎形），又盂形、溺器形、烛台形、盏形、鞋形瓶各一个，破钱三个，五龟钱一，大铁钉一。十七日又掘现两穴，与前共四穴，方位均坐东北向西南十度，自东数起第一墓，掘一半，因颇费工，暂以土覆之。第二墓即十六日所掘者。第三墓十七日发掘，中有古砖，一有“岁次癸酉”四字，并得一小圆形木质炭一，是否为棺木之遗炭，尚待研究。第四墓亦十七日掘出，得已断其半之古砖一，上有“贞观三年”四字，以与第二墓掘出之“岁次乙丑”字样之砖衔接，能符合，因证明此四墓均唐代物。又另一砖，有“闰十二月初四日”字样，以下即字迹模糊。第四穴内，尚获瓷盘一，盘上小茶杯五，已破碎，瓷灯火池一座，及破瓷碗碎片多件。第一墓与第二墓之间，相距一百六十英寸，第二第三墓间，相距一百一十九英寸，第三四墓间相距同。据庄为玑云：“中山公园内近此一带，有同式古墓十余穴，已掘四穴。现将掘获诸物陈列，任人参观。俟将来再发掘，即将所得古物，带一部至厦门大学研究。”又十八日继续发掘第一墓，自晨迄晚，仅掘四分之一，已掘现完整之圆拱门，并有骸骨；第三墓亦续发掘，获明器四十余种，有灶形附两釜、盏形溺器、匙大小瓷瓶等物。据林惠祥谈，拟仅掘此四穴，不再及他，因所获古器，已

足供研究云。(据1936年4月22日《申报》)

定海县渔民梁开荣,昨日在陈大岛凤眉山采取贝壳,获得高二寸方三寸之古金印一座,上刻篆文甚多,字迹模糊,仅其中有"大德"二字,尚清晰可辨。事为古董商所闻,愿重价以购。而梁某讳莫如深,以无有拒之。查历代皇帝,以"大德"为年号者,有南北朝梁时交趾李贲,南宋时西夏崇宗,元朝成宗均称之。该印究属何朝非考古家莫辩云。(据1936年4月28日《东南日报》)

殷墟发掘古物,关系我国古代文化甚巨,记者趁此次旋里之便,于二十七日晨赴冠带巷中央研究院殷墟发掘团访问,承潘实君领导参观所获之兽骨人骨、殷代陶器、唐朝陶俑后,即乘车出大西门,抵高楼庄。该团主任郭子衡因事在汴,现负责者为河大毕业之石璋如。老同学骤见,欢欣异常。虽昨雨竟日,今未开工,渠仍陪同经薛家庄、小屯村而至发掘所在地视察,返城已午后一时矣。兹志见闻于次:发掘次数,数年来中央研究院在安阳发掘之区域,除小屯村四周外,有花园庄西地,有高楼庄北地(大约为殷都之城关),有侯家庄南地与西北岗(系殷帝王陵),有秋口村西南之同乐寨(距城约十三四里,该地所获,系新石器时代物,在殷墟以前)。此次为第十三次发掘,开工于三月十九日,约六月底可竣。现在安阳之人员,有石璋如、潘实君、李纯一、高晓梅、王子湘、尹子文及豫省府所派之孙文青,初用工人七十余名,近达一百人,均系熟练者,每日给工资四角。工作时各职员各看一坑,督促监视,视土色及出土物情况,详细登记编号。

本年工作目的,注重发掘殷代建筑遗址之全部,俾能绘出略图,以窥古代宫殿之真象。然遇有古物,遂即捡出,因时间仓促,未分类统计。惟总编号已至一千三百以上,唐代陶俑完整者二十余个,罐亦有十余个。殷代陶器大都破碎,能对至一齐者,正由工人用胶糊粘中。其他骨、蚌、石均需至工作毕后,运南京研究。现所发掘地区,在小屯东北数十武,面积约八九亩,沟坑深者二丈余,浅者一二尺至五六尺不等。其发掘地区之西南，有墓葬五所，发掘团尚未将骨骼取去。北边三个，东西成行列；西边之一个，内仅骨骼一具；中间一个，内有四具；东边一个，竟有七具之多；南边两墓葬地，骨骼均颠倒者，皆在六具以上，不知系当时殉葬，抑大加杀戮后而殡者。

再东则为殷代建筑遗址，城墙形势之处，土细而硬，显系经过板筑，其显然之柱顶石，东西南北行列均有，均不规则，形似取之水中或山冈者。每石下土均坚硬异常，用手尚去不动，必当时特别用人工打实者。惟仅系一部，必全现后，方能见真象。又灰土坑甚多，长方椭形者均有，以掘出之土系灰色，故名，其中发掘出之陶片，系殷代物，当系该时填塞，坑未必即殷时所掘，或野居穴处时之穴也。（据1936年4月30日《大公报》）

无锡第三区旧新安乡离沈渎镇约半里许，该地系苏锡路行经之地，近日正在赶筑土方。该地原有极高土墩一座，因适当路中，前日开掘土墩时，发现古砖极多，大小似城砖，上有各式花纹，但并不整齐。完整者极少，日来已被乡民拾取一空。察其情形，似为古代坟墓，但观其砖石零乱情形，或系古代建筑，亦未可知。该砖花色斑烂，花纹古雅，其年代现正由考古家研究。（据1936年4月30日《东南日报》）

浙江省府以准中央古物保管委员会函开，本月十二日温岭颜邦恒，于该县东区娄山发现古坟一所。该坟四围，环以泥砖，砖面刻有古钱状花纹，及反笔“元嘉七年”字样。按“元嘉”系六朝宋文帝年号。反笔文字乃古时为摹拓便利而作，殊不多见。故此项墓砖，确为重要出土古物。该报所载，当非无因，请饬所属机关，迅予彻查注意保存等由。省府准函后，昨已训令温岭县长迅予彻查，设法保存，具报以凭核转云。（据1936年5月10日《东南日报》）

南京朝天宫地方，因建筑故宫博物院仓库，掘出古墓一座。当时因禁止参观，致一般考古人士，无从考测该墓之建筑及其年代，兹考古专家卫聚贤氏，由沪将当时察看所得，著文考证，爰为披露，并介绍于一般渴欲知朝天宫古墓之情形者，原文如下：

朝天宫发现的古墓，为十字形，与在我山西万泉县荆村发掘的新石器时代遗址，距其地不远处，本地人掘得之汉墓，同为十字形。墓内棺材无有，而人骨尚存，有一个人手腕套一百余个五铢钱，陶器多种，陈列于旁。山西与朝天宫的十字墓，或者均为富人一夫三妻的合葬坟墓。至于朝天宫墓内已无骨骸，因为南方气候潮湿，不易保存之故。又民国十九年我在栖霞山发掘的六朝墓中，亦无骨骸，而铁钉已朽腐不堪。至于墓内正中的井，系预防盗墓而设，犹如山西万泉一带，于土岭的沟壁中凿洞以避匪乱(传系明代的)，于洞内正路中下凿一井，使匪类不慎，坠入井中。此墓上距地面不过三尺，其墓顶当初必为弧形，就墓形言，弧形当高约二尺，墓地为斜坡形，雨雪冲刷，墓顶之砖易于露出，所以被人盗掘了。当时因井中之土已塞满，预防盗墓的功用已失，故其中古物都被盗去，只遗漏了二个陶器。墓砖花纹我未全见，当日看到的，有三个时代的吴砖、晋砖、六朝砖，是杂用各砖筑成的。考其年代，当为六朝的末期。至于墓旁之井，与金山卫戚家墩、河北易县燕下都的井相同，当系吴越古井，与十字形古墓无关。鄙意推测如此，不知京方考古诸君，以为如何?(据1936年5月12日《朝报》)

考古家卫聚贤、张叔训、金祖同等，顷在浙江平湖乍浦南关海岸上，发现越国古迹，其遗址所占面积甚广，以古陶片为多。此项陶片花纹，除有与金山常州奄城古县之吴城越城发现者相同者外，中有多种花纹特异，为国内尚未发现者，实有重大之价值。卫君已请蔡孑民氏致函浙省府保护其古迹，以便日后作大规模之发掘云。(据1936年4月18日《时事新报》)

考古家卫聚贤，近在杭州古荡发现新石器时代之石器四十件，业志昨日本报。本报记者昨特往访卫氏挚友陈志良，询以卫氏在杭发现此项石器之经过。据谈，卫氏为国内有名之史地学者，于考古工作，尤研究有素，民国十九年(1930年)在京古物保存所所长任内，于栖霞山发掘六朝墓时，曾发现新石器时代之遗物，并得到石器数件，但人多以江南向未发现过石器，而且栖霞山所发现之石器，其数量不多，难以置信江南之有石器，然卫氏则疑信参半，而钻研之心更坚。不久以前立法委员何遂在杭购到石镞三件，送到中央研究院研究，其时有疑其非在杭州所出土，系古玩商自北方购来贩卖者。事闻于卫氏，乃特于本月二十四日赴杭，复在古玩商场见有石镞及石铲各一，仅讨价三元，遂即购之，旋再从各方探询该石器之来源，始知在距杭市十里之古荡出土。卫氏乃与友周泳先前往古荡考察。其地在老山之麓，为余杭公路必经之地。现正在进行建筑第一公墓，已将其山坡铲平，遥望为一片黄土。既近，乃沿麓而行，并绕公墓一周，无意中捡得与前在平湖、乍浦及江苏之奄城、金山、越城出土之吴越时代陶器上花纹相同之陶片多件。询之挖土之工人有无石器发现。据答，在墓南挖土时常有所得，现在墓西极少发现，并谓有工人某，方拾得石器一件。嗣卫氏又在地上捡得残缺之陶片，并闻另一工人在土内掘得完整之石铲一，石戈一，及破残之石铲一，又有工人得石箭头一，遂共以法币三角之代价购得之。嗣另一工人携一粪箕至，满盛残整之石器共三十余件。卫复以法币一元易得，遂返寓所。卫氏因以职务所系，未及加以详尽之调查，当日夜车返沪。陈君谓，据卫氏所告，公墓之南系一小岗，并无建筑物，亦无墓冢及种植物，极可发掘，如古物研究机关前往发掘，当有更大之成绩。由此并可证明江南于新石器时代已有人类云。（据 1936 年 5 月 28 日《中央日报》）

同蒲路近在祁县兴筑工程时，发掘宋代墓志铭小石碑一方，系宋武功大夫高某墓志，中奉大夫左司郎中陈仲宜撰文，武功大夫权知麟州陈仲立书并篆文，长二千余字，字大约三分许，字近瘦金体，书镌均佳，篆额系铁线小篆，尤为佳绝。同时出土者，有古钱一小瓷罐，罐系黑釉粗瓷罐，内装古钱数百枚，多北宋钱，尚有“开元”“乾元”等唐钱数枚，弥可珍贵。又玉簪一根，如一长钉形，长约六寸许。

又生铁小猪一对,各高四寸许,长七寸许,铸造精工,神态极佳。并闻此项出土宋代古物,已由该路运回并垣,呈缴绥靖公署赏鉴保存云。(6月3日《时事新报》)

邹县为孔孟故乡,在文化历史上,居重要地位。古邾国故城,即在该县。连同附近之滕县、峄县,皆春秋滕、薛故国,近年来,发现古物,多秦汉时代所有,为考古家所重视。现在山东省立图书馆中陈列之汉画石刻等,多运自邹、滕一带,为世所珍。图书馆长王献唐,近有邹县之行,搜集古物,以为研究古代文化之助,昨始回济,据读邹行所得。略记如次:

秦代瓦量　邹县又名纪王城,即古邾国都城,现在版筑城墙遗址犹完好,城内产带有文字之陶片甚多。最可宝贵者,为秦代瓦量,上有始皇二十六年诏文,乃用十块印子所印成,笔法高古。清代著名古物鉴赏家兼收藏家潍县陈簠斋,研究瓦量文字,断定为李斯用毛笔所书,故陈曾有"柔毫之祖斯相之遗"评语。按秦量、权见于著铭者,最早为隋代《颜氏家训》,以后宋、明、清屡有发现,考古家亦多有记载,但均系铁质或铜质,后陈簠斋始发现有瓦量陶片,费三十年之搜寻,始能数十碎陶片,凑成一全器,以为空前发现,稀世之珍。因瓦量碎片,全国仅邹县出产,三十年之久,始凑成一整器,诚不易也。惜陈死后,该量为日人购去。现在邹县竟发现一全器瓦量,完好无缺,已为省立图书馆所得。

赭色陶片　赭色带有花纹之陶片,以前考古家曾在奄国故城(江苏武进)发现,为他处所无,遂以为系奄城独有之文化产物,弥足珍视。最近在邹县亦发现甚多,且与奄城发现者完全相同,可证明春秋邾国亦产此物,与奄国文化相同,攻赭色陶片乃奄国独有文化之说,为考古家多添一项材料。

安阳汉碑　峄县有安阳城,为前汉安阳侯故都,土人至今呼为安王城,实则侯,非王也。有一墓山,上有古墓七八十座,累累相望,较之滕县曹王墓,规模尤大数倍,墓圹尽属汉代画石,花纹甚佳。附近村庄农民墙基,多用汉画石,俯拾即是,土人亦不甚惜,但因数量太多,无法运来济南保存。(据1936年6月7日《申报》)

在云南见北平广州各学术团赴云南考查,多半为的是民族地质,对于古物,尚少人注意。国内考古之风颇盛,大都在黄河流域和西北一带。或许是说云南开化较晚,无甚古物。不知如光绪年间出土的汉孟璇碑,也就是一件惊人之事,其实又何足奇。

原来云南分为迤东、迤西、迤南三部分,三部中要以迤东昭通附近开化为最早。因为该地是个气候适宜的高原,又比较接近内部,可想古代汉族迁居其地的必多,故汉晋间的古迹随处可指。惟因交通不便,少与国内人士通声息,故无数实藏,也就等闲视之。如果有人来提倡考古,还要惹人非笑。可是国内考古的风气,天天打在我的心目中。当民国十八年的冬天,因家在昭通,出门多年,要回去一转,就亲身多次去访问梁堆的一切古迹。访问后,大略知道是汉晋间室与墓的遗痕,不过年湮代远将它的名传讹了。乡人不知,误认为猺人的庐舍。但从事实上调查,昭通过去并没有猺人居住过。梁堆中大多数藏有五铢钱,乡人无识,也就呼为"猺钱"。我见着昭通地下的五铢钱,屡屡发现。梁堆中的花砖,更是不计其数,它的花纹,有十多种。又问发现经过的农民,说砖在梁堆内建筑得颇好,其内容有点仿佛城门洞。如果不是有文化艺术的人,怎能如此。

今年春季我游成都时,见着少城公园陈列彭县出土汉延平年的花砖,恰好与昭通的一样,不过昭通尚未发现有文字的。考云南迤东这个地带,是汉时的朱提郡,当汉初通西南夷后,中国人自然就侵入其地。又考汉洗铸的地名,不是"朱提",便是"堂狼"。"堂狼",即是"朱提"产铜的一个山,因此认定这地并且有汉代的大铜矿工厂。可是区区能力,仅有考察,不能发掘,未免贻"纸上谈兵"之讥,乃将这种意见呈请云南文化当局发掘,未蒙允纳。

民国十九年(1930年)春季,任昭通省立中学教席,于是利用这个机会,进行考古的工作。次年昭通奉教育厅命筹备省立民众教育馆,我负图书股的责任,就将梁堆有发掘的价值在筹备会中提出,幸获通过。同年春夏之交,前去指导工人实行。经过两个星期,先后发现人马花鸟的浮雕石刻共有三件,有文字的石刻两件,余外,还有陶片、花砖和无字的方石等百余件,当时县长汤氏认为都是汉代的古物。在个人的观察,审订这梁堆至晚是晋代的,因文字较多的那一类,我们嫌它是坏铜,每每不要。依此推想,这一类古物出土后被销毁的,实在已不知多少。多经考古家著录,而云南的古物,除孟琁及两爨三碑外,湮没无闻。当我要离乡前一月,西区洒渔河,又发现两个梁堆,我不避风寒不嫌路远的去考察。一个是石砌成的,颇与前次发掘的那一个相仿佛,没有文字和图画。一个是砖甃成的,甃颇好,与农民所说无异。距石的那一个极近,其规模虽还相同,但是那砖上刻的各种花纹十分美观,有些还是刻成兽类的,为我从前所未见。内中可站立十余人。初发现就有二三十枚五铢钱,并有一个陶土鸡头。村童携来给我看,我遂向他收买。入城将此事告知李文林县长。李君一面命该地的农民负责保护,一面请我同鄢石愚君去照相。鄢君以事烦延期,我又为忙于长途旅行,到现在已将一年,后事如何,不得而知了。以上是本人五年来考古的一点小经过。(据1936年6月23日《朝报》)

在古荡发现石器之卫聚贤氏,前在本市(杭州)青年会讲演古荡发现石器之经过,兹为接洽吴越史地研究会分会之事,特于二十七日到杭,因时间匆促,未能即发请柬,遂假西湖博物馆,于日昨下午二时,开临时茶话会。到者除卫氏外,有陈万里、孙象枢、卢炳晟、李冰若、陈捍人、周洁人、周泳先、董聿茂、胡行之等多人。首由卫聚贤氏报告发起吴越史地研究会之经过,并由博物馆陈列古荡出土石器多件,以资研究。前在古荡由博物馆及卫氏等所试掘之古物,现正竭力编成试掘报告，以便早日出版，俾唤起国人之注意。至于杭州分会，需俟总会通过后，再行成立云。（据 1936 年 6 月 28 日《东南日报》）

发起吴越史地研究会及在杭州古荡发现石器之卫聚贤氏，应江苏研究社之约，于前日来镇，昨日下午三时假省党部大礼堂讲演“江浙古文化时期之重新估定”。并有石器陶器陈列以供展览，听众约数百人。讲毕，应江苏研究社之宴，席间多镇地考古家作陪，宾主尽欢而散。（据 1936 年 7 月 2 日镇江《苏报》）

中央研究院历史言语部，驻彰殷墟发掘团，自本年春间开始第十三期发掘工作以还，迭获珍品，惟因该团工作人员，保守秘密，所获古物，虽临近居民，知其真相者甚少。兹闻该团以溽暑将届，对于工作，不无妨碍，于六月底停工，结束第十三期发掘工作，一俟秋凉，再行开始第十四期发掘工作。总计该团第十三期所获珍品，约重千斤，共载两马车之多。据传，其获品中最珍贵而堪助历史研究者，当推上月下旬发现之大龟板。此项古物，高四尺余，长二丈，宽一丈五尺，正面斑纹字迹，清晰异常。当发现之始，该团见其珍贵，乃觅木匠数人，照制木匣一个装妥，以保原迹，而便考察。考此项古物，乃本期（十三期）中之巨大发现。各项珍品，刻已分类装箱妥贴。闻该团工作人员，日内即离彰返京。各项古物，当亦随运南京，整理研究云。（据 1936 年 7 月 3 日《朝报》）

长沙市南门外离城七里许之黄土岭军路侧，历有土山一障，高约十余尺，长不过数十丈。以该处已划为新市区，故昔日之荒山，今则变为寸金之地矣。该山主某，乃不惜巨资，月来雇土工多人，将山开挖，意图辟为平地，谋售重价。讵料各土工甫挖抵山腰处，忽发现约四尺宽大用砖砌成之洞门一所。入内深度极远，说有某代皇帝古代铜器珠宝甚夥，均属价值连城之物。一说难免无恶毒物匿迹其中，未有敢入者。记者闻之，好奇心动，即于当日邀请友人，乘公共汽车前往，实地观察，以明究竟。抵该地时，已有多数人在洞之周围窥察，均不敢入。记者已带有手电灯，随同友人，冒险由洞口弯腰直进。行约丈余深处，隐似有阶基，用手电灯引导沿阶而下。不数步，见有瓮门三。中为丈余平方厅屋一间，四面皆砖砌成，并无陈设，左右瓮门高约五尺，中门则较矮小，地面无水渍，惟潮湿甚重，泥滑难行。随又由中门前进，深至二丈远，又发现三丈平方厅屋一间，黑暗不辨。幸手电光力甚强，照耀尚明。其中仅见大方石桌一张，置之中央，似为陈设古器宝物所在处，但无他物存在。又有鼓式石凳四只，上刻有龙纹，极为精致古雅，地面干净，用电四面射察，得见中有上墙长方形石碑。细察之，上刻有"端木坟墓"四大字，字迹苍古有劲。两旁细字，则已剥蚀不能辨识，致无从考证。再进，尚有一甬道，因闻水声滴滴，寒气逼人，心颇悚然，不敢深入，遂转身沿左边隧道而行，迳由三瓮门之右门而出。观众无不咋舌。惟据附近人云，当发现洞口时，极为秘密，其中古物，均被山主及土工窃去云。（据 1936 年 8 月 10 日《大晚报》）

南京在过去为帝王之都的关系，所以，现在不时地发现这很多的古墓。以前，故宫博物馆建筑房屋，曾在朝天宫发掘一次。最近，中华门外马山，金陵兵工厂建筑场地，却又发掘一次。本报记者昨午前往参观，将所得情形，告诉读者。

马山的地势，正在雨花台第二泉的后面，金陵兵工厂子弟学校的右边。因为兵工厂筑场地，而将马山征收了，当时雇着大批工人们，开始发掘，在上个星期六的晚上，才掘出石碑，知道这里面有古墓了。工人们以为这是奇货可居，也就没有声张！

后来，渐渐地将墓门掘开，并且在第二道墓门掘开的时候，发现很多的古钱，还有一些陶器，至于铜佛，我们并没有看见。可是，发掘古墓的当时几个工人，实在已经"私奔"了！这我们可以断定，他们多少要带些东西去了！据许多人的传说，卖了不少给夫子庙古董商人！

我们对于古物，确是个门外汉，当然对古物，更不能鉴定是何朝何代，所以许多古砖，也只有茫然！不过，昨天跟我们去的是鉴古家，而他对解释很详细。断定墓碑确是明朝的，尤其是墓道的建筑。所可惜就是我们没有参观第一道究竟是怎样的形势。

现在已在开掘第三道墓门，大概就可以发现棺柩了。我们根据两个墓碑来证明，这里面是明朝太监温士良之墓。一个墓碑是墓志铭，另一个是篆字写的“明故南京司设监太监温公志”。由此可见，这古墓是六七百年前的建筑物了。

目前，许多工人们，预备继续地开掘，大概在不久，也许有更多古物发现。至于那两个墓碑，到现在还没有送古物保存所，听说还存在着。我们很希望，像这样一个关于文化上的古迹发现，当局应该加以注意的。(据 1936年 8 月 27 日《朝报》)

蔡元培、于右任、吴稚晖、叶恭绰、卫聚贤等发起之吴越史地研究会，定今日下午三时，假八仙桥青年会举行成立大会。京、杭、镇、锡等地会员，已纷纷来沪出席。又该会为引起会员研究古物兴趣起见，今日并举行古石器、陶器、瓷器展览会，陈列物品多至数百件，有厦门、江浙各地所发现之古物，均参加陈列云。(据 1936 年 8 月 30 日《申报》)

文化界领袖蔡元培、于右任、吴稚晖、叶恭绰、卫聚贤等，发起组织之吴越史地研究会，昨日下午三时，假座八仙桥青年会举行成立大会。到发起人蔡元培、叶恭绰、卫聚贤及京杭镇锡嘉兴各地会员胡朴安、丁福保、谢瑞龄、郑洪年、杨恺龄、简又文、张乃骥等六十余人，由蔡元培主席，卫聚贤记录，当场通过简章，推定职员。该会为引起会员研究古物兴趣起见，并同时举行古物展览、沪上人士适值星期休假，参观极为踊跃，兹志详情如次：

展览古物。该会昨日陈列之古物，概别之为陶器、石器、瓷器三大类：(一)属于陶器者，为陶瓿、陶尊、陶罐、陶甏、陶片、墓券砖。

（二）属于石器者，为石铲、石钺、石戈、石箭头、石球。（三）属于瓷器者，则依时代排列，分为汉瓷、六朝瓷、唐瓷、北宋瓷、南宋瓷等。此外，由古物家临时送会陈列之战国时代铜盘纸模及宋官窑，尤为别致。该项古物，大都系浙省古荡，及湖州钱山漾，江苏之金山、奄城、越城等处所发现，间亦有来自山西、厦门者，当由卫聚贤氏分别说明，殷勤指示，观众均深感兴趣。

蔡氏致词。主席蔡元培致开会辞云，今日为吴越史地研究会举行成立会，同人等发起斯会宗旨，实缘自古荡、钱山漾、绍兴、金山等处，先后发现古代石器、陶器后，颇足供历史上参考价值，证明江浙两省在五六千年以前，已有极高文化，当非如传说所云，在春秋时代，江浙尚为野蛮之区。现该项古物，遗留在江浙各地者，当必甚多，深望本会成立后，各地会员能继续多所发现，以供研究，借以明了历史演化及先民生活之情况云。

通过简章。旋通过简章如下：（一）本会定名为吴越史地研究会。（二）本会以研究吴越（暂以江苏、浙江二省地为限）史地为宗旨。（三）凡有志研究吴越史地者，得申请入会，经会员介绍填具志愿书，经理事会通过即为本会会员。（四）本会经费，会员每年纳会费一元。不足应用时，经评议会及理事会通过，得募捐之。（五）本会设会长一人，副会长二人，评议若干人，由每届会员大会选举或推定之，连举得连任。本会设常务理事十一人，由理事推选之。（六）本会每年开会员大会一次，由会长召集之，并于间月开常务理事会一次，由总干事召集之。（七）本会得发行各种关于吴越文化刊物，由出版委员会计划办理之。（八）本会设于上海，并得于江苏、浙江两省设立分会，各县设立支会。（九）本简则如有未尽事宜，得由大会通过修正之。

推定职员。会长：蔡元培。副会长：吴稚晖、钮永建。评议：于右任、孔庸之、张溥泉、戴季陶、陈果夫、陈立夫、叶玉甫、王世杰、王用宾、翁文灏、张道藩、吴铁城、周佛海、潘公展、许绍棣、谢慧生、张静、褚民谊、柳亚子、李根源、胡朴安、李济之、柳翼谋、滕固、马叔平、何叙父、王献唐、陈训慈、董聿茂、邹安、朱孔阳、丁福保、陈万里、张乃骥、郑洪年、宣哲、江恒源、简又文、吴凯声、王云五、何炳松、关百益、胡肇椿、张凤。理事：李大超、蒋建白、董作宾、裘善元、梁思永、胡小石、朱希祖、周星槎、缪凤林、顾惕生、金松岑、胡怀琛、张其昀、陈钟凡、盛莘芙、胡行之、郑师许、吕思勉、江上悟、郑振铎、周予同、张仕禄、李水若、陈高佣、沈钧儒、吴泽霖、梁园东、陈柱尊、李健吾、傅式说、王庸、陆侃如、蒋玄诒、滕白也、沈勤庐、乐嗣炳、曹聚仁、陈仁涛、张阿英、程云岑、宗礼白、张石麟、吴子敬、杜钢百、钱化佛、何震亚、华林、金国宝、鲍鼎、毛常、林惠祥、胡惠生、沈维钧、张丹甫、葛绥成、邬翰芳、顾燮光、朱鸿达、陆养浩、杨恺龄、庄尚严、汪胡桢。常务理事：沈勤庐、董作宾、庄尚严、盛莘芙、胡行之、郑师许、陆养浩、杨恺龄、乐嗣炳、金松岑、何震亚。总干事：卫聚贤。此次研究委员会，出版委员会、调查委员会委员名单从略。（据1936年8月31日《申报》）

二　古物保管法令

古物保存法——《古物保存法》施行细则——中央古物保管委员会组织条例——附修正条例——中央古物保管委员会办事规则——中央古物保管委员会会议规则——中央古物保管委员会各地办事处暂行组织通则——中央古物保管委员会各地办事处办事细则——采掘古物规则——附采取古物申请事项表格式——采掘古物监察事项表格式——外国学术团体或私人参加采掘古物规则——古物出国护照规则——附古物出口应先呈中央鉴定办法——附古物出国申请事项表格式及出国古物种类表格式

向时对于古物并不知保护，民国以来将古迹之保管归于内政部，民国十九年，因古物时为出口，于是特制定《古物保存法》，今已有十余种法令，非如刑法、民法、商法之普遍而易觅，故附录于此，以供各考古家之参考。

（一）古物保存法

（民国十九年六月七日国民政府公布，于二十二年六月十五日施行）

第一条　本法所称古物指与考古学、历史学、古生物学及其他文化有关之一切古物而言，前项古物之范围及种类由中央古物保管委员会定之。

第二条　古物除私有者外应由中央古物保管委员会责成保存处所保存之。

第三条　保存于下列处所之古物应由保存者制成可垂久远之照片，分存教育部、内政部、中央古物保管委员会及原保存处所：

一、直辖于中央之机关；

二、省市县或其他地方机关；

三、寺庙或古迹所在地。

第四条　古物保存处所每年应将古物填具表册，呈报教育部、内政部、中央古物保管委员会及地方主管行政官署。

前项表册格式由中央古物保管委员会定之。

第五条　私有之重要古物应向地方主管行政官署登记，并由该主管官署汇报教育部、内政部及中央古物保管委员会。前项重要古物之标准由中央古物保管委员会定之。

第六条　前条应登记之私有古物不得移转于外人，违者没收其古物，不能没收者，追缴其价额。

第七条　埋藏地下及由地下暴露地面之古物概归国有。

前项古物发现时发现人应立即报告当地主管行政官署，呈由上级机关咨明教育部、内政部两部及中央古物保管委员会收存其古物,并酌给相当奖金,其有不报而隐匿者以窃盗论。

第八条 采掘古物应由中央或地方政府直辖之学术机关为之。

前项学术机关采掘古物应呈请中央古物保管委员会审核准请教育、内政两部,会同发给采取执照,无前项执照而采掘古物者以窃盗论。

第九条 中央古物保管委员会由行政院聘请古物专家六人至十一人,教育部内政部代表各二人,国立各研究院国立各博物院代表各一人为委员组织之。

中央古物保管委员会之组织条例另定之。

第十条 中央或地方政府直辖之学术机关采取古物有须外国学术团体或专门人才参加协助之必要时,应先呈请中央古物保管委员会核准。

第十一条 采掘古物应由中央古物保管委员会派员监察。

第十二条 采掘所得之古物由中央或地方政府直辖之学术机关呈经中央古物保管委员会核准,于一定期内负责保存,以供学术上之研究。

第十三条 古物之流通以国内为限,但中央或地方政府直辖之学术机关因研究之必要须派员携往国外研究时,应呈经中央古物保管委员会核准,转请教育、内政两部,会同发给出境护照。携往国外之古物至迟须于二年内归还原保存处所。

前二项之规定于应登记之私有古物适用之。

第十四条 本法施行日期以命令定之。

(二)《古物保存法》施行细则

(民国二十年七月三日行政院公布)

第一条 古物保存法第三条所列举各保存处所,除遵照本法第四条第一项每年填表呈报外，应于本法施行后两个月内由原保存者将所有古物造具清册，并分别记明古物之种类数目现状暨所在地及在历史或学术上之关系，连同照片一并送请中央古物保管委员会登记。

前项登记应设置登记簿，由原登记官署永远保存之。

第二条 私有重要古物申请登记其申请书内应记载下列事项：

一、古物之名称数目；

二、申请登记年月日；

三、登记官署；

四、古物之照片；

五、古物在历史或学术上之关系；

六、现状；

七、保管方法；

八、登记人之姓名、籍贯、年龄、住址、职业；申请人若为法人，其名称及事务所。

第三条 私有古物之登记由该管官署依《古物保存法》第五条之规定，汇报中央古物保管委员会时，须照录原申请书连同古物照片一并附送。

第四条 已经登记之私有古物，如有移转或让与等行为应由原主会同取得人向原主管官署申请移转登记。违者其移转行为为无效。

第五条 凡私有古物已经登记者，其所有权仍属之原主。但私有古物应登记而不登记者，得按其情节之轻重施以二百元以上一千元以下之罚钱并得责令古物所有人补行登记。

第六条 凡经登记之古物如有已经残损，中央古物保管委员会认为有修整之必要时，得会同原主或该管官署分别酌量修整之其经费；除由原主或该管官署担任外，得由中央古物保管委员会补助之。

第七条 凡经登记之古物，倘有因残损或他种原因须改变形式或移转地点，应由原主或该管官署先行报告中央古物保管委员会，非经该会核准不得处置。

第八条　凡学术机关呈请发掘古物，须具备申请书应记载下列事项：

一、种类；

二、古物所在地；

三、发掘时期；

四、发掘古物之原因；

五、学术机关之名称；

六、预定采掘之计划。

第九条　依《古物保存法》第七条发现之古物应由中央古物保管委员会核定其保存办法，并呈报行政院备案。

第十条　前条发现之古物经核定保存办法后，由中央古物保管委员会登记之。

第十一条　监察采掘古物人员应将下列各事：

一、采掘古物之数量；

二、古物名称；

三、发掘年月日；

四、古物所在地；

五、采掘所得之古物现存何处；

六、已否采掘完毕。

分别列表详细呈报中央古物保管委员会备核。

前项表式由中央古物保管委员会定之。

第十二条　采掘古物不得损毁古代建筑物、雕刻、塑像、碑文及其他附属地面上之古物遗物或减少其价值。

第十三条　凡外国人民，无论用何种名义不得在中国境内采掘古物。但外国学术团体或私人对于中国学术机关发掘古物，如有经济上之协助，该学术机关报告中央古物保管委员会核准后得承受之。

第十四条 古物之流通以国内为限。如擅自输出国外，其情节系违反《古物保存法》第十三条之规定者，得按其情节之轻重施以五百元以上三千元以下之罚款。

第十五条 凡名胜古迹古物，应永远保存之。但依《土地征收法》应征收时，由该管官署呈由内政部核办并分报中央保管委员会备查。

第十六条 违反本细则第一条第一项之规定，故意不依限登记者，原保存处所之保存者应受相当之处分。

第十七条 各省市县政府得斟酌地方情形组织古物保存委员会及其保护古物办法，报经中央古物保管委员会核准后施行。

第十八条 关于古物之登记保护奖励采掘各规则及登记簿册式样由中央古物保管委员会定之。

第十九条 本细则自公布之日施行。

(三)中央古物保管委员会组织条例

(民国二十一年六月十八日公布)

第一条 本条例依《古物保存法》第九条第二项制定之。

第二条 中央古物保管委员会直隶于行政院，计划全国古物古迹之保管研究及发掘事宜。

第三条 中央古物保管委员会依《古物保存法》第九条第一项之规定组织之，就委员中指定常务委员五人，以一人为主席。

本会事务之处理以主席及全体常务委员名义行之。

第四条 中央古物保管委员会置下列各科：

一、文书科；

二、审核科；

三、登记科。

第五条　文书科之职掌如下：

一、关于文书撰拟、收发及保管事项；

二、关于典守、印信事项；

三、关于本会庶务及会计事项；

四、关于本会会议事项；

五、不属于其他各科事项。

第六条　审核科之职掌如下：

一、关于古物调查鉴定及保管事项；

二、关于古物陈列展览事项；

三、关于古物摄影传布事项；

四、关于古物发掘及审核事项。

第七条　登记科之职掌如下：

一、关于古物登记事项；

二、关于古物编号公告事项；

三、关于登记簿册之保管事项；

四、关于古物统计事项。

第八条　中央古物保管委员会应将所办事项编制报告统计，每年公告一次。

第九条　中央古物保管委员会设科长三人，荐任承主席及常务委员之命，分掌各科事务。

第十条　中央古物保管委员会设科员八人至十二人，委任承长官之命，佐理各科事务。

第十一条　中央古物保管委员会因学术上之必要，得延聘国内外专家为顾问。

第十二条　中央古物保管委员会因缮写文件及其他事务得酌用雇员。

第十三条 中央古物保管委员会之会议规则及办事规则由行政院定之。

第十四条 本条例自公布日施行。

立法院院会修正通过《古物保管会组织条例》修正《古物保存法》第九条条文：

(按:《中央古物保管委员会组织条例》第九条条文如次："中央古物保管委员会之组织条例另定之。")

现在修正《中央古物保管委员会组织条例》如下：

第一条 中央古物保管委员会隶属于内政部,依《古物保存法》之规定行使其职权。

第二条 中央古物保管委员会以内政部常务次长为主席委员，并由内政部聘请古物专家四人至七人,教育部、内政部代表各二人，国立中央研究院国立北平研究院代表各一人为委员组织之。就委员中指定常务委员四人,主席委员为当然常务委员。中央古物保管委员会事务之处理以全体常务委员名义行之。

第三条 中央古物保管委员会于必要时得分科办事。

第四条 中央古物保管委员会设科员及办事员共六人至十二人,承主席委员及常务委员之命办理本会事务。

第五条 中央古物保管委员会因学术上之必要，得延聘专家为顾问。

第六条 中央古物保管委员会因缮写文件及其他事务得酌用雇员。

第七条 中央古物保管委员会之会议规则及办事规则由内政部定之.

第八条 本条例自公布日施行。

(1936 年 11 月 9 日《中央日报》)

(四)中央古物保管委员会办事规则

(1935年11月呈奉国府令准备案)

第一条 本规则依《中央古物保管委员会组织条例》第十三条之规定制定之。

第二条 本会处理事务除《组织条例》已有规定外,悉依本规则之规定。

第三条 本会主席及常务委员处理日常事务,并于每次全体会议时,提出会务报告。

遇有紧急事项发生,不及召集常务会议时,得由主席先行处理,于下次常务会议时提请追认。

第四条 本会对外文件,以主席及全体常务委员名义行之,对内文件以主席名义行之。

第五条 本会职员应依本会组织条例,承主席及常务委员之命,分别处理职掌内所管事务。

第六条 各科科长就其主管事务,对于所属职员有指挥监督之责。

第七条 各科工作分配由各种科长自行拟定,并呈报主席及常务委员。

第八条 本会职员承办事件应随到随办,其紧急者尤应提前办理,不得延搁。但有特殊情形不能即办,经主席或常务委员许可者不在此限。

第九条 本会职员对于承办或与闻事件于未经公布以前,应严守秘密,不得泄露。

第十条 每日收到文件由文书科收发员拆封,摘由编号登簿,注明文到时日,并按其性质,分送各科拟办。

第十一条 各科收到文件应即由承办人员拟具文稿,由主管人员分别核签，呈送主席及常务委员判行。

文稿涉及二科以上者由主管科长会同核签。

第十二条 承办文件如有疑难须请示者，应签注意见或面请主席及常务委员核示其有认为应行存查者，应于拟办栏内注明，送请主席及常务委员核示。

第十三条 凡来文直书主席或委员姓名以及封面有“秘密”或“亲启”字样者，均应送交收件人拆阅。如系对于本会密件，应送由主席亲拆。

第十四条 文稿经主席及常务委员判行，即时发付缮写校对送印。并由文书科收发员摘由编号登记，发文簿发出，将原稿连同来文归档。但机要文件只须注明“某某机关密件”字样，无须摘由。

第十五条 凡遇紧急待发之文件，经主管科长核定后得先付缮写，同时将稿件及正文送请主席及常务委员判行。如主席或常务委员未及判行者，得由主席标明先发字样，即行签印发出。俟发出后，再分别送请补判。

第十六条 各科应归档。文件一律由文书科保管，如须调阅时应用调卷证调取。

第十七条 本会一切经费由文书科按月编造支付预算书，呈由主席及常务委员核定后领款备用。

第十八条 本会出纳款项由会计员呈明文书科科长查核后收支之，并按日将收支概况列表呈由科长转呈主席常务委员核阅。

第十九条 本会各职员俸给旅费由文书科会计员按月造具俸薪表，勤务由庶务员造具工饷表，呈由文书科科长转呈主席及常务委员核准支发。

第二十条 本会出纳账目，每月结算一次，呈主席及常务委员核阅。

第二十一条 本会一切用品由庶务员呈明文书科科长查核后购办之，如购置非常用物品时，应呈经主席拟交办理。

第二十二条 庶务员向会计员领款，须由文书科科长核准方得领用。

第二十三条 庶务员经办物品须逐日登入物品登记簿，并将单据汇呈文书科科长,查核后移送会计员登账。

第二十四条 文书科应备领物簿，分送各科。凡职员领用物品时,须于簿内填明种类数目,盖章由科长加盖名章方可领用。其领物单应由庶务员登入登记簿,并呈科长核阅后保存备查。

第二十五条 本会器具公物由庶务员登记总簿编号保管。

第二十六条 本会职员应规定时间到会、离会,不得迟到早退。

第二十七条 办公时间不得接见宾客,但因公接洽者不在此限。

第二十八条 本会各职员之勤惰由主席及常务委员随时考核报告常务会议分别奖惩之。

第二十九条 本规则如有未尽事宜得随时修正之。

第三十条 本规则自行政院会议遇通之日施行。

(五)中央古物保管委员会会议规则

(民国二十三年十一月呈奉国府令准备案)

第一条 本规则依《中央古物保管委员会组织条例》第十三条之规定制定之。

第二条 本会会议分为常务会议及全体会议两种,常务会议每月举行一次,全体会议每半年举行一次,于必要时均得召开临时会议。

第三条 常务会议由主席召集，全体会议由主席及常务委员召集,临时会议则由主席或委员三人以上之提议召集之。

第四条 常务会议须有常务委员过半数之出席，全体会议须有全体委员过半数之出席方得开会。

第五条 常务会议开会时各委员均得列席。

第六条 本会开会时各委员如因故不能出席时,须向主席请假。

第七条　本会开会时如主席因故不能出席时，得委托常务委员一人代理主席。

第八条　本会开会时各科科长均得列席。

第九条　本会会议遇必要时,得延请顾问或专家列席讨论。

第十条　出席列席人员应于签到簿上亲自签名。

第十一条　本会开会前应由文书科编制议事日程,分送各委员。议事日程之编制依下列之次序行之:(一) 报告事项;(二)主席及常务委员提议事项;(三)各委员提议事项;(四)临时动议。

第十二条　议案须有出席委员过半数之可决方得通过。

第十三条　每次会议记录由主席签名负责并由文书科分送各委员。

第十四条　本规则如有未尽事宜得随时修正之。

第十五条　本规则自行政院会议通过之日施行。

(六)中央古物保管委员会各地办事处暂行组织通则

(民国二十四年二月呈奉国府令准备案)

第一条　中央古物保管委员会为谋各地工作进行便利起见,特呈准行政院,酌在各地设立办事处。

第二条　各地办事处之设立及其所管区域由本会决定呈请行政院备案。

第三条　各地办事处秉承本会之命办理下列事宜:

一、古物古迹之调查;

二、古物古迹之保管;

三、古物发掘之监察;

四、有关古物纠纷事件之处理;

五、其他有关古物之各种事宜。

第四条　各地办事处设主任一人,得由本会委员兼任,主持一切进行事务。

第五条 各地办事处设科员二人至四人，由本会派充，承主任之命办理文书、调查等事项。

第六条 各地办事处每月应将办理事项及拟办计划呈报本会，其重要事项应随时向本会请示办理。

第七条 各地办事处经费由本会核定按月支给之。

第八条 各地办事处因学术上或事实上之需要，得酌聘本地专家为通讯员并呈报本会备案。

第九条 各地办事处如因工作繁重，得随时酌雇员工，惟不得超出每月预算之外。

第十条 各地办事处办事细则另订之。

第十一条 本通则自呈准行政院之日施行。

（七）中央古物保管委员会各地办事处办事细则

（民国二十四年二月呈奉国府令准备案）

第一条 本细则依中央古物保管委员会各地办事处组织通则第十条制定之。

第二条 办事处事务之处理除组织通则已有规定者外，悉依本细则之规定。

第三条 办事处职员之任免均由本会行之。

第四条 关于日常事务办事处得以主任名义对外行文，但重要事务须呈由本会行之。

第五条 办事处之职员应遵从主任之命分别处理职掌内所管职务。

第六条 办事处职员所办事件应随到随办，不得延搁。但有特殊情形不能即办，经主任许可者不在此限。

第七条 办事处职员对于承办事件或与闻事件于未经公布以前

应严守秘密。

第八条 办事处一切经费由主任按月编造支付预算书呈由本会核定后动用。

第九条 办事处出纳账目应于每日结算一次，每月月底总结一次呈报本会。

第十条 办事处职员应按规定时间到处离处,不得迟到早退。

第十一条 办公时间不得接见宾客,但因公接洽者不在此限。

第十二条 办事处各职员之勤惰,由主任随时考核,呈报本会分别奖惩之。

第十三条 本规则如有未尽事宜,得由本会随时修正之。

第十四条 本规则自公布之日施行。

(八)采掘古物规则

(民国二十四年三月十六日行政院公布)

第一条 本规则依《古物保存法施行细则》第十八条之规定制定之。

第二条 采掘古物以中央或省市直辖之学术机关为限 (以下简称学术机关)。

第三条 凡学术机关欲采掘古物以供学术上之研究时，须填具《采取古物申请事项表》，向中央古物保管委员会申请核准备案,转请内政、教育两部,会同发给采取执照后行之。

前项《采取古物申请事项表》经中央古物保管委员会制定格式由申请机关请领填用。

第四条 凡学术机关申请发给探取执照，须缴纳执照及印花税费各二元,由中央古物保管委员会转送内政、教育两部以凭发给执照。

第五条　凡采掘古物时，由中央古物保管委员会派员监察。其旅费由该申请采掘古物之学术机关供给之。

第六条　外国学术团体或私人对于中国学术机关发掘古物，如有特殊之协助，由中国学术机关报告中央古物保管委员会核准后始得参加工作。

第七条　凡中央或省市直辖学术机关采掘古物，与领到执照出发时，须具备公文通知当地政府。

第八条　采掘古物地方如系公有者，须取得该管官署之许可或管有者之同意。如系私人所有地，须会同当地官署酌给相当代价或依据《土地征收法》办理之。

第九条　在下列各地域内不得采掘古物。

一、于炮台、要塞、军港、军用局厂及其有关地点曾经圈禁，未经该管官署准许者；

二、距国有公有建筑物、国葬地、铁路、公路及紧要水利等地界十五公尺以内，未经该管官署许可或管有者同意者；

三、在业经准许学术机关采掘之地域内者。

第十条　采掘古物不得损毁古代建筑物、雕刻、塑像、碑文及其他附属地面上之古物遗迹，或减少其价值。

第十一条　有下列各款情事之一时，中央古物保管委员会得命令其暂停工作，或函请内政、教育两部撤销其采取执照：

一、自核准之日起六个月以内不开工时；

二、有外国学术团体或私人参加未经呈报核准时；

三、经中央古物保管委员会监察人员报告认为有违背采掘规则时。

第十二条　本规则如有未尽事宜，由中央古物保管委员会呈请行政院修正之。

第十三条　本规则自公布之日施行。

采取古物申请事项表格式

机关名称		所在地址	
中央或省市直辖		负责人姓名	
率领采掘人姓名及履历		团员人数姓名及其履历	
古物采掘所在地及范围		古物种类	
采掘起讫时期		有无外国学术团体或私人参加	
考古工作设备			
采掘古物原因			
预定采掘计划			
备　考			

中华民国　　　　年　　月　　日　　　填　具

说明：

一、本表一律用本国文字填注；

二、外国学术团体或私人译名以外须附原文；

三、本表所列各栏以外如有特殊事项，应在备考栏内填注；

四、本表篇幅不敷时可另纸填写；

五、本表年月日上须盖用申请机关印信；

六、本表填造三份，一份存会，二份分送内、教两部备查。

采掘古物监察事项表格式

采掘年月日	
申请机关及负责采掘人姓名	
参加采掘团体及个人名称	
采掘工人人数	
采掘前地面情形	
采掘方法	
采掘时地下情形	
出土古物概况	
出土古物现存何处及负责保管人姓名	
发掘机关报告	
采掘未毕之地点临时保护办法	
工作完毕采掘地整理情形	
采掘之古物处理情形	
备　考	

中华民国　　年　　月　　日采掘某处古物监察员(签名盖章)填报

说明:

一、本表一律用本国文字填写;

二、参加采掘之外国学术团体或私人译名以外须附原文;

三、出土古物应由监察员另具详细表册呈报;

四、本表未列之特殊事项可在备考栏内填写;

五、本表应于采掘工作完毕时填报本会,若采掘地点在一处以上,须在每处工作完毕呈报一次。

(九)外国学术团体或私人参加采掘古物规则

(民国二十四年三月十六日行政院公布)

第一条　中央或省市直辖之学术机关(以下简称学术机关)采掘古物遇必要时,得呈请中央古物保管委员会准许外国学术团体或专门人员参加协助。但前项参加人员不得超过本国学术机关团员之半数。

第二条　凡学术机关容纳外国学术团体或私人参加采掘古物,须将下列各事项先呈报中央古物保管委员会审核,并分别呈转行政院及内政、教育两部备案。

一、容纳外国学术团体或私人参加协助之理由;

二、该外国学术团体之名称、地址、组织、性质,参加采掘之设备及负责人员或该私人之姓名、国籍、学历、职业及住址等;

三、该外国学术团或私人所协助之经费及所参加之人数。

第三条　凡学术机关非经中央古物保管委员会之许可,不得与外国学术团体或私人订立关于采掘古物契约。

第四条　参加采掘古物之外国学术团体或私人应受中央古物保管委员会所派人员之监察。

第五条　凡外国学术团体或私人参加采掘古物时,须受主持采掘之本国学术机关之指挥,并须于到达发掘地点后由该机关每二月将工作情形报告中央古物保管委员会备查。

第六条　参加古物采掘之外国学术团体或专门人员如发现有下列情事之一者,中央古物保管委员会得随时停止其采掘工作:

一、越出采掘古物地域范围任意测绘地图者;

二、越出采掘古物范围摄取沿途状况作为他种用途者;

三、凡不受主持采掘之本国学术机关之指挥而有越轨行动者。

第七条　采掘所得之古物除照片、拓片准由参加工作之外国学术团体或私人依规定手续领取外概归国有,其保存管理方法由该采掘之学术机关呈准中央古物保管委员会核定之。

第八条 凡参加本国学术机关采掘古物之外国学术团体或私人欲将所发现之古物运出国外研究时,应由本国主持采掘之学术机关依古物出国护照规则呈请办理之。

第九条 凡古物采掘之报告书或所得古物有须为文字上之宣布者,外国参加工作之学术团体或私人,须俟本国主持采掘之学术机关正式发表后,始得发表。但遇有特殊情形时,得由该学术机关呈准中央古物保管委员会变通办理之。

第十条 本规则如有未尽事宜,由中央古物保管委员会呈请行政院修正之。

第十一条 本规则自公布之日施行。

(十)古物出国护照规则

(民国二十四年三月十六日行政院公布)

第一条 凡中央或省市直辖之学术机关(以下简称学术机关)欲将所保存或采掘之古物运往国外研究时,应呈经中央古物保管委员会核准,转请内政、教育两部会同发给古物出国护照。

第二条 凡学术机关请领古物出国护照,须向中央古物保管委员会填具《古物出国申请事项表》三份,除一份留存中央古物保管委员会审核外,余二份转送内政、教育两部分别存查。

前项《古物出境申请事项表》由中央古物保管委员会制定之。

第三条 凡欲运往国外之古物,每件须摄具照片四份,其有特殊花纹或文字者并须随附拓片四份。除以一份黏附该古物出国护照,一份留存中央古物保管委员会外,余二份由中央古物保管委员会转送内政、教育两部分别存查。

第四条 凡请领古物出国护照之学术机关,须缴纳护照及印花税费各二元,由中央古物保管委员会转交内政、教育两部以资给照。

第五条 凡经核准出国研究之古物，应由该申请机关运送中央古物保管委员会按验加封。但有特殊情形时,亦可请求中央古物保管委员派员前往检验加封。

前项出国古物经中央古物保管委员会检查后,始得发给古物出国护照。

第六条 古物押运人出国护照应由该申请运送古物出国之学术机关转请内政、教育两部会咨外交部发给之。

第七条 凡运送出国之古物经中央古物保管委员会审核检验，认为有派员监运之必要时,得由中央古物保管委员会委派人员前往监运。其旅费由该申请运送古物之学术机关供给之。

第八条 古物出国到达目的地后，应即向该地或附近所驻本国使领馆呈验护照,并须将运送经过到达日期及寄储地点报告中央古物保管委员会备查。

第九条 凡运往外国研究之古物于回国后，概须先将该项古物送中央古物保管委员会核对查验并缴回护照,经中央古物保管委员会查明无误时,始得运返原有处所。如有调换情弊,应由中央古物保管委员会依法处理。

第十条 凡运送古物出国遇有损毁或遗失，应由该申请运送古物之学术机关负责,并须将经过情形报告中央古物保管委员会。倘有作伪情弊,中央古物保管委员会得依法处理。

第十一条 凡运往外国研究之古物，该申请运送之学术机关须随时将在外国研究之情形报告中央古物保管委员会。并须于该古物押运返国时,作总报告三份。除一份留存中央古物保管委员会外,余二份由中央古物保管委员会转送内政教育两部分别存查。

第十二条 古物出国护照自发给之日起，其往返有效期间定为三年。但于必要时中央古物保管委员会得转请内政、教育两部饬运回国。其未运送出国者得吊销其护照。

第十三条　凡私有古物必须运送国外研究者，得依本规则之规定委托中央或省市直辖之学术机关办理之。倘有作伪情弊，该受委托之学术机关主管人应负法律上之责任。

第十四条　凡为国际间学术文化合作上之必要而交换古物时，其出境办法另定之。

第十五条　本规则如有未尽事宜，由中央古物保管委员会呈请行政院修正之。

第十六条　本规则自公布之日施行。

附:古物出口前应先呈中央鉴定办法

《时事新报》民国二十五年五月一日载:财政部前据上海市间会呈,为据古玩业同业公会函,以江海关布告部令,对于限制古物出口,并无具体标准,一旦实行,同业势必陷于绝境。请代向政府当局,详加审议,厘订标准,俾于古物出口之防杜,及同业生计之前途,兼筹并愿,妥谋两全,具情呈请明定标准,令行海关分别办等情,该部经与内政部会商结果,顷已批复沪商会如下:

呈悉。经据情咨请内政部查照酌定复送过部,以便转饬遵照去后,兹准内政部二十五年三月二十三日咨复,以行政院颁发前项大纲时,曾令饬中央古物保管委员会拟定细目,呈院核定公布。现此项纲目尚未据拟就,当经令转该会详加研究先行酌定标准具复,以凭咨转,并饬遵照行政院前令,将前项大纲细目,迅予拟定,呈部转呈核定公布施行在案。兹据该会二十五年三月十三日呈称:“当经提交本会第十二会务会议详加讨论,佥以国内古物,名色繁多,不胜枚举。我国以五千年文化发达之邦,凡先民所遗留,如残砖寸简等,凡有历史的科学的或艺术的价值而值得保存者，在在皆是；故凡古物之有无价值，关系历史文化与否，勿论其为玩好之品，或为近代所产，均须加以考证而后知。果认为有适于保存之原则者，自当限制出国，以免散佚。况我国古物埋藏独多，时有发现，而历年模仿之术，又逐渐进步。若出国古物，不一一鉴别清楚裁定确当，深恐影射，滋多限制演成具文。本会前所呈准公布之古物范围种类大纲，立意原在概括，以免挂漏而防流弊。若仅就现今研究之范围，而规定具体标准，似仍虽周详而适用，审读结果，拟请免予拟订。惟为便利商民起见，嗣后凡各地古物，欲运出国境者，拟准由起运人于起运之前，先行呈经本会委托专家或学术机关鉴定，核给可证明文件，一面由本会函知财政部饬关验放，俾关商两方，手续上均得稍减困难，庶于体恤商情之中，仍不失保管之旨。至于古物细目，本会正在延请专家研究斟拟，除俟细目与古物出国许可证明文件施行规则，分别拟就，再行呈请核夺颁行外，奉令前因，理合先行备文呈复，伏惟鉴核示遵等情。"据此，相应咨请查照，转饬遵行等因，合行批示知照。此批。部长孔祥熙。

古物出国申请事项表格式

机关名称		所在地址	
中央或省市直辖		负责人姓名	
押运人姓名		古物件数	
古物出国原因		何处出口	
经过何地		运往何国何地	
何时出国		何时回国	
有无保险		转运公司名称	
备　考			

附:出国古物种类表

种类	名称	重量及长宽高度	时代	照片	拓片	说明	备考

中华民国　　年　　月　　日　　填具

说明:

一、古物出国有保险者,须填出保险公司名称、地址、保险金额;

二、古物种类以后各栏随古物件数之多少伸缩填写之;

三、本表篇幅不敷时可另纸填写;

四、本表年月日上须盖用申请机关印信;

五、本表填造三份,一份存会,二份分送内、教两部备查;

六、本表照片、拓片栏只须填注数量,照片、拓片应另附送。